Bernhard Gurk

DIE HANSE
UND WESTFALEN

Ein Aufbruch nach Europa

Wartberg Verlag

Für die Förderung dieses Buches danken wir der Sparkasse Herford
und dem Herforder Unternehmer Dieter Ernstmeier.

Eine Publikation des Verkehrsvereins e.V. der Stadt Herford
im Auftrag des Kontors des Westfälischen Hansebundes.

Umschlagbilder:
Frontseite: Der Schiffer-Prediger und Pfarrer von St. Jakob in Lübeck, Sweder Hoyer.
Votivtafel von Hoyers Mutter, 1556.
Der Prediger an Bord einer Kriegskogge ermutigt die Mannschaft mit Bibelworten.
Hoyer starb 1565 als Opfer einer Epidemie, während sich Lübeck gerade im Krieg mit Schweden befand.
Rückseite: Lübeck von Osten her gesehen. Wandmalerei über der Holzvertäfelung
in der Kanzlei des Rathauses, um 1550.

1. Auflage 2000
Alle Rechte vorbehalten, auch die des auszugsweisen Nachdrucks
und der fotomechanischen Wiedergabe.
Satz & Layout: Kempken DTP-Service, Marburg
Umschlaggestaltung: Kempken DTP-Service, Marburg
Druck und buchbinderische Verarbeitung: Westermann Druck, Zwickau
Gebunden in Garantleinen der Gustav Ernstmeier GmbH & Co. KG, Herford
© Wartberg Verlag GmbH & Co. KG
34281 Gudensberg-Gleichen, Im Wiesental 1, Tel. 05603/93050
ISBN 3-86134-674-5

Inhaltsverzeichnis

Der Aufstieg der Hanse zur Großmacht des Nordens

Die Hanse und Westfalen

Die Hanse und Europa

Ausklang und Ende der Hansezeit

Geleitwort von Thomas Gabriel

Die Deutsche Hanse – eine Schöpfung fast aus dem Nichts. Bilder des Areals, aus dem sie bald emporsteigen sollte, um das Jahr 1000: Meere des Nordens, die tief hineindrängen in die menschenleeren Fjorde. Auflandige Winde, die die Sturmfluten an die Ufer peitschen. Mächtige Orkane, Kälte und Eis erschweren die Seefahrt – ganz anders als zeitgleich am Mittelmeer, wo die Schiffe die Gewässer schon lange leichthin durchpflügten.

Nur 400 Jahre später, Bilder eines faszinierenden Ereignisses: Europa, um das Jahr 1000 noch eine Einöde vieler Agrarregionen auf dem Niveau eines heutigen Entwicklungslandes, hat sich bedeckt mit einer Perlenkette von Domen und Kathedralen, die noch heute zum Weltkulturerbe zählen. Seine Fernkaufleute verknüpfen emporstrebende Gewerberegionen und beflügeln als Unternehmer einen Wirtschaftsaufschwung, der die Völker Westzentraleuropas bald zur Führungsmacht auf Erden machen wird. Und der Norden Europas ist durch die Deutsche Hanse fest verknüpft mit diesem Geschehen.

Westfalen, die Hanse und Europa. Natürlich waren alle Bereiche des deutschen Nordens am Aufbau der Hanse beteiligt, die Friesen, die Nieder- und die Ostsachsen, aber auch Franken und Rheinländer. Das jedoch wird in diesem Buch deutlich, die Wucht des Vorstoßes der Deutschen an den Ostseeufern sowie des kolonisatorischen Nachschubs, der umsichtige Aufbau von Städten als Pfeiler eines internationalen Handelsnetzes lag so schwer auf den Schultern westfälischer Pioniere, daß es in der Wissenschaft ganz normal wurde, von Westfalen als dem eigentlichen Mutterland der Deutschen Hanse zu sprechen.

Nirgendwo im Norden war die Zahl der Hansestädte so dicht gedrängt wie in Westfalen. In eindrucksvollen Kapiteln führt uns der Autor zu den Stufen ihres Aufstiegs. Auf den Spuren der Führungsschicht der Städte, den unternehmenden Fernkaufleuten, erfahren wir, wie in einem singulären historischen Augenblick des Zusammentreffens einer geistigen und ökonomischen Erhebung der Menschen des lateinisch-christlichen Abendlandes ein erster Wirtschaftsaufschwung von globaler Bedeutung entstand.

Westfalen vor allem schufen die Hanse. Die Hanse wiederum verknüpfte den Norden des Kontinents mit dem Aufstieg Europas in allen seinen Facetten. Was dieses Buch so originell wie bedeutsam macht, ist der gelungene Versuch des Autoren, anhand des Beispiels Westfalen darzustellen, wie auf der Grundlage einer Fülle regionaler Einzelbeträge die Idee Europa zustande gekommen ist.

Ich bin überzeugt, daß durch diese Publikation ein außerordentlicher Beitrag zum Zusammenhalt der Westfalen und für die Wirksamkeit des WESTFÄLISCHEN HANSEBUNDES entstanden ist. Mein herzlicher Dank gilt dem Verfasser, Bernhard Gurk, der mit hingebungsvoller Detailarbeit eine Spurensuche durch die westfälische, deutsche und europäische Geschichte unternommen hat, sowie der Geschäftsstelle des WESTFÄLISCHEN HANSEBUNDES.

Für die Geschäftsstelle des
WESTFÄLISCHEN HANSEBUNDES
Thomas Gabriel
Bürgermeister von Herford

Vorwort von Michael Bouteiller

Wo liegt die Mitte des heutigen Europas? Viele denken an Köln oder Mailand. Kaum jemand kommt auf Vilnius, die litauische Hauptstadt. 25 Kilometer nördlich davon liegt sie, die geographische Mitte des heutigen Europas. Das ist nur ein Beispiel dafür, wie stark unser Denken von alltäglichen Bildern bestimmt wird, die uns umgeben. Deshalb erleben wir auch eine Überraschung nach der anderen, wenn wir in der Vergangenheit Liegendes einmal gegen den Strich bürsten. Das tut das vorliegende Buch über die Hanse.

Ich habe mir immer schon bestimmte Fragen gestellt, wie etwa die nach der Geburt des Europäischen Bürgers oder der Europäischen Bürgerin. Ihren Verfall vom Ethischen zum nur noch Ästhetischen beschreibt Thomas Mann in dem wohl weltweit am weitesten verbreiteten Roman über diesen Typus: Die Buddenbrooks. Mit dem bezeichnenden Untertitel: „Verfall einer Familie". Nach 1989 hat er wieder Hochkonjunktur.

Wenn es diesen Typus aber gibt, wie erklären sich seine hervorstechenden Tugenden: Toleranz, Gerechtigkeitssinn, Courage und Gemeinsinn, kurz: Weltbürgertum? Und weiter: Was für ein rechtliches und organisatorisches Umfeld müssen wir dazudenken, um seine gesellschaftliche Wirklichkeit zu begründen. Denn eine solche Persönlichkeit ist ja äußerst verletzlich. Das können wir etwa den Tagebüchern Viktor Klemperers über die Jahre 1933 bis 1945 entnehmen.

Gesetzt den Fall, es gibt diesen Europäer oder diese Europäerin, dann brauchten sie eine für ihre Entfaltungsmöglichkeiten gemäße Stadt, die Europäische Stadt. Denn niemand wird als BürgerIn fertig geboren. Von Kindheit an formt die Begegnung in und mit der Stadt das Bild des Kindes, der SchülerIn, der Auszubildenden, der StudentIn von der Welt. Es ist eine solche Stadt, deren Einfluß Thomas Mann auf sein Schreiben und Denken belegt. Er ist in einer Hansestadt geboren, die wie kaum eine andere in der hansischen Tradition stand: Lübeck.

Die Europäische Stadt, die in ihren Mauern in dem Maße Menschlichkeit und bürgerliche Freiheit gewährleistet, wie es ihr gelingt, zugleich Gemeinsinn zu entwickeln, ist ebenfalls sehr fragil. Denn ihr Werden und ihr möglicher Verfall liegt in den Händen der BürgerInnnen. Nach Thomas Mann ist es Günter Grass, der das Weltbürgertum, diesmal nach 1945 und nach Auschwitz, besingt: Er stammt – und das ist kein Zufall – ebenfalls aus einer Hansestadt, Gdansk oder Danzig. Und sein Schlüsselroman, der Typus des Bürgerromans nach dem Zweiten Weltkrieg, *Die Blechtrommel*, ist mit dieser Hansestadt verwoben.

Wenn es also den Typus der Europäischen Stadt gibt, dann liegt ihre Geburtsstunde für Nordeuropa an der Schwelle vom 11. zum 12. Jahrhundert. Damals nämlich öffnete sich für einen Moment ein Fenster der Geschichte: Die Geldnot der kirchlichen und weltlichen Fürsten, ihre Zerstrittenheit, gab den bürgerlichen Autonomiebestrebungen eine Chance, sich aus der politischen Abhängigkeit zu lösen. Wer waren die Anführer dieser Bürgerbewegung: Es waren die Fernkaufleute. Denn nur sie brachten zustande, was sonst in den Händen des weltlichen oder kirchlichen Adels lag, „weltweite" Kommunikation. So gelang es z.B. den Soestern, das Autonomiestatut flandrischer und oberitalienischer Städte und auch das Vorbild Nowgorods zu nutzen. Sie „gründeten" ihre Stadt. Sie ließen sich von niemandem hineinreden. Und sie setzten sich an die Spitze ihrer Organisation. Das Soester Stadtrecht ist dann, vielmals abgewandelt, Vorbild im Ostseeraum geworden.

Westfalen war in diesem Sinne einer der Motoren des heutigen Europas. Die Westfalen waren aber auch außerordentlich kluge Organisatoren des Gemeinwesens und geschickte Händler. Sie sind überall dort zu finden, wo Städte zu gründen, Handelsverträge zu schließen und, was damals selten war, im Namen der Städte Krieg geführt werden mußte. Auf sie ist es mit zurückzuführen, daß vom 11. bis zum 17. Jahrhundert die Hanse die Brücke zwischen den Märkten Nord-, Süd-, West- und Osteuropas wurde: Von Bergen bis Marseille, von London bis Nowgorod entstand ein spezifisches, auch ganz persönliches Netzwerk der Information, des Waren- und Kulturaustausches zwischen Fernkaufleuten. Am Ende der Entwicklung standen hansische Marktwirtschaft und der hansische Bürger bzw. die Bürgerin. Das ist die Geburtsstunde des neuen Europa.

Dazu importierten die damaligen „Kaufleute des Reichs" das zukunftsweisende Organisationsmodell der mittelalterlichen eidgenössischen Kommune und setzten sich in deren Regierung. Beim Besuch der Märkte in Flandern, Oberitalien, aber auch in Nowgorod, hatten sie schnell gelernt, welchen Nutzen die libertates (Freiheiten) brachten, die sich aus einer Selbstregierung und Selbstsetzung von Recht für Kaufmannszwecke ergaben. Man kann sich das gut vorstellen: Wenn bis zu 30.000 Einwohner (Köln, 14. Jh.) sich einem Produktions- und Handelswillen unterordneten, so war dieses Modell älteren Formen des Handels, wie sie etwa auf Gotland unter den freien Bauern dieser Inselrepublik galten, ähnlich überlegen wie die Kogge dem Wikingerschiff.

In der Hochzeit der Hanse um 1370 beherrschte in Nordeuropa eine Art „Kaufleutekonzern" den Warenverkehr. 180 bis 200 Städte und Marktsiedlungen bildeten die „Konzerntöchter". 80 davon befanden sich allein zwischen Rhein und Weser im damaligen Westfalen. Die alte karolingische Heerstraße, der Hellweg, wurde zur West-Ost-Handelsachse. Sie verband den Rhein mit der Weser und fand dort Anschluß an die bedeutendsten europäischen Handelsgebiete. Den hansischen Kaufleuten ging es darum, Rohstoffe aus dem Osten in den bereits gewerblich ausgerichteten Westen zu bringen. Das taten sie mit großem Erfolg. Über den Warenverkehr trugen sie dazu bei, die Lebensstandards der Peripherie und der Zentren anzugleichen.

Der langsame Prozeß der Zivilisation vom Ritter über den Bürger-Ritter hin zum Bürger, der sich im wesentlichen in den Städten herausbildete, ist – man mag mir das Wort verzeihen – in seinen Highlights von Bernhard Gurk vorzüglich herausgearbeitet. Und er hat den immensen Stoff von 600 Jahren europäischer Geschichte populär, ohne populistisch zu sein, auf die Beantwortung der Fragen verdichtet, die auch für die neue Hansebewegung von Bedeutung sind.

1980 ging von der niederländischen Hansestadt Zwolle eine Renaissance des Hansegedankens aus. Mehr als 100 Hansestädte aus 14 Ländern Europas kommen seither einmal im Jahr zum Hansetag der Neuzeit zusammen. Sie diskutieren und feiern. Die Fragen, die die Städte miteinander bereden, sind für die Zukunft Europas überlebenswichtig: Wie gewährleisten wir unter den Bedingungen globaler Märkte die Existenz des Europäischen Bürgers und seiner Stadt? Eine Antwort darauf gelingt nur, wenn sich die Bürger und Bürgerinnen ihre eigene Geschichte aneignen. Dazu verhilft ihnen das vorliegende Buch.

Lübeck, im Juni 2000

Michael Bouteiller
Bürgermeister von Lübeck
vom Frühjahr 1988 bis zum Frühjahr 2000
Vormann der Internationalen Hanse

Wir widmen dieses Buch der Mutter des
Herzogs Heinrich der Löwe,

der Herzogin Gertrud von Supplinburg
(1114-1143)

*„Alle herrlichkeit der tochter des königs ist
inwendig: sie ist umbher mit güldenen seumen
und vielerlei farben bekleidet."*

Aus einer Kölner Bibelausgabe von 1630.
Das Buch der Psalmen, XLIV, 14.

Eigens damit ihr Vater, der Herzog Heinrich von Supplinburg, König und Kaiser von Deutschland werden konnte, wurde die junge Sächsin im Alter von 11 Jahren mit dem wesentlich älteren präsumptiven Bayernherzog Heinrich dem Stolzen verheiratet. 1129, im Alter von 15 Jahren, gebar sie ihr einziges Kind, Heinrich (der Löwe).

1139 starb ihr Ehemann, Herzog Heinrich der Stolze. Als 25jährige Herzogswitwe stand sie nun an der Seite eines 10jährigen nominellen Herzogs von Sachsen: ihr Sohn Heinrich.

1143 verstarb Gertrud von Supplinburg auf der Fahrt nach Wien im Stift Klosterneuburg an der Donau. 1143, viel mehr als 1139, wurde so zum Schicksalsjahr für Heinrich den Löwen und die Deutsche Hanse. Denn jetzt mußte er sich entscheiden, ob er – wie bisher – ein braver Junge bleiben oder ein Löwe werden wollte. Er entschied sich dafür, ein Löwe zu werden. Das erwies sich als großes Glück für die Hanse.

Unser Bild zeigt links Gertrud von Supplinburg. Das blasse kindliche Gesicht wird schier erdrückt von den herzoglichen Insignien, die für sie ganz einfach zu schwer waren. (Stiftsmuseum Klosterneuburg bei Wien)

Der Aufbruch
der mittelalterlichen Gesellschaft
ging von den Städten aus

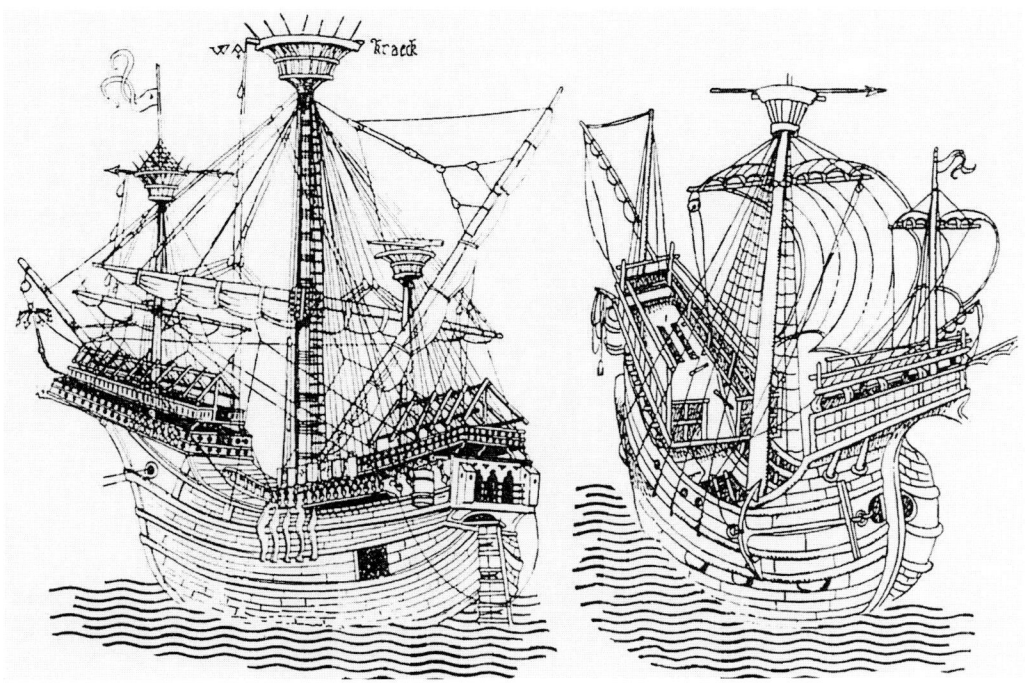

Hansekogge ab 1450

„In der kurzen Zeit, die ihm gegeben ist, wärmt und leuchtet er, ohne von seinem sterblichen Weg abzuweichen. Gesät vom Wind, geerntet vom Wind, flüchtige Saat und trotz allem schöpferische Sonne, so ist der Mensch, durch die Jahrhunderte hindurch, stolz, einen einzigen Augenblick zu leben."

Albert Camus an René Char, 19. Dezember 1959

Vom 12. bis zum Ende des 15. Jahrhunderts dauerte die Glanzzeit der Deutschen Hanse. Fast zeitgleich entstand in Italien, Portugal, Spanien, Frankreich, Flandern, Holland und England, in Deutschland, den skandinavischen Ländern und im Baltikum eine Perlenkette der schönsten Kathedralen und Dome der Kunstgeschichte.

Aber: Was haben die Länder West- und Südeuropas mit der Hanse zu tun, deren bedeutendstes Areal die Ostsee war? Und was verbindet Kathedralen – auch wenn sich in ihren Plastiken und Bildreliefs die ganze Bandbreite des sozialen und privaten Lebens einer Epoche widerspiegelt – mit dem Leben handelsstädtischer Bürger und einem Ereignis der Wirtschaftsgeschichte? – Begeben wir uns auf Spurensuche.

Burgen: Die ersten Versammlungsräume der Deutschen

Die Amtszeit König Heinrichs I., dessen Leistungen zur Gründung des Ersten Deutschen Reiches führen sollten, begann 919 mit dem Auftritt eines reitenden Boten, der dem König aufgewühlt von einem Geschehen berichtete, das Widukind von Corvey so zusammengefaßt hat: „Die Ungarn richteten in Sachsen (und das umfaßte damals weiteste Teile des heutigen Westfalen) ein Blutbad an, daß eine völlige Verödung des Landes drohte." In der Tat, eine äußerst bedrohliche Lage! Beeilung war also nötig, insbesondere da der Westen Deutschlands bis hin nach Köln von den Normannen heimgesucht worden war.

Heinrich handelte energisch, und dabei traf er eine Maßnahme, durch die er einen ersten Grundstein für den späteren Aufstieg der Hanse legen sollte: 926 berief er einen Reichstag in die noch von den Römern mit einem festen Mauerring umgebene „civitas" Worms. Hier in Worms setzte er den sogenannten Burgenbeschluß durch, demzufolge, „um das Vaterland zu sichern", ein Netz von ummauerten Orten und Befestigungen anzulegen war. Dabei gebot er, „daß die Gerichtstage und alle übrigen Versammlungen und Feste in den

König Heinrich I. und seine Gemahlin, die westfälische Widukind-Nachfahrin Mathilde die Heilige (Wandmalereien in der Klosterruine Memleben). Jürgens: Ost- und Europafoto, Köln.

Deutsche wurden an der Ostsee bis zum 12. Jahrhundert kaum gesehen, von deutscher Schiffahrt ganz zu schweigen. Deutschlands Könige und Kaiser beherrschten Mittel- und Zentraleuropa. Ihre Faszination galt südlicheren Gefilden. Nach Norden hin, an die See oder über die See hinweg, kam ihnen kein Schritt in den Sinn. Selbst die sächsischen Kaiser, besonders seit Otto dem Großen, waren beseelt von der Römischen Reichsidee. Und doch hatte ihr Stammvater, Heinrich I., 926 eine bedeutsame Entwicklungslinie angestoßen. Sie führte über die Gründung deutscher Städte im 11. und 12. Jahrhundert, ihre Konsolidierung im 12. bzw. 13. Jahrhundert zu großartigen politischen, wirtschaftlichen und militärischen Leistungen des deutschen Kaufmanns, die die Situation im Ostseeraum entscheidend verändern sollten.

In direkter Folge von König Heinrichs Burgenbeschluß entstanden im frühen Mittelalter in Mitteleuropa die entlang der Heer- und Handelsstraßen erbauten Burgen oder Pfalzen (Dortmund), Domburgen der Bischofssitze (Bremen) sowie ummauerte Bischofssitze oder Klosteranlagen (Osnabrück,

Burgen abgehalten würden … Damit gewöhnte er die Bürger an solche Satzung und Zucht." (Widukind von Corvey). Mit diesem Notprogramm des 10. Jahrhunderts aber schuf Heinrich das Grundkonzept für die Gründung von Städten und die Entwicklung des Städtewesens in Deutschland bis weit in das 17. Jahrhundert hinein.

Von der Burg zum Bürgertum: Grundlegungen eines „wunderbaren Aufschwungs"

Ganz hoch im Norden, dort wo von der Kieler Förde aus der Blick weit hinaus auf die Ostsee reicht und wo in den Kieler Hafen zwei Flüsschen, Levensau und Swentine, münden, lagen zur Zeit Karls des Großen skandinavisches und slawisches Gebiet dicht beieinander. Im Norden lebten die Dänen. Östlich reichte das Gebiet der Slawen von Holstein über Mecklenburg, Pommern, die Neumark, die Pommerellen und die Weichsel hinweg bis nach Samland und über die Memel bis nach Livland und Estland zum Finnischen Meerbusen.

Ein Ritter vor dem Tor einer typischen Groß-Burg-Stadt der Hansezeit. Links oben: Gebäudebau außerhalb der Burg-Stadt.
Aus: Lirars Schwäbischer Chronik. Druck von Conrad Ginekunt, Ulm 1486.

10

Hameln). Meist begegnen wir dort schon in Anlehnung an eine Burg oder auch frühe Frauenklöster (Essen, Herford) einem Wik, einer ersten Siedlung freier Königskaufleute. Je mehr aber die Zahl der „Burgbewohner" stieg, desto mehr entwickelte sich neben den Niederlassungen der Wanderhändler ein erster Lokalmarkt.

Burgen und „Bürger": Als „Burgen" hatten die Germanen der Frühzeit die primitiven Steinumwallungen der altgermanischen Siedlungen bezeichnet. „Burgen" waren für ihre Nachfahren die ummauerten Civitates Colonia (Köln), Augusta (Augsburg) oder Regina (Regensburg). Als „Burgen" bezeichneten sie nun auch die ummauerten Burgen und Klosteranlagen. Ihre Bewohner aber nannten sie „burgenses" oder „burgaere".

Als dann aber ab 1200 die Gründung von Städten für die Territorialherren das wichtigste Mittel zum Ausbau ihrer Herrschaft wurde, als in Westfalen die Kölner Erzbischöfe Attendorn, Brilon,

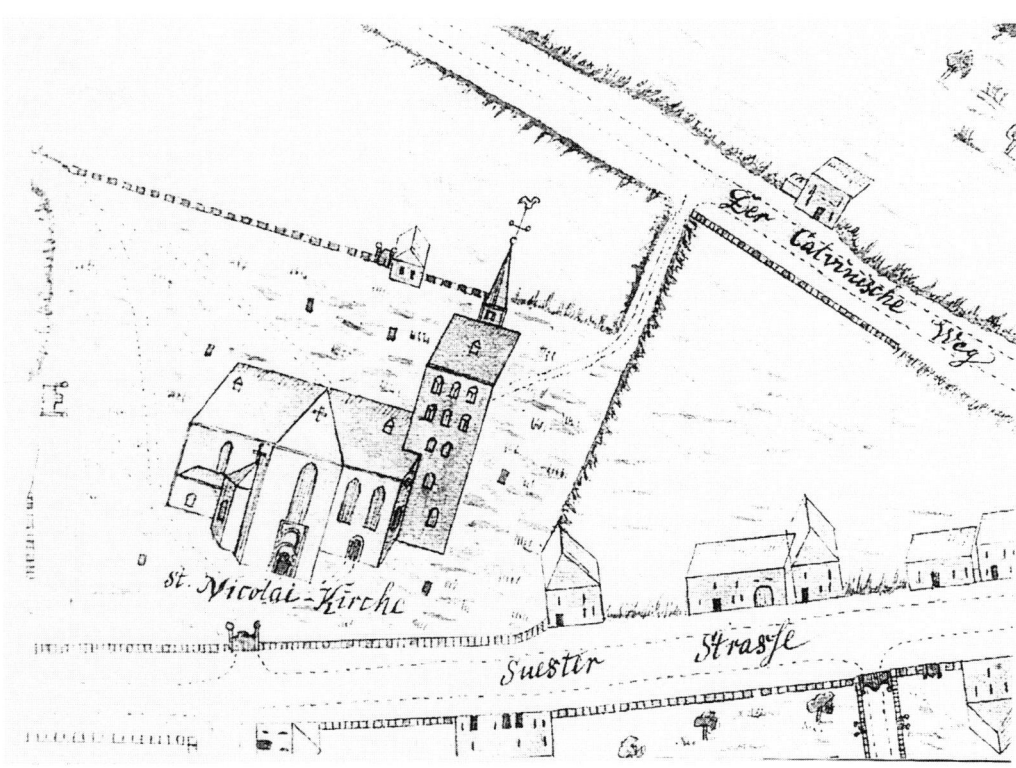

Lippstadt im hohen Mittelalter. Ein Lehrbeispiel für Städtegründungen im mittelalterlichen Westfalen. Das Bild zeigt nahe der Lippefurt eine erste vorstädtische Kaufmannssiedlung vor dem Kreuzungspunkt der Handelsstraßen von Frankfurt/Main – Soest – Minden – Lübeck sowie von Münster nach Paderborn. Der Schutzpatron der Kirche, der hl. Nikolaus, ist ein eindeutiger Beweis für eine Kaufmannssiedlung.

Geseke, Recklinghausen und Rüthen, die Fürstbischöfe von Münster, Ahlen, Borken, Teltge und Warendorf, die Grafen von der Mark Iserlohn, Hamm, Kamen und Unna, der Edelherr Bernhard II. zur Lippe Lemgo, Lippstadt, die Herforder Neustadt und Horn und schließlich Graf Hermann IV. von Ravensberg Bielefeld und Vlotho gründeten: – da bezeichnete man den „Ort", die „Stelle", die vom flachen, landwirtschaftlich genutzten Land abgetrennte Siedlung von Menschen längst nicht mehr als Burg, sondern als „Stadt". Nur „burgaere", Bürger also, als Bezeichnung für deren Bewohner blieb erhalten und umriß den Gegensatz zu Bauer, Ritter und Pfaffe.

Jedoch: „Städte" waren die alsbald mit Palisadenzaun und dann mit Mauern und Toren eingegrenzten Siedlungen noch nicht. Und manche von ihnen wurden es auch nie. – Und: „Bürger" waren deren Bewohner noch längst nicht alle!

Hier jedenfalls begegnet uns noch einmal der lange Atem des ostfälisch/westfälischen Herrschers, König Heinrich I., dessen „Burgen" ab 926 als „Machtzentren" und als „Garanten für die Ausweitung von Handel und Gewerbe" entstehen sollten. Denn exakt nach seiner Anweisung handelten nun auch die weltlichen und geistlichen „Städtegründer" des beginnenden 13. Jahrhunderts in Deutschland:

Für das langfristige Entstehen seiner Burg-Städte als Machtzentren hatte König Heinrich verfügt, daß sie jeweils von einem Teil der „milites agrarii", Söhne höriger oder freier Bauern, die stets für militärische Aktionen des Königs satelbereit zu sein hatten, bewohnt und geschützt wurden.

Diesem Beispiel entsprechend delegierten nun auch die Territorialherren einen Teil ihrer getreuen Dienstleute als „Ministerialen" in die Neugründungen. „Sie wurden mit besonders großen Grundstücken ausgestattet, wofür sie nicht einmal Steuern zu zahlen hatten." (Vogelsang, a.a.O., S. 44). Sie bildeten eine Teilschicht der Patrizier und nahmen später im Rat der Stadt die vornehmsten Plätze ein.

Hauptzweck der weltlichen und geistlichen Machthaber war unbestritten, neben ihrer Burg oder Kirche oder in den ummauerten neuen Siedlungen einen dauernden Sitz von Handel und Gewerbe zu errichten.

Dafür galt es nun, möglichst viele Kaufleute aus anderen Städten anzuwerben und Handwerker aus den bäuerlichen Familienbetrieben des Umlands anzulocken: Fast alle dieser unzähligen Stadtgründungen zwischen etwa 1150 und 1450 erfolgten denn auch als Marktgründungen mit einer eigenen Gerichtsbarkeit. Gerichtsfähig und damit frei aber waren im Mittelalter nur die Besitzer von Grund und Boden. Alle anderen waren hörig und dienstpflichtig dem „Bodenbesitzer", ihrem jeweiligen Grundherrn gegenüber. Und nur diejenigen waren frei, und das heißt schöffenfähig in einem Gerichtsbezirk, die in ihm ein Stück Boden besaßen.

So also kam es zu dem Lockmittel der Territorialherren: Sie verliehen den Herbeiströmenden die zur Ansiedlung benötigte Parzelle des Marktareals als Grundlage ihrer Schöffenfähigkeit beim Marktgericht. Und das heißt: Sie machten sie zu freien Bürgern der werdenden Stadt. Im Gegensatz zu allen sonstigen Einwohnern galten diese Parzellenbesitzer von Anfang an als wahre Bürger, nahmen im Gegensatz zu den sonstigen Einwohnern an der Selbstverwaltung teil und brachten sich später als „alte Geschlechter", als Patrizier somit, zur Geltung. Die „sonstigen" Einwohner aber waren die in die werdenden Städte eindringenden besitzlosen Bauern.

Zum eigentlichen Pathos dieser Zeit und den bald kommenden dramatischen Entwicklungen führt uns folgendes Bild:

Hinter den Mauern dieser Siedlungen füllt sich alsbald der säkulare Raum der Bürger, ihrer Häuser und Märkte als ein Geflecht scheinbar ungeplanter Straßen, die sich rein zufällig zu verengen und zu kreuzen scheinen.

Mitten in der Stadt aber finden wir das sakrale Zentrum, den Platz Gottes und des Asyls für die Bettler, Armen und Gebrechlichen. Hier, an diesen sorgfältig ausgesuchten Plätzen, bauten die Bürger früh großartige Kirchen, deren mächtige Türme weit ins Land hinausragten, während sich ihre eigenen Häuser neben und unter ihnen friedlich wie Küken unter einer Henne versammelten. Von den Türmen her aber „waren die Glocken im täglichen Leben wie warnende gute Geister, die mit vertrauter Stimme bald Trauer, bald Freude, bald Ruhe, bald Unruhe kündeten, bald zusammenriefen, bald ermahnten." (Huizinga, a.a.O., S. 3).

„Von Gott, zu Gott, durch Gott sind alle Dinge", im Sinne dieses paulinischen Satzes waren die Kirchen, Türme und Glocken Manifestationen einer Gesellschaft, die im Jenseitsglauben ihren wichtigsten Gedanken und Ankerplatz hatte. In ihr aber waren die Geistlichen zunächst die einzigen Gebildeten, die lesen und schreiben konnten. Und nicht wenige von ihnen verstanden es, die Herzen der Menschen gefangen zu nehmen und zu entflammen mit Bildern, die sie mit der Macht eines Schauspiels erreichten: „Höre deine Mutter, meine Freundin, die heilige Kirche …" (Dionysius der Karthäuser).

„Stadtluft macht frei!": Der Aufstieg des Bürgertums

Das Leben auf dem Land und in den von allerlei Wild geschädigten Gärten war damals hart und karg, zumeist ein „elender Existenzkampf mit der Natur" (Otto Borst). Hauptnahrungsmittel waren Mehlbrei und Obst. Die Ausübung der Jagd war nur den Herren erlaubt. Die Wohnung war ein Einraumhaus mit wenig Mobiliar, nur die besser gestellten Bauern hatten Stühle: eine einfache, primitive Welt. „Als Energiequelle hat man nur seine eigene und die tierische Kraft. Kleine Hütten aus Lehm und Stroh, der Fußboden ist hartgestampfte Erde, die Notdurft verrichtet man im Freien, Trinkwasser fehlt, Männer, Frauen und Kinder schlafen im selben luftleeren Raum, der Geschlechtsverkehr spielt sich in Anwesenheit der Kinder ab. Nebenan steht das Vieh." So beschreibt Otto Borst (a.a.O., S. 130) das damalige Leben der Bauern auf dem Lande.

Mittelalterliche Wohnstube. Links hinten ein Kachelofen, darüber auf einem Bord Gefäße. Butzenscheiben, an der Decke herabhängende Kerzenleuchter, Fliesenboden. Hinten rechts die Schlafkemenate. Aus der von Johannes Baemler 1476 gedruckten „gut nützlich leve und underweysung".

Die Not der Landbevölkerung wurde zusätzlich gesteigert durch ein ab dem 7. Jahrhundert stetiges Wachstum der Bevölkerung, das sich im 12. und 13. Jahrhundert dramatisch beschleunigte. Von 700 bis 1300 wuchs die Bevölkerung in West- und Mitteleuropa unter Einschluß von England von 27 auf über 700 Millionen Menschen (Gimpel, a.a.O., S. 81). Zwischen 850 und 1200 verdoppelte sich die Bevölkerung in Deutschland.

Zwei Gruppen von Landarbeitern drängten nun in die „Burgstädte" und „Marktgerichte":

Einmal die überschüssigen freien und unfreien Besitzlosen, die auf den Höfen des Landes schon handwerklich gearbeitet hatten. Zum anderen besitzlose Fronarbeiter, welche neben Feldarbeit für ihren Herrn und dessen Bedürfnisse bereits für den Absatz auf den Lokalmärkten der werdenden Städte produziert hatten. Beide Gruppen drängten nun vollends in die Stadt, teils mit, teils ohne Erlaubnis ihres Grundherrn. Und natürlich versuchten sie, aus ihrem bisherigen hofrechtlichen Verband herauszukommen und das Marktrecht zu erhalten. Und das heißt: Sie wollten die Freiheit erlangen.

Dort aber, in den zu Städten emporstrebenden Marktgerichten, war längst ein neuer Prozeß im Gange. Ziel der Bürger war es nun, sich der Einschränkungen und Einengungen durch die weltlichen und geistlichen Landesherren zu entledigen. Die halbe Freiheit, die sie ihnen gewährt haben, wollten sie jetzt zu einer ganzen machen!

Und bald schafften sie es. Der Satz, den die Freiburger im Süden Deutschlands den Zähringer-Herren 1120 abgerungen hatten – „Wer aber über Jahr und Tag in der Stadt gewohnt hat, ohne daß irgendein Herr ihn als seinen Leibeigenen gefordert hat, der genießt von da an sicher und unangefochten die Freiheit" – galt bald überall bis hinauf auch nach Niedersachsen samt Westfalen. Ursprünglich nur für die „Parzellen-Bürger" gedacht, kam er im Endergebnis bald allen Bürgern zugute. So wurde er zur Magna Charta der deutschen Städtefreiheit. Jeder konnte nun in der Stadt sein Glück versuchen. Und kein Herr wagte es, einen entlaufenen Hörigen aus der Umfriedung gewaltsam zurückzuholen.

In der Kurzform „Landluft macht eigen – Stadtluft macht frei" wurde der Freiburger Satz alsbald zu einem Fanal des Aufbruchs in die Stadt. Im frühen Mittelalter waren die „burgari" oder „burgaere", die Burg-Stadt-Verteidiger, die Bewohner einer Stadt. Jetzt aber, im hohen Mittelalter, erweiterte sich dieser Begriff zunächst zugunsten aller in der Stadt Seßhaften, und das heißt der mit Grundbesitz Ausgestatteten im Gegensatz zu den Besitzlosen. Mit dem Bürgereid (Treue und Gehorsam gegenüber der Stadt) traten sie der bürgerlichen Eidgenossenschaft bei und erwarben dadurch – im Gegensatz zu den Unfreien – volles Bürgerrecht, will sagen Recht zur Teilnahme am politisch-sozialen Leben, Recht auf Handel und Gewerbe, Erbrecht, Recht auf Schutz durch die Stadt. Erst im Spätmittelalter wurden dann alle in der Stadt Seßhaften – mit Ausnahme von Adel und Bauern – zu Bürgern einer Stadt.

Die durch Bürgereid zusammengeschweißte städtische Schwurgemeinschaft war im Aufbruch. Zwischen den steinernen Häusern der Ministerialen und den Holzhütten der ersten Siedler, krähenden Hähnen, gackernden Hühnern und quiekenden Schweinen, zwischen Marktgeschrei und Pferdegetrappel machten Handel und Gewerbe die von hölzernen Palisadenzäunen bzw. bald von steinernen Mauern umgebenen Marktflecken alsbald zu kraft- und blutvollen Brutstätten des Werdenden. Und ein jeder hatte hier die Chance für eine emanzipatorische Entwicklung:

Alle, die jetzt kamen, hatten eine Perspektive des Aufstiegs und der Entwicklung ihrer Begabungen: So wie die sich langsam zu Städten entwickelnden Burganlagen beginnende, fortschreitende Gesamtkunstwerke darstellten, waren die, die nun in die Städte aufbrachen, gleichsam Rohdiamanten, die sich in einen dauernden Reifungsprozeß hineinwagten. So wie sich in den Städten, die sie betraten, Gerüst an Gerüst reihte, damit Bürgerhäuser, Stapelhäuser der Kaufleute und eine Vielzahl von Kirchen entstehen konnten, so wie aus einer Burg mit Verteidigungsanlage ein Marktflecken und schließlich auf dem Boden von sozialem Wandel und ökonomischer

Die Städte der Vorhansezeit, beginnende Gesamtkunstwerke. Überall stehen Gerüste und Leitern. Die Baumaterialien werden mit Treträdern und Seilzügen befördert. Angefeuert von einem Mönch sehen wir die Steinmetze bei der Arbeit. Aus „Die Biblie", 1494.

Expansion in Abwehr und bei Niederringung von fürstlicher Willkür freie Städte wurden, so gerieten die, die vom Lande aus mutig in die Städte aufbrachen, in einen sich über Generationen hinziehenden Entwicklungsprozeß. Er sollte sie bald zu fähigen Handwerkern, zu welterfahrenen Kaufleuten und schließlich zu feinnervigen Künstlern oder hochgebildeten Wissenschaftlern werden lassen. Zunächst aber waren sie, indem sie zu Hunderttausenden aufbrachen und die Ketten ihrer Abhängigkeit sprengten, die mitentscheidende Ursache eines tiefgreifenden Wandlungsprozesses, eines Aufbruchs der mittelalterlichen Gesellschaft zu neuen Lebens- und Bewußtseinsformen. Dem aber dienten weitere Ereignisse, denen wir in den nächsten Abschnitten begegnen werden.

Wunderwelt der Mechanik: Die industrielle Revolution des Mittelalters

Welch ein Irrtum, zu glauben, im Mittelalter habe sich nichts bewegt. Besonders im technologischen Bereich kam es zu einer Fülle von Erfindungen, die spätere Epochen nur zu „modernisieren" brauchten. Neue Geräte, Dreifelderwirtschaft und vielerlei Mühlen führten zu Umwälzungen in der Landwirtschaft, besonders wenn die Mönche den Bauern hilfreiche Anleitungen boten. Rekordernten machten Hungersnöte nun zu Ausnahmen.

In der Tat, überall in der Landschaft begegneten die Kaufleute jetzt Bauern, die mit Räderpflügen samt eiserner Schar die Schollen wendeten. Pferde und Ochsen mit Kummetgeschirr zogen die Pflüge auf den Feldern und bald auch die vierrädrigen Karren der Händler.

Sumpflandschaften wurden trockengelegt, Wälder gerodet. Immer mehr bäuerliche Siedlungen entstanden. Bevölkerungszunahme? Kein Problem, die Landwirte erzielten Überschüsse! Und dann erst die neuen Mühlen – Wind- und Wassermühlen – mit ihren ratternden Windschaufeln und ihren knarrenden Wasserrädern! Für die damaligen Menschen waren sie Wunderwerke der Technik.

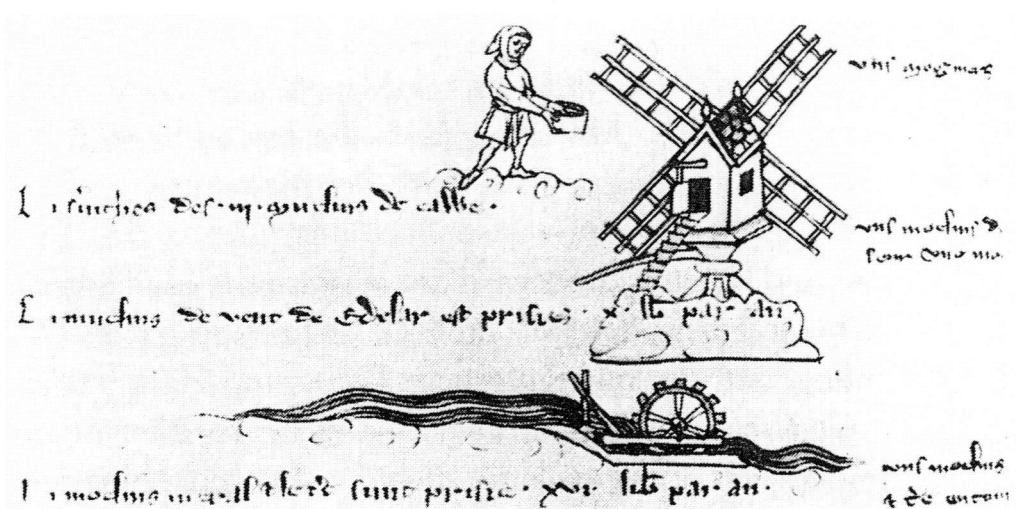

Impressionen vom Lande: Ein Bauer beim Getreidesieben, auf einem kleinen Hügel eine Windmühle, davor das Rad einer Wassermühle. Aus dem „Vieil Rentier" des Johann de Pamele aus Oudenaarde, um 1275.

Diese Bilder dokumentieren, daß die Epoche zwischen dem 11. und 13. Jahrhundert in Europa „eine der fruchtbarsten an technischen Erfindungen in der ganzen Geschichte der Menschheit wurde" (Gimpel, a.a.O., S. 5) und daß diese durch die Wanderlust der Mönche und Gesellen nach und nach allgemein bekannt wurden. Und, noch wichtiger: daß zeitgleich in der Gesellschaft ein Bedarf für ihre Verwendung sowie Aufgeschlossenheit und ausreichendes Kapital für ihre industrielle Nutzung vorhanden waren.

Ursache für eine ganze Palette technologischer Innovationen im Hohen Mittelalter war, wie Jean Gimpel schreibt, „die Begeisterung des mittelalterlichen Menschen für die Mechanisierung und den technischen Fortschritt". Zum anderen aber gewiß auch, daß die Kirche damals die neuen technischen Errungenschaften begrüßte und unterstützte. Bernard zum Beispiel, Magister der Domäne in Chartres (1114-19), schrieb zu diesem Thema emphatisch: „Wir sind Zwerge, die auf den

Schultern von Riesen sitzen. Wir sehen mehr und weiter als sie …, weil sie uns in die Lüfte tragen und uns um ihre Riesenhaftigkeit größer machen." (Le Goff I, a.a.O., S. 17).

Die Klöster übrigens hatten einen sehr frommen Grund, die neuen Techniken zu nutzen: Ihr Tagesablauf war so überdeckt mit vielerlei religiösen Übungen, daß sie bald in große Zeitnot kamen. Die Benediktiner übertrugen daher die Garten- und Landarbeit gemieteten Landarbeitern. Nur die handwerklichen Tätigkeiten verblieben den Mönchen. Die Zisterzienser aber, Spezialisten in der Landkultivierung, bedienten sich zum Zweck der Arbeitszeitverkürzung verstärkt der neuen Energiequellen und Maschinen.

Begeistert berichtete denn auch ein Mönch-Chronist nach 1245 aus der Zisterzienserabtei Clairvaux über die Klosteranlage als Wirtschaftseinheit: „Wie viele Pferderücken und Männerarme würde die Mühsal zerschlagen, von der uns der Fluß großzügig und ganz ohne unser Zutun enthebt? Wie könnten wir ohne ihn unsere Kleidung verfertigen, unsere Nahrung bereiten?" Das Wasser: „Ob es ums Kochen oder Sieben, Schütteln oder Zerstoßen, das Bewässern, Waschen, Mahlen, Erweichen geht, immer leiht es seine Dienste ohne Widerspruch. Schließlich und um sein Werk zu vollenden, schwemmt es allen Schmutz mit sich fort und hinterläßt alles sauber und rein." (Gimpel, a.a.O., S. 12). Dabei schilderte er, wie ein und derselbe Flußarm auf dem gleichen Gutshof gleichzeitig in Werkstätten Getreide mahlt, Mehl siebt, Tuche walkt, Leder gerbt und bei der Bierherstellung verwendet wird.

Überall stieg jetzt der Energieverbrauch an. Aber man fand neue Energiequellen und nutzte sie auch: Denn in allen wichtigen Wirtschaftsbereichen wurden damals neue Maschinen entdeckt und man führte sie auch in den Arbeitsprozeß ein.

Überall in Deutschland und in Europa gibt es eine Vielzahl von Flüssen, Bächen, Stauwässern und Kanälen; einige Regionen, Nachbarn des Meeres, liegen im Bereich ständiger Westwinde vom Atlantik zum Osten hin. Ab 1100 gab es in Europa in steigender Tendenz Hunderte von Zisterzienser- und Karthäuserklöstern mit Tausenden von Mönchen, die als Pioniere der Landkultivierung und -bewirtschaftung, als Handwerker und Architekten das Gebet mit praktischer Arbeit verbanden. Das Wasser, die Luft und die Mönche, alle drei zusammen wurden im 11., 12. und 13. Jahrhundert zum Ausgangspunkt einer beträchtlichen Steigerung der Energieversorgung:

Das Wasserrad wurde zum Auslöser einer Vielzahl raffinierter technischer Erfindungen, nachdem es schon im 10. Jahrhundert gelungen war, die Rotation einer waagerechten Achse auf eine senkrechte zu übertragen. Die Kraft eines senkrecht angebrachten Wasserrads wurde mittels ineinander greifender Zahnräder so auf den horizontal montierten Mühlstein übertragen, daß dieser sich um ein Vielfaches schneller drehte als das Treibrad, Ausgangspunkt für eine Vielzahl raffinierter Mechanismen:

Hunderttausende von Mühlen entstanden überall im flachen Land, wo immer nur in der Nähe menschlicher Siedlungen sich geeignete Gewässer auftaten; ganze Städte entstanden hart am Ufer eines Flusses oder, besser noch, im Mündungsbereich zweier oder mehrerer Flüsse; etwa 20 Windräder hatte das mittelalterliche Paris, aber 1.200 Mühlräder drehten sich auf Seine, Oise und Marne, auch auf Bächen wie Yvette und Bièvre, im Dienste des täglichen Brots einer illustren Ansammlung von Menschen; andere Städte – wie zum Beispiel Colmar, Prag, Nürnberg oder Herford – bändigten das Wasser, leiteten es um ihre Stadtmauern herum und ein- oder mehrfach so durch die Stadt hindurch, daß sie bald wohlwollend „Klein-Venedig" genannt wurden.

Der Mechanismus des Wasserrads wurde zum Ausgangspunkt einer ganzen Reihe weiterer technischer Erfindungen: 1138 bei der Gerbmühle; 1195 bei der Schleifmühle; 1197 bei der Eisenmühle und der Senfmühle; 1272 bei einer Mühle zum Zwirnen der Seide; 1276 bei der Papiermühle; 1321 bei der Mörsermühle.

Der Gebrauch der Mühlentechnik wurde ausgeweitet, besonders im Bergbau und Hüttenwesen, wo sich die Deutschen in dieser Epoche einen großen Namen machten: Vom Wald wurden die Eisenhütten ab dem 11. Jahrhundert an die Flußufer verlegt. Mächtige Blasebälge, Mühlen zum Zerkleinern des Erzes und Hammerwerke zum Schmieden des Eisens wurden hier mit Wasserkraft in Bewegung gesetzt. In der Steiermark gelang es Karthäusermönchen, mit Hilfe des Blaswindes eines mächtigen Wasserstrahlgebläses flüssiges Roheisen zu erzeugen; 1377 verstanden sich die Deutschen darauf, Eisen in einem Hochofen bei 1.500 Grad zu schmieden und die Gewalt der Hammerschläge auf den Amboß auf 1.600 kg zu steigern; Wunderwerke der Technik aber, die Jahrhunderte überdauern sollten, wurden dann Winden mit Umkehrgetriebe (!), zum Heraufziehen und Hinunterlassen der Förderkörbe, wirkungsvolle Maschinen zur Bewetterung der Stollen sowie Schöpfräder zur Entwässerung.

In der Tat: Ab dem Jahr 1000 avancierten die Deutschen zu Pionieren des Bergbaus und wurden bald überall in Europa für die Ausbeutung von Gold-, Silber-, Blei-, Kupfer-, Zink- und Eisenvorkommen engagiert. Und Gold und Silber wurden für die Münzherstellung benötigt!

Ab dem 12. Jahrhundert begegnen wir in England und Flandern dem malerischen Bild der Windmühlen; vom 13. Jahrhundert an prägten sie die Silhouetten der französischen Wirtschaftslandschaften; im 14. Jahrhundert verlor sich ihr Bild über Deutschland und Polen hinweg in die Westregionen Rußlands. Und viele technische Neuerungen begleite-

Im Bergbau gab es eine Skala von Spezialisten: die Haspler und Treiber, die Stürzer und Häuer, die Säuberer und die Kunstmeister (Pumpenarbeiter an den zur Wasserförderung benutzten Maschinen). Gerätschaften waren Keile und Keilhauen, Schaufeln, Kratzen, Äxte und Brechstangen, Tröge und Schubkarren. Blick in eine Schmiedewerkstatt, links oben ein Steinmetz bei der Arbeit. Aus Spechtharts „Flores musicae", Druck von Johann Prüss, Straßburg 1488.

ten in dieser Zeit den Aufstieg der Tuchindustrie von Nordwesteuropa bis tief ins heutige Westfalen und Sachsen hinein.

1098 erreichten die geistlichen Auseinandersetzungen im französischen Klerus auch die Benediktinerabtei Cistercium (Citeaux). Das führte zur Gründung des Ordens der Zisterzienser, in dem die Regeln des Erzvaters der europäischen Mönchsbewegung, Benedikt von Nursia, in strengster Observanz beobachtet werden sollten. So phänomenal war der Erfolg des neuen Ordens, daß der hl. Bernhard, Abt des Tochterklosters Clairvaux, 1152, ein Jahr vor seinem Tod, bestimmte, „dass innerhalb zehn Meilen im Umkreis einer Abtei kein weiteres Kloster errichtet werden dürfe" und „daß mindestens 60 Mönche zu einer Neugründung vorhanden sein müßten". In Hunderten von Klöstern versammelten sich bald Tausende von Mönchen und Laienbrüdern bei ihrem täglichen „ora et labora". Kurz danach öffneten sich die Pforten der Abteien und diese bestens geschulten Experten unterrichteten die Einwohner des Landes, standen ihnen hilfreich zur Seite und wurden für sie zu Lehrmeistern auch des technischen Fortschritts.

Der älteste Automat Europas: die Uhr, gehalten von der Weisheit und einem Mann. Federzeichnung aus der französischen Übersetzung des „Horologicum sapientiae" von Heinrich Suso, Lille 1448.

Die Uhr als erste moderne Maschine: Zu guter Letzt, zwischen 1280 und 1300, kam es im Mittelalter zur Erfindung der Pendelgewichtsuhr mit mechanischer Hemmung. Haben die Benediktiner schon oder später der Italiener Jacobo di Dondi aus Padua diese hochentwickelten, faszinierenden Schöpfungen der Mechanik geschaffen? Sie wurden jedenfalls zur Schlüsselerfindung des industriellen Aufstiegs Europas und zu entscheidenden Wegbereitern der Moderne.

Eiserne Pflugscharen:
Die eigentliche Schubkraft einer Wende?

„Hat der Bauer Geld, hat's die ganze Welt!" Diese Spruchweisheit führt uns auf geradem Weg zu dem Bild der Kleinbauern, die von ihren Herren mit Naturalobligationen, mit landwirtschaftlichen Erzeugnissen aus einer Überschußproduktion also, entlohnt wurden und diese Produkte innerhalb der Ringmauern der jungen Städte verkauften. Und die dann aufgrund der Bevölkerungszunahme in der Stadt Zuflucht suchten. Verkürzt betrachtet bezeichnen die beiden Begriffe – Überschußproduktion und Bevölkerungszunahme – die zwei ersten

Ursachen, die damals eine gesamtgesellschaftliche Dynamik auslösten, aus der heraus die Hansestädte entstanden sind.

Aber: Wie kam es gleichzeitig mit einer Bevölkerungszunahme – und das in fast archaischer Zeit – zu einer Überschußproduktion? Und ist nicht jede Bevölkerungszunahme zumindest mit einer Weiterentwicklung der Landwirtschaft geradezu unweigerlich verkoppelt?

Bauern bei der qualvollen Feldarbeit. Die Böden waren hart und mußten oft mehrfach mit dem Spaten bearbeitet werden. Miniatur um 1350.

Auf den Spuren dieser beiden Fragen kommen wir zu revolutionären Neuerungen in der Landwirtschaft bereits seit dem 9. Jahrhundert: Zu Erfindungen und technischen Neuerungen, die sowohl die Landgewinnung, die Aufbereitung des brachliegenden Ödlands als auch das Transportieren schwerer Lasten sowie die Steigerung der Erträge landwirtschaftlicher Nutzflächen erheblich fördern sollten.

So zum Beispiel: Einführung der Dreifelderwirtschaft (8. Jh.); Befestigung der Hufeisen mit Nägeln (9. Jh.); Pflug mit Vorderwagen, Pflugmesser und eiserner Pflugschar (10. Jh.); Erfindung der Egge. Gleichzeitig Einführung der Nutzung des Pferdes in der Landwirtschaft (1077-1082); Anspannen der Pferde in Reihe mit Kummet (1180); Pflug mit beweglichem Streichbrett und symmetrischer Pflugschar (13. Jh.). Terrassenweinbau der Zisterzienser in Kloster Eberbach (um 1200). Jahresproduktion 215.000 Liter!

Denken wir nach! Wahrhaftig revolutionäre Neuerungen. Und dies – teilweise jedenfalls – lange vor der gesamtgesellschaftlichen Dynamik, die sich ab 1100 in Bewegung setzte. Aber genau die lange Zeit, die Neuerungen in der Landwirtschaft benötigen, um sich wirklich durchzusetzen. Und um dann von der Landwirtschaft aus sowohl eine Bevölkerungszunahme als auch eine Überproduktion zu ermöglichen? Die Landwirtschaft mit einem Produktionszuwachs durch bahnbrechende technische und andere Neuerungen in Deutschland – und auch anderswo – als eigentliche Schubkraft, die alles in Bewegung brachte? Ursächlich für die Bevölkerungszunahme, für die Landflucht, für die langsame Veränderung der Räume, für den Aufstieg der Städte? Wenn ja, dann wäre das eine originelle Bestätigung der eingangs zitierten Volksweisheit.

Der Kaufmann und der Handwerker:
Die neuen ökonomischen Leitfiguren

Eine neue Schicht von Privilegierten:
Der Aufstieg der Handwerker

„Gott hat das gemeine Volk erschaffen, um zu arbeiten, um den Boden zu bestellen, um durch den Handel dauernden Lebensunterhalt zu schaffen, die Geistlichkeit für die Werke des Glaubens, den Adel aber, um die Tugend zu erheben und die Gerechtigkeit zu handhaben …" (Huizinga, a.a.O., S. 59). Mit diesen Worten verherrlichte der burgundische Hofhistoriograf Georges Chastellain (1405-1475) die ständische Gliederung der Gesellschaft des Mittelalters. Um danach dem Adel die höchsten Aufgaben im Staate zuzubilligen: Wahrheit, Tapferkeit, Sittlichkeit und Milde waren Chastellain zufolge seine Eigenschaften. Der Mann, vor dessen Augen in Gent und Brügge als Manifestationen mittelalterlicher Handwerksblüte und Handelsmacht die schönsten und prächtigsten Bürgerhäuser der Welt entstanden, billigte dessen Schöpfern nur Sekundärtugenden zu wie „Demut und Fleiß, Gehorsam gegen den König und Bereitwilligkeit, seine Herren zufriedenzustellen". Dieses „dritte Glied, das das Reich vollständig macht", er meinte hier Feldarbeiter, Handwerker und Kaufleute, war nach Chastellains Meinung ein Stand, von dem es sich nicht lohnt, eine lange Darstellung zu geben, „weil er dienenden Ranges ist" (Huizinga, a.a.O., S. 60)!

Für die beginnende Hansezeit in Deutschland berichtet Otto Borst (a.a.O., S. 338): „Arbeit war für die Ritter Dienst, Frauendienst, Herrendienst, Gottesdienst." – „Nur die Bewährung in dieser ‚Arbeit' … bringt Achtung."

Arbeit, manuelle Arbeit, war in jener Epoche also weithin verachtet. Ausdrücklich betonte der Zisterziensermönch Bonizo noch im 11. Jahrhundert, daß nur die Bauernarbeit „ohne Sünde ist". Kein Wunder, wenn wir hören, daß in dem vom Vorbild des abendländischen Mönchtums, dem hl. Martin von Tours (317-397), gegründeten Kloster, dem Idealbild einer außerweltlichen Askese folgend, „Handarbeit nicht betrieben wurde, das Bücherschreiben ausgenommen; für dieses Geschäft wurden nur die Jungen verwendet, die Älteren lagen ausschließlich dem Gebet ob." (Savramis, a.a.O., S. 75).

Nur wenn wir uns das vor Augen halten, wird uns klar, wie bedeutsam es für Westeuropa war, daß hier nicht das Leben der Anachoreten, der weltabgewandten Büßer der orthodoxen Christenheit Osteuropas, zum Vorbild christlichen Lebenswandels wurde, sondern die Regel des hl. Benedikt von Nursia („Ora et labora"), die Gebet und Arbeit zur gleichrangigen Pflicht erhob.

Es war ein Glück für Europa, daß seine Klöster „Stätten der Kultur und des wirtschaftlichen Lebens wurden und daß sie

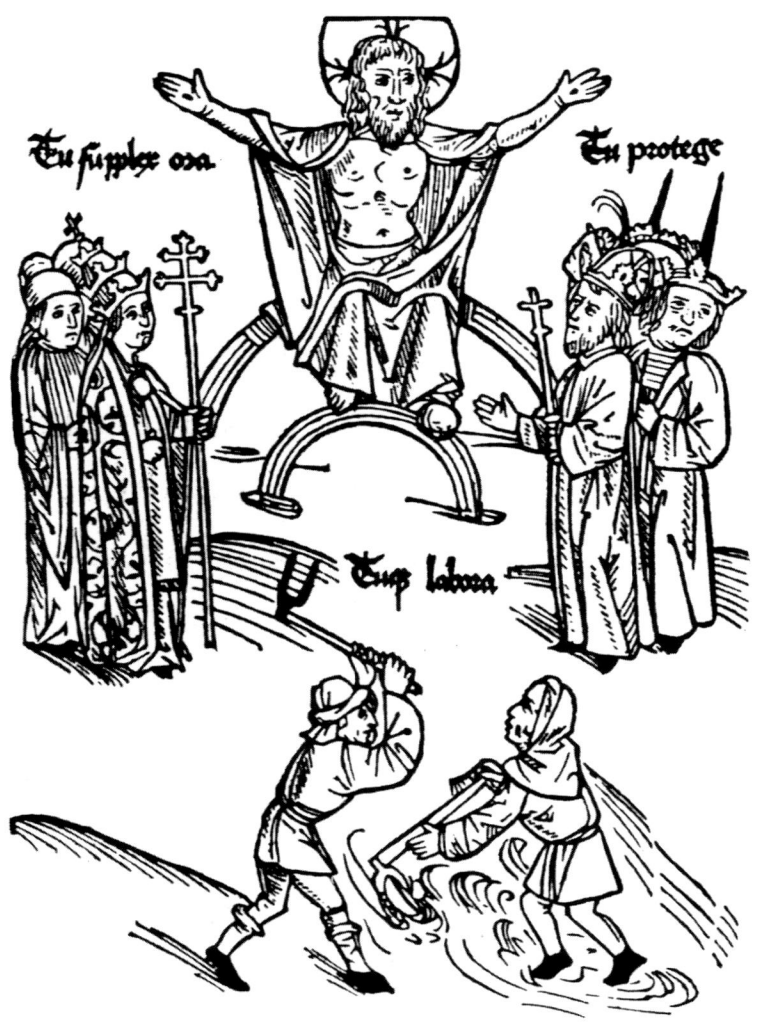

Das statische Gesellschaftsbild des Mittelalters. Christus als Weltenrichter teilt den drei Ständen (links der geistliche Stand, rechts der Fürstenstand, unten die Bauern) ihre Aufgaben zu. Aus der „Prognostocatio" des Astrologen Johannes Lichtenburger; gedruckt bei Georg Meydenbach, Mainz 1492.

später die Aufgabe, die germanischen Völker die Arbeit zu lehren, übernehmen konnten." (Savramis, a.a.O., S. 76), und

- daß um 1100 – ausgestattet mit der Benediktsregel – der Aufstieg des Zisterzienserordens begann: mit 700 Klöstern bis zum Anfang des 14. Jahrhunderts vor allem in Frankreich, Deutschland und England;
- daß die Zisterzienser bald zu führenden Experten des Getreide-, Wein- und Obstbaus, der Fisch-, Pferde-, Rindvieh-, Schaf- und Bienenzucht und in der Anlage von Bäckereien, Getreide- und Walkmühlen aller Art wurden;
- daß die Ökonomiehöfe der Zisterzienser zu Ackerbauschulen jener Epoche avancierten, die den Menschen ihre Kenntnisse auch vermittelten und daß Prämonstratenser-Mönche – schon bald nach der Ordensgründung, 1120 in

Münzschläger bei der Arbeit. Relief an der Alten Münze in Rostock.

Prémontre – die märkischen Westfalen im Hüttenwesen unterrichteten;

- daß die Mönche die Deutschen im Zuge der Ostkolonisation nicht nur beim Roden von Wäldern unterstützten, sondern ihnen auch Arbeitsgeräte und Vieh für den Anfang zur Verfügung stellten.

Der größte Teil der Stadtbewohner mit vollem Bürgerrecht waren Handwerker. Beim Aufbau und der Innenausstattung der Hansestädte spielten sie neben den Kaufleuten eine überragende Rolle. Früh schon förderte eine scharfe gewerbliche Differenzierung und der Zusammenschluß in Zünften die Leistungsfähigkeit und den Aufstieg der Handwerkerschaft.

Straßennamen in alten Hansestädten wie Böttchergasse, Weberstraße, Bäckerstraße und Hoekergasse beweisen, daß die Handwerker auch in einzelnen Straßen entsprechend ihrer Zunftzugehörigkeit miteinander zusammen wohnten.

Zunftzugehörigkeit war absolute Pflicht! Jeder Handwerker mußte „die Zunft gewinnen", also Zunftmitglied werden. Nur Meister durften ein Gewerbe eröffnen. Die Meisterprüfung war an strenge Regeln geknüpft.

Gesellen mußten um die „Eschung" bitten. Probezeit und Meisterstück waren Pflicht, ein nachgewiesenes Mindestvermögen ebenso. Die Ausbildung als Lehrling war beschwerlich und hart. Beginn der Arbeitszeit: Vier Uhr nachts! Ende: 20 Uhr abends! Dauer: drei bis vier Jahre!

Der Rat der Hansestädte nahm an den „Morgenansprachen" der Zünfte teil, beaufsichtigte die Preisgestaltung. Zunftälterleute führten eine strenge Qualitätskontrolle durch.

Der Aufstieg der Handwerker war also durchaus schwer. Die Qualität der Waren aus den Hansestädten also war das Ergebnis von Fleiß und strengen Kontrollen.

Die meisten Handwerker arbeiteten für den Eigenbedarf der Städte. Nicht so die Böttcher, die Tiegel- und Pfannenmacher, die Kannengießer und Leinenweber einschließlich der Lübecker Paternostermacher, deren Rosenkränze aus Bernstein im In- und Ausland hochbegehrt waren.

Die Zeit der Städtegründungen bis hin zu ihrer Blüte im späten Mittelalter war die Zeit der Weiter- bzw. Vollentwicklung des deutschen Handwerks. Es war die Epoche, in der aufgrund der Bevölkerungszunahme freie Besitzlose und Fronarbeiter zu Tausenden in die Städte strömten und dort den Nachwuchs für die Handwerksbetriebe bildeten. Und in denen die Zünfte bereitwillig einen jeden von ihnen aufnahmen, um im Kampf um die innerstädtische Macht zu obsiegen. Dieser Zeitraum, er dauerte vom 12. bis zum 15. Jahrhundert, in dem die Zünfte und ihre Repräsentanten, besonders in den binnenländischen Hansestädten, eine neue Schicht der Privilegierten bildeten, in der die neue Herrenschicht der Handwerksmeister in den Kirchen eigene holzgeschnitzte Prunkbänke bezog, die Ära der hansischen Altarmalerei, Holzschnitzerei und Goldschmiedekunst also, ist als die Zeit der größten Blüte des Handwerks in die Geschichte eingegangen.

Männer von besonderer Prägung: Der Aufstieg der Kaufleute

Wenn der englische König Richard Löwenherz um 1190 zu einem fixen Termin 50.000 Hufeisen von der Hanse benötigt; wenn einer seiner Londoner Nachfolger, Eduard I., 1301, möglichst rasch an die 30.000 Sack Wolle verkaufen will (die Schur von etwa acht Millionen Schafen mit einem Gewicht von etwa 3,5 Millionen kg); wenn aus dem Kölner Drittel Johann Questenberg auf einen Satz 100.000 Tonnen Stahl nach England und der Schwerter Harmen Pfeffer an den Herzog von Braunschweig-Lüneburg zu einem fixen Termin 1.000 Harnische liefern; wenn Städte wie Florenz und Köln um 1450 jährlich 20.000 bzw. 12.000 Stück Tuche erzeugen, dann ist klar, daß wir nun den engen Bereich der Stadtwirtschaft mit der zünftischen Begrenzung der Zahl der handwerklichen Betriebe samt ihrer Mitarbeiter sowie der Monopolisierung des Zwischenhandels und der Handelsbetriebe verlassen.

Indem nun mehr und mehr das Handwerk auch für den Export arbeitete, wurde es zunehmend abhängig von kapitalkräftigen Kaufleuten. Denn nur sie hatten den Blick für Konjunkturen von Waren und Märkten von einem Ende Europas bis zum anderen; nur sie hatten die Macht und die Courage, die Tiraden der Höllenprediger der Kirche gegen Zins- und Zinseszinsen, gegen Wucher (was für sie jeder Handel war) zur Seite zu wischen; nur sie konnten in großem Stil, an den Zünften vorbei, Heimarbeiter des flachen Landes für sich arbeiten und so größere Überschüsse produzieren lassen; einige von ihnen standen mit mächtigen Banken in Italien und in

Brügge in Verbindung und konnten bedeutende Handels- und Kapitalgesellschaften mit eigenen Aktien aufbauen und in großem Stil mit Wechseln und Handelsobligationen den Kreislauf der Konjunkturen zum Schwingen bringen.

Allerhöchste Förderung durch die Karolinger Könige hatte den Aufstieg der Fernkaufleute zu einer realen ökonomischen Macht ermöglicht. Denn so groß war das Interesse der Karolinger am Wohlergehen dieser Schicht privilegierter Kaufleute, die u.a. die Schatzkammer der Herrscherfamilie mit hochwertigen Gütern belieferte, daß sie sie 818 in dem „praeceptum negotiatorum" mit einer Vielzahl kostbarer Privilegien unter ihren persönlichen Schutz stellten.

Grundlage der Erfolge der großen Kaufleute war eine lebenslang trainierte Rationalität und Askese. Wie ernst sie diese Aufgabe nahmen, wird durch nichts so deutlich dokumentiert wie durch die jahrelange strenge Erziehung, die die jungen Kaufleute in Italien und – was die Hanse betrifft – in Bergen erfuhren:

Zunächst erfolgte eine theoretische Ausbildung an Pfarr- und Klosterschulen, wo sie Lesen, Schreiben und Rechnen lernen mußten; bald, ab dem beginnenden 13. Jahrhundert, entstanden weltliche Schulen, die den jungen Männern alles weitere für den Kaufmannsberuf wichtige Wissen bis hin zum Kreditwesen, zur Buchführung und zur Einschätzung konjunktureller Entwicklungen vermittelten.

Nach einer Anweisung der Großen Ravensburger Gesellschaft aus dem Jahr 1478 an die Älteren in den Auslandsfilialen sollten diese die Jüngeren anweisen, „sich an den Feiertagen in das Schryptory zu setzen und zu rechnen und zu lesen, ‚nicht daß sie spazieren gehen'" (Maschke, a.a.O., S. 333); die Hanseaten bildeten ihren Nachwuchs in bis zu zehn Bergener Kontorsjahren unter Aufsicht Lübecks (!) nicht weniger streng aus; besonderen Wert legte die Hanse auf das Erlernen der Sprachen vor Ort (z.B. Russisch in Nowgorod, Estnisch in Riga) und auf das Training des richtigen Einkaufens, entsprechend der Maxime: Der gute Einkauf ist die Wurzel des Gewinns. Ihre praktische Ausbildung erhielten die jungen Fernhändler überwiegend als „socii tractantes" in den Kontoren der Hanse bzw. in den Niederlassungen der großen Handelsgesellschaften.

Danach beteiligten sie sich meist an schon bestehenden Handelsbetrieben, in denen – waren es Seestädte – Kaufleute und Schiffer vereinigt waren. Meist waren die Schiffer sowohl an der Ladung als auch am Schiff Mitbesitzer. Und viele Kaufleute begleiteten anfangs ihre Ware zu Wasser und zu Lande selbst.

Oft war der hansische Handel natürlich Landhandel. Mit Schiffen, Wagen, Karren und Lasttieren hat man versucht, ihn zu bewältigen. Und übersehen wir nicht: Für alle Städte, ganz besonders für die westfälischen, ob groß oder klein, war der Handel mit der unmittelbaren Umgebung von hoher Bedeutung. Die heimatliche Region war für jede Stadt ein wichtiger Abnehmer ihrer Überschußerzeugnisse sowie der aus der Ferne herbeigeschafften Produkte.

„Das Weinen war erhebend und schön." (Huizinga, a.a.O.). Der labilen Stimmung ihrer Mitbürger, schwankend zwischen wilder Ausgelassenheit, brutaler Grausamkeit und innigster Rührung, setzten die Kaufleute, durchdrungen von ökonomischem Rationalismus, Erwerbswillen und Gewinnstreben, die Gebote des Maßhaltens und der Selbstdisziplin entgegen. Ja wirklich: „Omnibus adde modum, modus est pulcherrima virtus", schrieb der Lübecker Großkaufmann und Bürgermeister Johann Wittenborg in sein Tagebuch. Will sagen: Maßhalten ist die schönste und wichtigste Tugend überhaupt.

Selbstbeherrschung, Bescheidenheit, Vermeiden eines großen Aufwandes, den jeweiligen Partner und Gegenüber psychologisch richtig einschätzen, diese Tugenden und Fähigkeiten haben die Kaufleute ein Leben lang trainiert. Durch ihre Fähigkeit zu rationalem Denken, ihre Weltläufigkeit und ihren Wohlstand wuchsen sie bald in ihren Heimatstädten in Führungsaufgaben hinein.

Ein Kaufmann übergibt seiner Frau den Schlüssel zu seinem Lagerhaus. Miniatur um 1440. Paris, Bibliothèque Nationale.

Und doch durchzieht ihre schriftliche Hinterlassenschaft durchwegs eine große Angst: Daß Gott ihnen seine Gunst entziehen könne und daß deshalb durch Räuber zu Lande und Piraten auf See all ihre Arbeit und Risikobereitschaft umsonst gewesen sein könnte. Sie mußten also Glück haben.

Und dieses Glück als eine nicht durch eigene Leistung bewirkte Gabe war aufgrund des unerschütterlichen Glaubens aller Menschen jener Zeit an das unmittelbare Einwirken Gottes auf die Geschicke der Welt die „fortuna dei". Nur durch Gott und die Kirche, seine Vermittlerin, konnten sie dieses Glückes teilhaftig werden. Diese „unantastbare Wahrheit, die heller oder dunkler selbst ins dumpfste Bewußtsein eingegangen war" (Beilner, a.a.O., S. 37), war für sie ganz natürlich und prägte ihr gesamtes Verhalten.

Gott und Christus vertrauten die Fernkaufleute daher ihr Gut an. Die Mutter Gottes und die Heiligen, insbesondere ihren Schutzpatron, den hl. Nikolaus, baten sie um Fürsprache bei Gott für das Gelingen ihrer Unternehmungen: Gott und seine werte Mutter gebe ihm „gud gelucke" schrieb denn auch der Königsberger Kaufmann Cord Hoppensedil 1461 in bezug auf den Salztransport seines Kompagnons nach Lübeck in sein Handlungsbuch. „Gott geb uns geluick, des wir es woll schaffent", beschwor der Geschäftsführer der süddeutschen Großen Ravensburger Gesellschaft in Valencia sein Direktorium bei seiner Versicherung, daß er die Waren fleißig verkaufen wolle.

„A nome di Dio e di Madonna Santa Maria e di tutti i Santi e Sante di Paradiso", Gott und die Mutter Gottes und alle Heiligen zusammen rief der Florentiner Fernhändler Peruzzi 1335 an, „daß sie ihm verleihen mögen: Gewinn, Rettung auf dem Meer und zu Lande, Wachstum des Vermögens und der Personen sowie Heil für Seele und Körper" (Maschke, a.a.O., S. 326). Auf diese Männer, die Rationalität mit Gottesfurcht verbanden, kam nun in den Städten die entscheidende Führungsrolle zu. Denn überall in Europa waren die aufstrebenden Kaufleute nicht nur Geschäftsleute, sondern auch Arbeitgeber für viele Menschen, die sich bei ihnen für Arbeiten in den Häfen und in ihren Schiffen auf den Meeren, in ihren Speichern und Lagern, zu Wasser und zu Lande, verdingt hatten.

Arm und rechtlos, und doch ein Beitrag von großer Bedeutung: Die Unterschicht der Hansestädte

Das Bild der Hansestädte: Licht und Dunkel, viel krasser als heute; die Hitze des Sommers und die Kälte des Winters, viel bedrängender als in unseren Tagen; Reich und Arm in schamloser Offenheit nebeneinander.

Die Zuspitzung der Kontraste: Das Marktgeschrei der Krämer und Gaukler; Hochzeits- und Festzüge mit Fanfarenklang; oft tagelange Prozessionen unter stundenlangem Glockengeläut, und dazwischen die Umzüge der Aussätzigen und Bettler mit Schnarrengeklapper.

Die Auftritte der Mächtigen in prunkenden Gewändern mit blinkenden Waffen; die hohen Damen und Herren, die erfolgreichen „borgere" (Bürger) in vielfarbenen Samt und Seide gehüllt; und dazwischen die „inwonere" (Menschen

der Unterschicht) mit grauer Leinwand und schmucklosen Wollerzeugnissen bekleidet.

Kein Streben nach Verbesserung irdischen Elends, kein Verlangen nach einer Reform politischer oder gesellschaftlicher Verhältnisse; nirgendwo entstand eine Vision von einem besseren Leben im Diesseits; das schönere Leben begegnet uns lediglich als Verheißung des Jenseits, erreichbar nur durch tugendhafte Bewährung im ausgeübten praktizierten Beruf.

Die Kleidung der einfachen Leute: Kurzer Männerkittel mit Gurt, loses Frauenkleid. Darstellung von Adam und Eva am Grabower Altar, 1379-1383. Hamburg, Kunsthalle.

Der prozentuale Anteil der Unterschicht in den Hansestädten war beträchtlich, besonders in den Ostsee-Hafenstädten. Die Mehrheit dieser Menschen besaß kein Bürgerrecht, war politisch rechtlos und hatte vor Gericht kein Zeugnisrecht.

Was wurde aus den frühzeitig erschöpften Hasplern, die an den Winden der Bergwerke „Pferdearbeit", das Herauswuchten der schweren Tragekörbe von Erz und Abraum, bewältigen mußten?

Wie lange konnten die im Handel überall beschäftigten Träger in den Binnen- und Nordseehäfen ihre Schufterei ohne Bandscheibenschäden überstehen?

Wie lange konnten die Salzsieder in den Siedehäusern der Salinen den schockartigen Wechsel zwischen überhitzter Arbeitsstätte und Kälte über Tage überstehen?

Was wiederfuhr all diesen Menschen, wenn sie arbeitsunfähig oder alt wurden? Niemand berichtet darüber.

Gaukler beim Verkauf von Melonen und Zitronen. Kupferstich von Alessandro Algardi und Simon Guillain nach Annibale Carraci, Rom 1646.

Die schlimmste Not litten die, die keine Arbeit verrichten konnten oder erhielten, die mit dem Makel der „Unehrlichkeit" Belasteten (Diebe, Meineidige, Juden, Wenden, Totengräber, Henker, Gassenkehrer, Badstübner, Barbiere, Musiker u.v.a.). Für sie blieb nur noch das Betteln übrig. Und das hieß ab 1527 in Lübeck, „in angemessener Form um Almosen zu bitten und auf dem Kirchhof zu sitzen". 1525 war die Zahl der Bettler in Stralsund so groß, daß der Rat der Stadt ihnen das größte Gotteshaus, die Nikolaikirche, zur Verfügung stellen mußte. Ansonsten lebten die Bettler und Aussätzigen in Hospitälern, Siechen- und Elendshäusern.

Im 15. und 16. Jahrhundert betrug der Anteil der „inwonere" mit Arbeit und der „arbeydslude" (Taglöhner) in den Fernhandels- und Hafenstädten über 50 Prozent der städtischen Bevölkerung. Sie be- und entluden die Schiffe, versorgten die Speicher, bewachten die Städte und agierten als Feuerwehr. Sie schufteten als Packer, Karrenführer, Lohnknechte der Flußschiffer, als Kran- und Kohlearbeiter, als Dienstboten der Herren, als Knechte, Mägde, Ammen und Näherinnen, die Tagelöhner als Steinbrecher, Erdarbeiter und Gärtner.

Sie wurden erbärmlich unterhalb des Existenzminimums bezahlt. Sie hausten zu Teilen in jämmerlichen Buden und feuchten Keller„wohnungen". Sie wurden durch diskriminierende Bestimmungen unterdrückt und in ihrer Entfaltung behindert.

Sie finden in kaum einem Buch über die Deutsche Hanse eine Erwähnung oder gar Würdigung. Kann aber einer die „Großen" verstehen, wenn er diesen „Kleinen" nicht gerecht wird?

Ohne den massiven Einsatz dieser Menschen nämlich hätten Fernhandelsstädte, wie zum Beispiel Köln, Osnabrück und Münster oder Hafenstädte wie Lübeck, Wismar, Rostock, Stralsund und Danzig und – mehr noch – Bremen und Hamburg nie funktionieren können. Ohne die sozialen Unterschichten hätten Handwerk und Handel nie gedeihen können. Auch sie leisteten einen bedeutenden Beitrag zum Aufstieg der Deutschen Hanse.

Glied einer umfassenden Gemeinschaft: Die eidgebundene Bürgergemeinschaft im Aufbruch

936 bis 1254: Epochen der Ottonen, Salier und Staufer

Wohin auch immer sich die Fernkaufleute jetzt begaben zwischen Elbe und Main – und auch darüber hinaus: immer begegneten sie neuen Städten und erlebten, wie diese sich füllten.

Wohin auch immer sie in diesen Städten blickten, sahen sie Bürger bei der Errichtung von weltlichen und kirchlichen Bauten (Mauer bzw. große Stadtkirche). Nicht weniger emsig widmeten sie sich dem Aufbau von Gebäuden, die alsbald zu Dokumentationen des Bürgerstolzes heranreiften: den Stadtkirchen der Zünfte und Bruderschaften, den Speicherhäusern und Mühlen, den Hafenanlagen und Kränen.

Wohin auch immer sie sich in diesen Städten bewegten, überall wurde gekauft und verkauft, auf den Straßen, auf offenen Plätzen und in den Häusern. Überall begegneten sie Straßenhändlern, Gauklern und Scharlatanen, die mit Schlagzeugen, Glocken und Geschrei Werbung in eigener Sache machten. Überall wurden die Kaufleute jetzt Zeugen der Erfindungs- und Tatkraft sowie der kreativen und organisatorischen Begabung der Bürger.

In der ganzen Stadt waren sie umgeben vom scheinbar wirr durcheinandergleitenden Farbenreichtum einer sich bildenden städtischen Kultur. Und doch war jede einzelne Farbe eines Gewandes ein Beleg dafür, daß nur derjenige zur Gesamtheit der Bürger gehörte, der eingeordnet war in die Lebenswelt einer Familie, eines Standes, einer Gilde, Zunft oder Bruderschaft.

Als Mitbeteiligte erlebten sie hinfort, wie im gleichwertigen Zusammenspiel von geistlicher oder weltlicher Ortsherrschaft (sie sicherte ab nach außen), Marktsiedlern aller Art (sie schufen die Produkte) und Fernhändlern (sie finanzierten und verkauften) diese vom Land abgegrenzten, ummauerten, einsamen Inseln zu aggressiven ökonomischen Apparaturen wurden, die ihr Umland aufsaugten, um Überschüsse zu produzieren.

Aber: Wohin verkaufen? Und: Woher die Rohstoffe beziehen? Die Antwort auf diese Fragen ist ein großer Augenblick in der Geschichte Deutschlands und Europas. Indem nämlich die Städte nun weit hinaushorchten über den eigenen Horizont und vielhundertfach miteinander in Beziehung traten, entstanden die Anfänge einer ersten Marktwirtschaft.

Dieser Augenblick war aber auch eine große Stunde der Fernkaufleute; denn nur ihre Ortskenntnisse, ihre finanziellen Möglichkeiten und ihre unternehmerische Tatkraft entschieden jetzt über Aufstieg und Niedergang ihrer Gemeinden.

Das Charisma einer großen Epoche

Der Mensch lebt nicht vom Brot allein. Von einem Tiefpunkt der Geschichte Deutschlands und Europas aus zum Aufstieg. Was die Menschen jetzt in den Städten zusammenführte und von den Städten aus so dynamisch in Bewegung setzte, war der in menschlichen Gesellschaften selten – aber zuweilen eben doch – sich ereignende Zusammenklang von idealer Beseelung und materiellem Erfolgswillen. Den Mönchen, glaubwürdige Sendboten eines noch jugendfrischen Katholizismus, gelang es, ihre Mitbürger über ihren harten Lebenskampf hinaus emporzuführen zu einem durchaus rauschhaft erlebten Jenseitsglauben. Dessen Inhalt war eine mit glühender Leidenschaftlichkeit und naiver Phantasie vollzogene Einfühlung in das Leben Jesu. Man stelle sich vor: um einen berühmten Prediger zu hören, kletterten die Menschen auf die Dächer ihrer Häuser!

Aber auch irdische Ereignisse – wie zum Beispiel die Anhänglichkeit an einen Fürsten – erzeugten zuweilen kollektive Gemütsbewegungen von gewaltiger, schier unfaßbarer Leidenschaft der Herzen: „Mitten in der Nacht lassen die Schöffen von Abbeville die Glocken läuten, weil ein Bote von Karl Charolais mit der Bitte gekommen ist, für die Genesung seines Vaters zu beten. Die aufgeschreckten Bürger strömen zur Kirche, zünden Hunderte von Kerzen an und liegen kniend oder auf den Boden hingestreckt die ganze Nacht in Tränen, während die Glocken ohne Unterbrechung läuten" (Huizinga, a.a.O., S. 18).

Alle Wege des Diesseits führten in das Jenseits. Das Bewußtsein der Menschen war unabdingbar religiös verankert. Ihre einzige Gewißheit war die Religion. Gott war der König und Herrscher. Die Kirche die Mutter. In ihr vereinigten sich die Großen und die Kleinen, die Starken und die Schwachen, die Reichen und die Armen zu Gotteslob und Gottesdank. „Wo die Welt einem Menschen äußere Güter versagte, erschloß sie ihm im Inneren unendlichen Reichtum" (Borst, a.a.O., S. 53). Eine Möglichkeit der Einfühlung in die Innerlichkeit und Vorstellungswelt der Menschen jener Epoche geben uns Verse des alemannischen Mystikers und Johannitermönchs Heinrich Laufenberg (1390-1460):

„Ich wöllt daz ich do heime wer
und aller welte trost enber,
Ich mein doheim in himelrich,
do ich got schowet ewenclich."

Hansisches Kaufmannsehepaar beim Gebet. Entstanden um 1500 in Hamburg. Wahrscheinlich ein Werk des Meisters des Buxtehuder Halepagen-Altars. Bremen. Ludwig Roselius-Sammlung.

Zuerst nur ein Sternnebel von Kaufleuten und Schiffen: Das Emporwachsen der Deutschen Hanse

Lange in „kimmerische Nacht" gehüllt: Die Meere des Nordens

Die Meere des Nordens drängen tiefer in die Fjorde und Buchten des Landes als sonst irgendwo. Auflandige Winde verstärken das Hochwasser und peitschen Sturmfluten auf die Deiche. Mächtige Orkane, undurchdringliche Nebelschwaden und Schneegestöber, Kälte und Eis samt Ebbe und Flut erschweren die Schiffahrt – ganz anders als im Mittelmeer. Während die Schiffe dort schon von Gibraltar bis zum Schwarzen Meer die Gewässer leicht dahin durchpflügten, während dort an lichtumschmeichelten Gestaden die schönsten Hafenanlagen und blühende Städte entstanden, war an Nord- und Ostsee noch alles in schweigende Nacht gehüllt. Nur selten kam Kunde von dieser fremden Region, nur langsam trat sie in die Geschichte ein.

Ihr etappenweiser Aufstieg allerdings wurde begünstigt durch eine einzigartige Vielfalt wasserreicher und schiffbarer Flüsse, die sich in die Meere verlieren und mit ihnen zusammen ein frühes Fernverkehrssystem ermöglichten – vom Atlantik über die Nord- zur Ostsee hin. Daß entlang der Wasserstraßen langsam grandiose Städte entstanden sind, daß Europa mehr und mehr seine Blicke nach dem Westen und zum Norden hin richtete, dazu hat die Hanse schon früh wichtige Grundsteine gelegt und Wege gebahnt.

Die Hanse war keine Schöpfung von einem Nullpunkt aus! Vielmehr war sie verwoben mit einem bis etwa 1100 dauernden vorhansischen Geschehen, das die Anfänge der Gotländer Kaufleutegemeinschaft weithin geprägt hat.

- Friesen bauten ab dem 7. Jahrhundert an den Flußufern Nordwesteuropas ihre Wik-Orte: Einreihige Straßen, unbebaut zum Fluß- und Landufer hin, dieser Seite gegenüber eine Zeile von Kleinhäusern, in der schon für den Markt produziert wurde.
- Von Südschweden und Dänemark aus brachen ab dem 8. Jahrhundert die Wikinger (Männer aus dem Wik), auch Normannen genannt, zu ihren Raubzügen in den Küstenregionen Englands und Irlands sowie (Atlantikroute!) Frankreichs, Spaniens und Italiens auf. Über die Flüsse kamen sie im 10. Jahrhundert nach Köln, Trier und Paris.
- Die Waräger, auch „Rus" (Russen!) genannt, fuhren von Schweden aus über die Ostsee und eroberten über Lettland und den Wolchow Nowgorod. Über Polozk und Kiew (Dnjepr!) fanden sie zum Schwarzen Meer und nach Byzanz. Kenntnis der Küstenrouten und Stromerschlossenheit, später Trumpfkarten der Hanse, waren somit ein Erbe der Wikingerzeit.

Darstellung der Wikinger-Boote auf einem Bayeuteppich des 11. Jahrhunderts.

- Vor den Gewinn in diesen herben Regionen hatten die Götter Gefahren getürmt. In der orkangepeitschten Nordsee, an den tückischen Riffen des Baltikums und in den dichten Wäldern der slawischen Länder konnte man leicht Hab und Gut samt Leben verlieren. Räuber und Händler zugleich waren die Vorfahren der Hanse im Norden: „Rauhe und wetterharte Gesellen müssen es gewesen sein, zu deren Gepäck der Geldbeutel und das Schwert, die Klappwaage und der Pilgerstab, die Sklavenkette und der Rosenkranz gleichermaßen gehörten – je nach Bedarf wurden sie hervorgeholt." (Stoob, a.a.O., S. 22).
- Fügen wir dem noch hinzu, daß sich – angesichts solcher Gefahren – schon die wehrhaften Bauernhändler der Nordsee und die fränkisch-friesischen Fernhändler der vorhansischen Zeit in eidverpflichteten Schiffsgemeinschaften bzw. Planwagengruppen zu Konvois zusammengeschlossen hatten, die ein gemeinsames Fahrtziel ansteu-

Der Marktplatz in Bremen um 1600. Rechts das Rathaus, links der Schütting, das Haus des gleichnamigen Großkaufmanns. Umzeichnung nach Dilich, Ustris Bremae Typos et Chronicon. Paris, Bibliothèque Nationale.

erten und daß König Heinrich I. 934 drei Kilometer südlich von Schleswig an der Schlei die wikingerzeitliche Hafenanlage Haithabu für das Deutsche Reich erobert hatte, die nachweislich von westfälischen Händlergruppen aus Soest aufgesucht worden ist. Und daß seit der Ottonenzeit das Geld der niederdeutschen Münzateliers weitgestreut in Europa nachweisbar ist.

Am meisten aber profitierte die Hanse von einem – was Deutschland betrifft – durchaus revolutionären Geschehen:

Halten wir uns vor Augen, daß die deutschen Stämme noch nie in Städten, sondern in Siedlungen auf dem flachen Lande gelebt hatten. Jetzt aber wuchsen sie empor, die Städte, als eine beeindruckende Einheit von schöpferischem Geist, gestaltendem Willen und in die Ferne aufbrechender Tatkraft. Rechtlich aus dem sie umgebenden Umland durch Privilegierung seitens der Fürsten emporgehoben, standen sie weiterhin in fester Verbindung zur engeren heimatlichen Region. Und doch gewannen sie bald neue Maßstäbe und die Dimension der Weite. Sie blickten hinaus ins Land, von Stadt zu Stadt, von Markt zu Markt. Von einzelnen Städten aus, in denen die Kaufleute sich versammelten, begann alsbald ein säkulares Ereignis: Mit Rücken-

deckung des sächsisch-ottonischen Königshauses erschienen die Fahrgemeinschaften aus Sachsen, Franken und Friesland um 1000 in allen Verkehrszentren des nordischen Raumes. 991 schon tauchten in der Zollrolle Londons die Namen der Kölner und Tieler Handelsvororte bis nach Bardowick und Magdeburg hin auf. In Norwegen übertrafen die deutschen bald an Zahl die angelsächsischen Händler, in Gotland und Finnland die der orientalischen Kaufleute. Haithabu aber wurde zu einem eher deutschen als skandinavischem Handelsplatz mit eigenen sächsisch-westfälischen Niederlassungen.

Während Wilhelm der Eroberer mit seinen Normannen England, die Westslawen das ganze Ostseeufer samt des Baltikums unterjochten, die flämischen Fernhändler mit ihren Tuchen den Mittelmeerraum, die beginnenden Champagner-Messen und den Nord- und Ostseeraum eroberten, zeigte die Fernfahrt der Sachsen gegen 1100 eine erstaunliche Stabilität. Der Aufstieg ihrer Städte hatte den westfälisch-niederdeutschen Fernhändlern ein Sprungbrett geschaffen, dessen Schwungkraft noch zunehmen sollte, sobald eine neue sächsische Königs- und Fürstenmacht entstehen sollte. Und dieser Augenblick stand kurz bevor.

Pioniere des Handels mit Skandinavien:
Die Gotlandfahrer mit dem Lilienwappen

Die Anfänge der Hanse: „Zunächst handelt es sich um einen von der Zuidersee bis Finnland und von Schweden bis Norwegen verbreiteten Sternnebel von Kaufleuten und Schiffen." (Braudel, a.a.O., S. 107). Doch Kölner Kaufleute fuhren schon im 11. Jahrhundert auf den Spuren der Niederländer aus Tiel über die Nordsee nach England und erreichten dort bald eine herausragende Stellung. 1130 erhielten sie die Erlaubnis, sich in London frei zu bewegen. Später durften sie sich am Ufer der Themse ein Lagerhaus, die Gildhall, kaufen. 1157 stellte sie König Heinrich II., vor allem des Rheinweins wegen, unter seinen besonderen Schutz.

Zu Zeiten des Bruders von Richard Löwenherz, John Lackland, um 1215 etwa, waren sie den Londonern so vertraut, daß ihnen eine besondere Ehre zuteil wurde: „Um diese Zeit werden die … in London ansässigen Kölner samt ihren Genossen aus anderen niederfränkisch-westfälischen Städten bereits als Teil der Londoner Stadtgemeinde empfunden; man vertraute ihnen den Schutz des Bischofstores an, das … in Höhe des Kölner Hofes liegt. Eine Pflicht, die das spätere Hansekontor bis tief in das 15. Jahrhundert hinein beachtet und festgehalten hat." (Stoob, a.a.O., S. 91).

Bremer Kaufleute hatten zu dieser Zeit schon lange enge Handelsbeziehungen mit den skandinavischen Ländern. Schon vor der Gründung Lübecks gab es zum Beispiel in der Stadt Soest eine Bruderschaft der Schleswig-Fahrer, einer Stadt, die damals vor allem

Das Lilienwappen auf dem Siegel der Genossenschaft der Gotland besuchenden Kaufleute des Heiligen Römischen Reiches.

von friesischen und niederrheinischen Kaufleuten frequentiert wurde.

Der Handel in der Ostsee lag kurz nach dem Jahr 1000 vor allem in den Händen von Bauern und Seefahrern der Insel Gotland. Nach Süden zu kamen sie vor allem nach Schleswig, teilweise sogar in sächsische Gebiete. Im Norden kamen sie über den von den Warägern befahrenen Seeweg nach Rußland, wo sie flußaufwärts über die Düna und den Wolchow Nowgorod erreichten. Die Soester Kaufleute, die um 1050 bereits in Nowgorod weilten, werden wohl Begleiter ihrer gotländischen Handelspartner gewesen sein.

Bereits in dieser Frühphase des beginnenden Ostseehandels errichteten die Gotländer in Nowgorod eine Niederlassung, den Gotenhof, besuchten Sigtuna in Mittelschweden und Stettin an der Oder. Umgekehrt kamen Russen und Deutsche nach Gotland und gründeten dort in der Nähe von Wisby eigene Marktsiedlungen.

Schon in der vorhansischen Zeit, also vor dem Jahr 1100, entwickelte sich Gotland zu einer regelrechten „Völkermes-

se". Um 1100 verwischten sich in Wisby Spuren von Russen, Dänen, Schweden, allerlei „westlichen Handelsgästen" (Stoob, a.a.O., S. 70). Eine sächsisch-deutsche Fernhändlergemeinde gab es wie in Tönsberg (Norwegen), Roskilde (Seeland) und Lund auch in Wisby.

Später, als sich Wisby unter dem Zustrom von Einwanderern aus dem Raum Dortmund-Lübeck, Westfalen und Niedersachsen emporentwickelte, hat vor allem der westfälische Fernhändlerkreis die Führung der Deutschen in dieser Stadt übernommen.

Gotländer kamen nach Schleswig und Haithabu. Die Deutschen fuhren an ihrer Seite von dort aus nach Wisby. Die einen („mercatores manentes") ließen sich hier für immer nieder und bildeten in Wisby unter dem Lilienbanner eine eigene deutsche Stadtgemeinde.

Die anderen („mercatores frequentantes") begleiteten die Gotländer bei ihren Streifzügen durch die Ostsee oder befuhren sie allein. In Wisby aber bildeten sie „die Kaufleutegemeinschaft vom gotländischen Ufer", einen personalen Kaufleuteverband der Deutschen mit einem westfälischen Übergewicht. Er allein wurde zur Keimzelle der deutschen Hanse. Was beide Kaufmannsgruppen aber einte, war das Lilienbanner, das die Genossenschaft von der Stadtgemeinde übernommen hatte.

1134 kam es an mehreren Stellen der Ostsee, und auch auf Gotland, zu Gewalttaten an deutschen Kaufleuten. Der Kaiser Lothar III. (von Supplinburg) eilte herbei und schlichtete diesen Streit. Er verbürgte sich für den freien Handel der Gotländer in Deutschland und den der Deutschen auf Gotland! Dieser Friede, die Pax Gotlandia von 1134, ist als Grundprivileg der Gotländischen Genossenschaft in die Geschichte eingegangen. Für Wisby, das am gleichen Tag die Stadtrechte erhielt, war dieser Vorgang ein Meilenstein bei seinem Aufstieg zur Metropole der Ostseeinsel. Für die deutschen Gotlandfahrer aber machte er die Erschließung eines möglichst weit westlich gelegenen Ostseehafens immer dringlicher. Doch dazu benötigte man einen starken Fürsten.

Die Rückkehr des deutschen Regnums nach Sachsen

Um 1100 war die Zeit der Wende vom vorhansischen zum frühhansischen Fernverkehr. Bis in diese Zeit hinein hatten vor allem die Sachsen (Ost- und Westfalen samt Angariern) im Norden und Osten Deutschlands gegen Slawen und Friesen einen opfervollen Abwehrkampf geführt. Einer ihrer Führer, Heinrich von Northeim, fiel 1101 im Kampf gegen die Friesen. Fünf Jahre später erlosch das bedeutende Fürstengeschlecht der Billunger.

Fürstengeschichte als Hansegeschichte: Eine sensationelle politische Entwicklung, die Heimkehr des deutschen Königtums nach Sachsen, ist untrennbar mit dem Namen einer starken Frau, der Herzoginwitwe Gertrud von Haldensleben, verbunden. Sie fädelte die Hochzeit mit Richenza, der Tochter der Braunschweiger Markgräfin, ein und lenkte alles so geschickt, daß ihr dreißigjähriger Enkel, Lothar von Supplinburg, 1106 neuer Sachsenherzog werden konnte. 1125 wurde er – nach dem Tod Heinrich V. und gegen den Willen der Staufer – zum deutschen König gewählt. 1133 krönte ihn Papst Innozenz II. im Lateran zum Kaiser.

In der Zeit einer entscheidenden historischen Wende wurde Kaiser Lothar III. (von Supplinburg, 1125-1137) für die Hanse und die Westfalen zu einem einzigartigen Glücksfall; denn er hat – noch vor Heinrich dem Löwen – „die von Westfalen her an die Ostsee stoßende wirtschaftliche Expansion erkannt und in sein allgemeines Konzept einer neuen Nord- und Ostpolitik des Königtums eingebaut" (Stoob, a.a.O., S. 59):

- Mit der Berufung des Schauenburgers Adolf aus dem Haldensleber Umkreis seiner Tante Gertrud zum Lehngrafen von Holstein (1111) bereitete er den Umschwung zugunsten der Deutschen nicht nur in Holstein vor.
- Mit der Beförderung seines dänischen Ziehsohnes Knut Laward zum Lehngrafen in Schleswig (1115) brachte er erstmals Schleswig und Alt-Lübeck, die bisherigen Absprungbasen der deutschen Kaufleute in der Ostsee, in den Bereich sächsischer Herrschaft.
- Noch als Herzog von Sachsen leitete er seine neue Grenzpolitik den slawischen Stämmen gegenüber ein, indem er junge, ehrgeizige Fürsten mit dem ausdrücklichen Auftrag einer Erweiterung ihres Gebietes in den Bereich der Slawen hinein an der Nord- und Ostgrenze Sachsens positionierte.
- Erstmals gewährte mit ihm – 1134 – ein deutscher Regent und Kaiser den „Mercatores Imperii Romani" ein Schutzrecht über die Grenzen des Reiches hinweg.

So wie der erste Inhaber des deutschen Regnums, der sächsische König Heinrich I. für seinen Sohn, Kaiser Otto den Großen, den Weg geebnet und vorbereitet hatte für einen Neuanfang karolingischer Politik in Deutschland, so beendete der letzte sächsische Regent Deutschlands, Kaiser Lothar III., die Politik der Defensive den slawischen Grenzvölkern gegenüber und öffnete seinem Enkel und Nachfolger auf dem sächsischen Herzogsthron, Herzog Heinrich dem Löwen, die Tore zu einer Strategie des Ausgreifens nach Norden und Osten hin. Und wenn im 12. und 13. Jahrhundert durch den Aufbruch christlicher Missionare und Ritter, durch die kolonisatorischen Leistungen vor allem westfälisch-niederdeutscher Marktsiedler samt unternehmerischer Initiative der Hansekaufleute darüber entschieden wurde, daß die Regionen rund um die Ostsee einschließlich des Baltikums ein Be-

standteil Deutschlands wurden, dann war dafür die Rückkehr deutschen Königtums nach Sachsen von entscheidender Bedeutung.

Ein Feudalherr als Architekt der Hanse: Heinrich der Löwe

Zum ersten Mal begegnet uns jetzt mit Heinrich dem Löwen, Herzog von Sachsen von 1139-1180, der Mann, von dem man mit Recht sagen darf: „Ohne sein Wirken hätte es keine deutsche Ostseeküste, ohne ihn hätte es auch keine Hanse gegeben." (Pagel, a.a.O., S. 21). Er war ein politischer und ökonomischer Stratege zugleich. Als Inhaber der Lüneburger Salinen belieferte er den gesamten Norden und Osten mit dem damals wichtigsten Exportgut. Er kannte die Kaufleute nicht nur, sondern förderte sie und machte sie zum Partner seiner politischen Unternehmungen. 1158 finanzierte er mit Hilfe eines mehrheitlich westfälischen 24köpfigen Kaufmannskonsortiums im Schutz der Trave- und Wakenitzsümpfe den letzten und erfolgreichen Versuch der Gründung der Stadt Lübeck und sorgte fortan für ihren Aufstieg.

Später jedoch, als die niedersächsisch-westfälischen Kaufleute durch dieses „Tor zur Ostsee" vermehrt zum Handel nach Skandinavien und in die baltischen Länder aufbrachen, gerieten sie erneut in Konflikt mit den Seefahrern Gotlands, die auf ihren Vorrechten bestanden.

1161 schlichtete Heinrich der Löwe diesen Streit: Er versammelte die Deutschen in Gotland, bestätigte den Gotländern ihre von Kaiser Lothar III. verliehenen alten Rechte, wohingegen diese den Deutschen zugestanden, daß sie in Wisby eine eigene Genossenschaft der Gotland besuchenden Deutschen gründen durften. Beide Parteien ließ er den gemeinsamen Frieden beschwören und übertrug dem Gotländer Vorsteher Olderich gerichtsähnliche Befugnisse über die Deutschen. Ein wichtiges Datum: Denn die Gründung dieser auf Veranlassung von Heinrich dem Löwen per Eid beschworenen Genossenschaft der „Universi Mercatores Imperii Romani Gotlandiam Frequentantes", 1161, ging später als die eigentliche Geburtsstunde der Deutschen Hanse in die Geschichte ein.

Von nun an dirigierte zunächst die in Wisby ansässige Genossenschaft der deutschen Gotlandfahrer die Gruppenfahrten des gemeinen deutschen Kaufmanns:

- sie führte die deutschen Kaufleute auf den Spuren der Gotländer zu den russischen Teilfürsten von Smolensk am Dnjepr, Polozk und Witebsk an der Düna, mit denen sie 1229 einen hochbedeutsamen Handelsvertrag abschlossen;
- sie verfügte über die Hausordnung des Petershofes, den die Deutschen in Nowgorod neben der Peterskirche bald ihr eigen nennen durften und bestimmte, daß die in Nowgorod anfallenden überschüssigen Gelder nach Lübeck zur Verwahrung in der Marienkirche gebracht wurden;
- nicht nur im Osten, sondern auch im Westen sorgte sie für den Handelserfolg der Deutschen. Auf den Spuren der

Kölner Kaufleute erreichte sie 1237 von Heinrich III. Handels- und Zollfreiheit für die „Kaufleute von Gotland" in England;

- und später, 1252 in Flandern, beim Handelsprivileg von Gräfin Margarethe für die Deutschen insgesamt, wurden neben den rheinisch-westfälischen Städten ausdrücklich „Lübeck und die Gotland besuchenden Deutschen" mitgenannt.

Die nächsten Abschnitte werden sich mit der Eroberung des Ostseebeckens, mit der Kolonisation des südlichen Ostseeufers einschließlich des Baltikums, befassen, an der die Westfalen das

Die mittelalterliche Stadtmauer der Stadt Wisby.

ganze Mittelalter hindurch von allen deutschen Volksstämmen den bei weitem größten Anteil gehabt haben: „Wenn auch Mitte des 12. Jahrhunderts Ansiedler aus Flandern, Holland und Friesland herangezogen wurden, so blieben diese doch zahlenmäßig so gering, daß man bereits 1171 das ganze frühere Slawenland zwischen Ostsee und Elbe geradezu als ,eine einzige Sachsenkolonie' bezeichnete." (von Winterfeld, a.a.O., S. 261). Und damit waren die Westfalen gemeint.

Allein schon für Lübeck gilt, daß „18 Prozent der Bürgerfamilien aus Lemgo, Nieheim, Warburg, Paderborn, Herford, Minden, Wiedenbrück, Gütersloh und Bielefeld stammten. Nicht viel anders sah es in Rostock, Stralsund, Wismar und Danzig aus", so beschreibt Karl Gerdau (a.a.O., S. 12) den Beitrag allein der ostwestfälischen Hansestädte. In der deutschen Gemeinde in Wisby beginnend, in der Genossenschaft der deutschen Gotlandfahrer noch verstärkt, war die Aufbauphase in der Ära der Tagfahrten des Gemeinen Kaufmanns – ganz besonders die Phase der Osterweiterung des deutschen Gebiets – eine große Zeit der Westfalen. Diese Epoche vor allem meinte der große Sohn Osnabrücks, Justus Möser, als er 1774 schrieb: „Wir müssen uns schämen, wenn wir an unsere Vorfahren in der Deutschen Compagnie (der Hanse) denken ... Für eigene Rechnung wurde ihre Ware eingeladen. An dem Ort ihrer Bestimmung zu Bergen, London, Nowgorod, Brügge und anderswo hielten sie ihre eigenen Bedienten, sahen nicht durch die Brillen der seestädtischen Unterhändler. Hätten wir diesen Geist noch", so endete er emphatisch, „nicht Lord Clive, sondern ein Ratsherr aus Hamburg würde am Ganges Befehle erteilen." (in: Patriotische Phantasien, Ges. Werke Bd. IV (1943), S. 15).

Und noch etwas führt zu den nächsten Seiten: Wenn ein Fürst des Mittelalters angesichts seines ökonomisch dahindämmernden Territoriums perspektivisch für das Entstehen eines Marktes mit Häfen und Absatzgebieten mit solchem Klarblick richtige Entscheidungen traf und sich dabei persönlich so nachdrücklich einsetzte, dann war er eigentlich ein ganz moderner Herrscher. Wenn einer, dann war Heinrich

der Löwe der Architekt dessen, was nun – von der Ostsee aus – entstehen sollte: das meerbezogene Fernverkehrsareal der Deutschen Hanse vom Wolchow samt Finnischem Meerbusen im Osten bis zum Kanal und Atlantik im Westen hin.

1158 mit der Gründung Lübecks, 1161 mit der Gründung der durch Eid beschworenen Genossenschaft der deutschen Gotlandfahrer legte Heinrich der Löwe Grundsteine für zwei Pfeiler, deren Emporwachsen nun über das Schicksal der Hanse entscheiden sollte: Solange das von den Gotlandfahrern dominierte Wisby Machtzentrum der Hanse war, sprechen wir von der Kaufmannshanse. Von dem Zeitpunkt im ausgehenden 13. Jahrhundert an, in dem die Seestädte unter Führung Lübecks die Lenkung dieser ganz Westfalen umfassenden und bis zur Mittelelbe, zur Mittelweser sowie zum Niederrhein reichenden Handelsorganisation übernahmen, können wir sie schon als Städtehanse bezeichnen. Auch wenn die konstitutiven Zahlen von den Historikern teilweise anders gesetzt werden.

Das Ostseebecken: Die Geburtsstätte der Hanse

Von 1147 bis etwa 1250 errangen die Deutschen die Herrschaft am Süd- und Ostufer der Ostsee und trafen dabei von Mecklenburg bis zu den Pommerellen und von dort aus bis hoch nach Estland auf eine von der Eiszeit geprägte Urnatur: Weite Uferlandschaften und Sandflächen mit Feld- und granitenen Hinkelsteinen, Reste des Gletscherschutts, wechselten mit Sümpfen, Mooren und wilden Wäldern von unglaublicher Ausdehnung. Üppig bewachsene Wiesen wurden von Bächen und Flüssen durchlaufen. Seen füllten die Krater und Schmelzwasserrinnen, in denen Schwärme von Fischen schwammen. Ihre Ufer aber waren ein Eldorado für Wildtiere und Vögel. Wildfrüchte gab es im Übermaß.

An den Rändern der Ostsee also ein gelobtes Land für die Hanse? Vom Landesinneren, dem Areal der Wenden, berichteten Magdeburger Geistliche und Fürsten um 1108: „Die Heiden sind schlimm, aber ihr Land ist sehr gut an Fleisch,

Kaiser Otto I., der Große (912-973) mit seiner Gemahlin Editha. Skulptur im Magdeburger Dom. Er sicherte die deutsche Ostgrenze durch die Errichtung von Marken und Bistümern (966/967 Oldenburg, 968 Magdeburg) für die Slawen- und Skandinavienmission und wurde so zu einem Wegbereiter der Hanse. In einer dramatischen Entscheidung, 955 nach dem Sieg über die Ungarn auf dem Lechfeld, machte er die Kirche, ihre Bischöfe und Äbte als Reichsfürsten zu Trägern weltlicher Macht und zur Stütze königlicher Herrschaft. Darauf aufbauend erneuerte er das bis nach Italien ausgreifende Kaisertum Karls des Großen durch die Bindung des Imperium Romanorum an das deutsche regnum. Chantilly, Musée Condé.

Kaiser Otto II. (973-983) nimmt die Huldigung der Länder Germania, Francia, Italia und Alemannia entgegen. Während seiner erfolglosen Kämpfe gegen die Sarazenen in Italien, bzw. des Reichstags in Verona, zerstörten Dänen und Slawen (Luiziten, Obotriten) das Aufbauwerk seines Vaters. Miniatur des Gregormeisters aus dem „Registrum Gregorii". Hamburg, Kunsthalle.

Honig, Mehl und Vögeln. Wenn es bebaut wird, ist es voller Reichtum der Ernte vom Lande, so daß ihm keines gleich ist." (Milger, a.a.O., S. 35). Auch hier ein Land, wo Milch und Honig fließen? Nur bedingt, denn die Autoren berichten vor allem auch Grausiges: „Erhoben haben sich gegen uns grausame Feinde, Männer ohne Barmherzigkeit und sie bedrücken uns hart. In ihrer Bosheit entweihen sie die Kirchen Christi …, zerstören die Altäre …, wild brechen die Heiden in unseren Bezirk ein, bringen mit ausgesuchten Martern um, enthaupten viele und opfern die Köpfe ihren Götzen. Einigen holten sie die Eingeweide aus dem Leib, schnitten ihnen die Hände ab … und sagten, indem sie unseren Christus verhöhnten: „Wo ist nun ihr Gott?" (Milger, a.a.O., S. 34).

Besonders das zweite Zitat war zutreffend. Denn an der Grenze zwischen Sachsen und Wenden wurde schon seit König Heinrich I. Blutbad mit Blutbad vergolten. Beide Teile des Aufrufs der Bischöfe und Fürsten der Ostsachsen an die anderen deutschen Stämme waren ein geschickter Appell an die zwei Seelen in der Brust derer, die nun bald – beginnend ab 1147 – Kreuzzüge gegen die Obotriter (Wenden) führen

sollten. Zu Hunderttausenden brachen sie auf, um die Regionen entlang der Ostsee mit dem Schwert des Ritters zu erobern und mit dem Eisenpflug des Bauern zu kolonisieren: Bischöfe und Mönche, Fürsten und Ritter, Bürger und Bauern und mitten in ihren Reihen die Kaufleute der Deutschen Hanse, deren Ziel es war, neue Städte zu gründen.

Die Hoffnung auf den Gewinn jenseitigen Seelenheiles war das eine, die Erwartung glücklichen Lebens im Diesseits, das andere. Helmold von Bosau (1125 bis 1177), ein Mann der Kirche, faßte seine Beobachtung in seiner „Chronica Slavorum" allerdings nüchtern zusammen: „Vom Glauben war wenig die Rede, sondern nur vom Geld."

In der „kaiserlosen Zeit":
Die Taten der „Männer an der Grenze"

Seit der Epoche der Völkerwanderung waren Elbe und Saale die Grenzlinien zwischen Slawen und Germanen. Kaiser Otto der Große hatte hier zur Befestigung der Reichsgrenze mehrere Marken errichtet und 968 Magdeburg zur Metropole des deutschen Ostens erhoben. Doch schon unter seinem Sohn, Kaiser Otto II., zerstörte ein blutiger Aufstand der Slawen das Aufbauwerk der sächsischen Kaiser.

Schirmvogt der Römischen Kirche in Italien und gleichzeitig Anwalt deutscher Interessen an der Ostsee zu sein, das überstieg sowohl die Kräfte der Könige und Kaiser der sächsischen, als auch der salischen und staufischen Dynastien. So vollzog sich also diese hochbrisante und für die Zukunft Deutschlands schwerwiegende Entwicklung an der Ostsee zwischen 1150 und 1250 losgelöst von der kaiserlichen Politik und wurde von ihr auch kaum beachtet.

Einer allerdings, König und Kaiser Lothar III. (von Supplinburg) aus Sachsen, griff zu Beginn des 12. Jahrhunderts noch einmal ein. Mit der Ernennung seiner „Männer an der Grenze" schuf er eine entscheidende Voraussetzung für den deutschen Vorstoß in den Ostseeraum und die unternehmerischen Initiativen der Hansekaufleute. Denn:

Der Sohn Adolfs I. von Schauenburg, den er 1110 von seinen Buchenhainen an der Mittelweser nach Holstein gelockt hatte, Adolf II., gründete 1143 erstmals auf einer Halbinsel zwischen Trave und Wakenitz die Stadt Lübeck und wurde als Vormund des 12-jährigen Herzogs Heinrich des Löwen zum Anführer der Welfen in Sachsen; 1123 übertrug er Konrad von Wettin die Meißener Markgrafschaft, die dieser 1136 um die Lausitz und ab 1143 u.a. um das Rochlitzer Land erweiterte; der Askanier Albrecht der Bär, dem er 1143 die Nordmark anvertraute, ging als der eigentliche Gründer des späteren Brandenburger Staates in die Geschichte ein. Durch das Herbeirufen von allem sächsischer (ostfälischer/westfälischer) Siedler aber wurden sie zu Mitgestaltern einer folgenreichen Wende deutscher Politik und zum Auslöser jener „von Westfalen an die Ostsee stoßenden wirtschaftlichen Expansion" (Stoob, a.a.O., S. 64), die im Mittelpunkt dieses Buches steht.

Mit Feuer und Schwert:
Heinrich der Löwe erobert Mecklenburg

„Herzog Heinrich begann in dieser Zeit über das ganze Land der Slawen zu herrschen, wobei er immer größer und mächtiger wurde. Denn sooft ihm die Slawen widerstrebten, überzog er sie mit Kriegsmacht, und sie gaben ihm, um Leben und Land zu retten, was er nur forderte. Aber auf allen Feldzügen, die der noch junge Mann ins Slawenland hinein unternahm, war keine Rede von Christentum, sondern nur vom Gelde."

Chronist Helmold von Bosau

Seit dem Scheitern der Slawenpolitik der sächsischen Kaiser blieb das Vordringen der Deutschen auf Einzeltaten tapferer Männer der Kirche, mutiger Äbte und Bischöfe samt einzelner Mönche und Prediger, beschränkt. Meist wurden sie umgebracht. 1147 blieb ein Kreuzzug sächsischer Adliger gegen die wendischen Obotriter sowie Ranen erfolglos. Ganz im Gegenteil: Die Obotriten von Mecklenburg, die Ranen von Rügen aus betätigten sich in der Ostsee als von dänischen wie deutschen Kaufleuten gleichermaßen gefürchtete Piraten und Freibeuter.

Da plötzlich, an der Jahreswende 1158/59, kam es im Norden Sachsens, am Ufer der Eider, zu einer schicksalhaften Begegnung. König Waldemar I. (1157-1182), der Erneuerer Dänemarks, und Herzog Heinrich der Löwe (1139-1180) einigten sich auf ein gemeinsames Vorgehen zur Unterwerfung der westslawischen Stämme zwischen Elbe und Oder.

Herzog Heinrich der Löwe als Sagenheld. Die mittelalterliche Miniatur aus der 1474 entstandenen Abschrift eines Gedichtes von Michael Wyssenherre zeigt ihn beim Kampf mit einem Drachen.

Ein Stein kam ins Rollen und führte – in drei Akten – zu einem grausam-blutigen Geschehen:

1160 – Niklots schrecklicher Tod: 1159, Heinrich der Löwe stand auf dem Sprung, um seinem Vetter, Kaiser Friedrich Barbarossa, „seine Beatrix nach Italien nachzubringen" (Lehmann, a.a.O., S. 115). Daher einigte er sich mit den Obotriten gütlich. Sie versprachen ihm, die Seeräuberei zu unterlassen. Sie taten aber, während Heinrich in Cremona weilte, genau das Gegenteil. Zurückgekehrt – wutentbrannt über das Geschehene – belegte Heinrich die Wenden mit Acht und Bann und rief die Sachsen zu einem Wendenfeldzug auf. Dabei geriet Niklot, der letzte große Wendenfürst, in einen Hinterhalt. Triumphierend präsentierten die Krieger am Abend im Kriegszelt den von Schwerthieben zerstörten und geköpften Leichnam des Wendenführers König Waldemar und Herzog Heinrich.

1162 – Vom Nutzen einer Italienreise: 1162 stachelten Pribislaw und Wratislaw, Niklots Söhne, einen Wendenaufstand an. 1163 nahten Heinrich der Löwe und Adolf von Schauenburg mit einem Heer. Pribislaw floh in die Wildnis. Wratislaw verschanzte sich auf Burg Werle und hoffte auf einen frontalen Angriff. Doch Heinrich, soeben zurückgekehrt aus Cremona – frisch vertraut mit ganz neuen Kriegstechniken der Italiener, ließ einen Widder, einen Rammbock, bauen samt einem Turm für die Bogenschützen. Das Donnern des Widders, die Schreie der Verletzten und Sterbenden: Wratislaw gab auf. Ein Jahr lang war er danach inhaftiert auf Heinrichs Burg Dankwarderode.

1164 – Der Horizont färbt sich blutrot, Demmin steht in Flammen: Heerscharen von Wenden machten wegen Wratislaws Inhaftierung einen Aufstand und eilten unter Pribislaws Führung von Erfolg zu Erfolg. In der Festung Mecklenburg töteten sie alle deutschen Männer, Frauen und Kinder verkauften sie als Sklaven.

Nun kam es zur alles entscheidenden Schlacht: Heinrich versammelte alle seine Vasallen, die Bischöfe und Grafen Sachsens. Sogar sein Rivale, Albrecht der Bär, kam zu Hilfe. Heinrichs alte Kriegskameraden, Adolf von Schauenburg und König Waldemar, eilten herbei.

Vorab setzten sie ein erstes blutiges Zeichen: Wratislaw, Pribislaws Bruder, wurde öffentlich erhängt.

Beim letzten Gefecht fanden fast 3.000 Krieger der Slawen einen elendigen Tod. „Wie von Schwindel ergriffen fielen sie, von der Hand der trefflichen Ritter", berichtet der Chronist Helmold von Bosau. Adolf von Schauenburg aber geriet in einen Hinterhalt der Wenden und fand im Moor einen schrecklichen Tod.

Der Horizont färbte sich blutrot: Demmin loderte in Flammen – und am Ende stand der siegreiche Löwe neben König Waldemar zwischen den Leichenbergen dieser Schlacht und beweinte den Tod seines väterlichen Freundes Adolf von Schauenburg.

Mecklenburg war fortan ein deutsches Land. Die in Anlehnung an die Burg entstandene deutsche Kaufmannssiedlung Schwerin erhielt von Heinrich dem Löwen Stadtrecht und wurde mit einem Bischofssitz bedacht. Waldemars Dänen aber blickten schon nach Pommern, das sie dann auch zwischen 1185 und 1227 (Schlacht von Bornhövede!) beherrschen sollten. 1250 übertrug Kaiser Friedrich II. den askanischen Markgrafen von Brandenburg, den Nachfolgern Heinrichs des Bären, die Lehnshoheit über Pommern.

Die im Verlauf des 12. Jahrhunderts in Mecklenburg und Pommern gegründeten Klöster riefen deutsche Siedler ins Land: Zu Tausenden kamen sie, längs der Küste aus Schleswig und Holstein, aus dem heutigen Niedersachsen sowie aus Westfalen, ja sogar aus Brandenburg.

Gedächtnisspeicher einer großen Epoche: Die Städte am südlichen Ostseeufer

1154, zwei Jahre nach seiner Thronbesteigung und im Zenit ihrer Freundschaft hatte Friedrich Barbarossa seinem Freund, Heinrich dem Löwen, einen offensichtlichen Herzenswunsch erfüllt und ihm das weltliche Investiturrecht in den „Slawenbistümern" jenseits der Elbe übertragen: „Wir verpflichten unseren teuren Heinrich, Herzog von Sachsen, daß er in dem Land jenseits der Elbe, mit dem er durch unsere Freigebigkeit belehnt ist, Bistümer und Kirchen zur Verbreitung des Reichs des christlichen Namens setze, pflanze und errichte und wir geben ihm freie Gewalt, daß er jene Kirchen mit Reichsgut beschenkt, wie es ihm gefällt und der Raum der Länder es gestattet …", lautete die reichsherrschaftliche Verfügung.

1168 fand im Dom zu Minden die Trauung des 39jährigen Heinrich des Löwen mit der 12jährigen Mathilde, der Tochter von Englands König Heinrich II. und der Eleanore von Aquitanien, statt. Hier das Grabmal der beiden im Dom zu Braunschweig.

„Tut ihm den Gefallen, damit die Kirchen im Slawenland erbaut und der Dienst im Hause Gottes durch eure Hand geleitet werde. Sonst wird eure Mühe vergeblich sein …" (Slawenchronik des Helmold von Bosau), so warnte ein Freund den hochangesehenen Missionar Vizelin, als dieser Bedenken hatte, seiner Ernennung zum Bischof von Aldenburg durch Heinrich den Löwen Folge zu leisten.

Das war ein guter Rat. Denn schon als junger Herzog waren Heinrichs Augen begehrlich auf die Gebiete jenseits der Elbe gerichtet gewesen. Die Erweiterung Sachsens um Mecklenburg und Vorpommern war die eigentliche politische Vision und das große Spiel seines Herrscherlebens. Jeder seiner Vasallen war tatsächlich gut beraten, ihm hierbei seine Dienste nicht zu verweigern. Vizelin trat das Amt dann auch an, starb aber ein Jahr später an einem Schlaganfall.

Der berühmte Missionar hatte gute Gründe für sein Zögern. Denn der Bremer Bischof Hartwig hatte seit 1149 die ehrgeizige Idee, die Bistümer Aldenburg und Mecklenburg seinem Erzbistum einzuverleiben. Wie mächtig Heinrich der Löwe damals wirklich war, zeigte sich nach dem Tod Vizelins, von dem der Sachsenherzog Kunde erhielt, als er gerade in Rom weilte. Dem von ihm zum Nachfolger vorgesehenen Bremer Kanonikus Gerold verweigerte Bischof Hartwig die Weihe. Kein Problem für Heinrich, der sich gerade bei der Belagerung von Tortona und bei Kämpfen um Rom große Verdienste für Kaiser und Papst erworben hatte.

Kurzerhand beorderte er Gerold nach Rom. Eigenhändig salbte und weihte nun Papst Hadrian IV. im Petersdom den Bremer Kanonikus zum Bischof von Aldenburg. Und damit waren die Ambitionen von Bischof Hartwig erledigt!

Wie Konrad von Wettin, Adolf von Schauenburg und Albrecht der Bär 1136, 1143 und 1150 holte nun ab 1160 auch Heinrich der Löwe ost- und westfälische Siedler zur Kolonisation der von ihm eroberten Gebiete und zur Gründung von Städten ins Land.

Die Machtpolitik der Fürsten, der missionarische Eifer der Kirche und – getrieben von ihrer Lebensnot – die Wanderungsbewegung junger Bauern sorgten nun für gewaltige Siedlerströme aus Niederdeutschland, vor allem in nordöstliche Richtung an der südlichen Ostsee entlang bis hinauf ins Baltikum. Jede Dorfgemeinschaft erhielt sofort ein Dorfrecht. Jede neue Stadt wurde von den Fürsten mit einem Stadtrecht bewidmet. Und das war in der Regel Lübecker Recht, eine Ansammlung von Normen also, die von Anfang an die Kaufleute begünstigte.

Die Fürsten lenkten, die Mönche missionierten, die Siedlerzüge übernahmen das durch die langen Kriegszüge entvölkerte Land und bauten Städte. Mit ihren faszinierenden Sakral- und Profanbauten der Backsteinarchitektur, ihren Hafenanlagen und Gewerbehäusern wurden sie für immer zu Dokumentationen der Kreativität und des Bürgerstolzes ihrer mittelalterlichen Bewohner und damit zu Gedächtnisspeichern einer großen Epoche:

In der Markgrafschaft Meißen Leipzig (1160) und Freiberg (1180); in der Mark Brandenburg Kloster Letzkau (1139) und Kloster Chorin (1258-1273), die Städte Stendal (1160), Brandenburg (um 1170), Spandau (1232), Cölln (1237), Berlin und Frankfurt an der Oder (1253); in Mecklenburg Schwerin (1160), Rostock (1218), Wismar und Güstrow (1228); in Pommern Kloster Wollin (1224) und die Städte Stralsund (1234), Greifswald (1250), Anklam (1264) und Wollin (1227); in Hinterpommern Kolberg (1255), Rügenwalde (um 1270) und Neustettin (1310).

Ein faszinierender Vorgang der Wirtschafts- und Sozialgeschichte im ausgehenden Hochmittelalter: der Ausbreitungsprozeß westfälischer, niedersächsischer, friesischer und rheinischer Fernhändler. Bis 1300 dauern die Landnahme und die Städtegründungen an allen Küsten der Ostsee einschließlich von Mittelschweden und Südfinnland. Der Holzschnitt von Michael Wolgemut aus dem 15. Jahrhundert zeigt eine typische Siedlung der Kolonisten im Ostseeraum: Strohgedeckte Lehmhütten und eine steinerne Kirche sind von einem Palisadenzaun mit einer offenen Pforte umgeben. Germanisches Nationalmuseum, Nürnberg.

Man kann anhand der Städte und Zahlen auch sagen: Lübeck wurde 1159 von Heinrich dem Löwen gegründet als ein Tor zu beiden Meeren des Nordens. Lübeck stieg nun empor, es dachte und lenkte. Seine Fernhändler schwärmten aus – so richtig übrigens erst nach dem Sturz Heinrich des Löwen, 1180 – und errichteten alsbald erste Pfeiler eines nun rasch entstehenden Wasserstraßennetzes. Die ersten Anlaufstellen entstanden mit den Hafenstädten Wismar, Rostock und Stralsund. Wismar war sozusagen die Tochterstadt von Lübeck, Stralsund wiederum eine Gründung von Rostock. Die ersten Anlagen der Altstädte von Greifswald und Anklam entstanden etwas später, zwischen 1237 und 1243.

Rostock im 16. Jahrhundert.

Stralsund. Ansicht aus der Vogelperspektive. Kupferstich aus der Topografie Brandenburg und Pommern von Merian Erben.

Kaum aber widmete sich Lübeck dem Aufbau seiner Tochterhäfen am südlichen Ostseeufer, da entfalteten seine Fernhändler bereits einen lebhaften Handelsverkehr mit der im Weichseldelta gelegenen Stadt Danzig, wo seit 1227 eine nach deutschem Recht lebende Bürgergemeinde nachzuweisen ist, ebenso wie für Stettin seit dem Jahr 1239.

Lübecks auf Beherrschung der Küstenlandschaften samt des Gesamtverkehrs vom und zum Ostseebereich gerichtete etappenweise Politik der Errichtung neuer Städte als Stützpunkte des Handelsverkehrs wurde nun erstmals deutlich sichtbar. Die in enger Verknüpfung von Kreuzfahrt und Hansefahrt durchgeführten Aufbrüche nach Livland bzw. nach Preußen sollten hierzu entscheidende Ergänzungen schaffen.

Bekehrung oder Vernichtung: Im Namen Gottes Krieg gegen die Slawen

Auf dem Papstthron in Rom regierten Greise. Auf den Schlachtfeldern des Vorderen Orients und in seinen Einöden ging die Jugend Europas, besonders die des französischen und des franko-normannischen Adels, elendiglich zugrunde. Alte Männer bekämpften von Rom aus deutsche Könige und Kaiser, die bequem ihre Enkel hätten sein können. In den fast 200 Jahren der Herrschaft von Kaiser Heinrich IV. (ab 1056) bis zum Ende der Stauferregenten mit König Konrad IV. (1254) wurde das Heilige Römische Reich von zehn weltlichen Herrschern einschließlich eines Gegenkönigs geführt. Ihnen gegenüber standen in Rom in der gleichen Zeit 39 Päpste, von denen elf Gegenpäpste waren.

Sicher trug auch dazu bei, daß damals Abt Bernhard von Clairvaux (1090-1153) zur absoluten Nr. 1 der Christenheit aufstieg (Kirchengeschichte: „Bernhardinisches Zeitalter"). Jenseits und Diesseits, die beiden Pole des Lebens in damaliger Zeit: Aus der Armseligkeit einer Klosterzelle hinaus zur wirkungsvollen Gestaltung der Dinge der Welt. Ausgestattet mit dem Nimbus des Mystikers, der in weltflüchtiger Askese die zärtlichsten Gedanken über Gott und die Schöpfung ersonnen hat, ging Bernhard hinaus und entwickelte in Frankreich und Deutschland eine präzis zielorientierte politische Agitation, deren Folgen uns heute noch erschaudern lassen.

Soeben (Weihnachten 1146, im Dom zu Speyer) hatte er den widerstrebenden Stauferkönig Konrad III. überredet, ge-

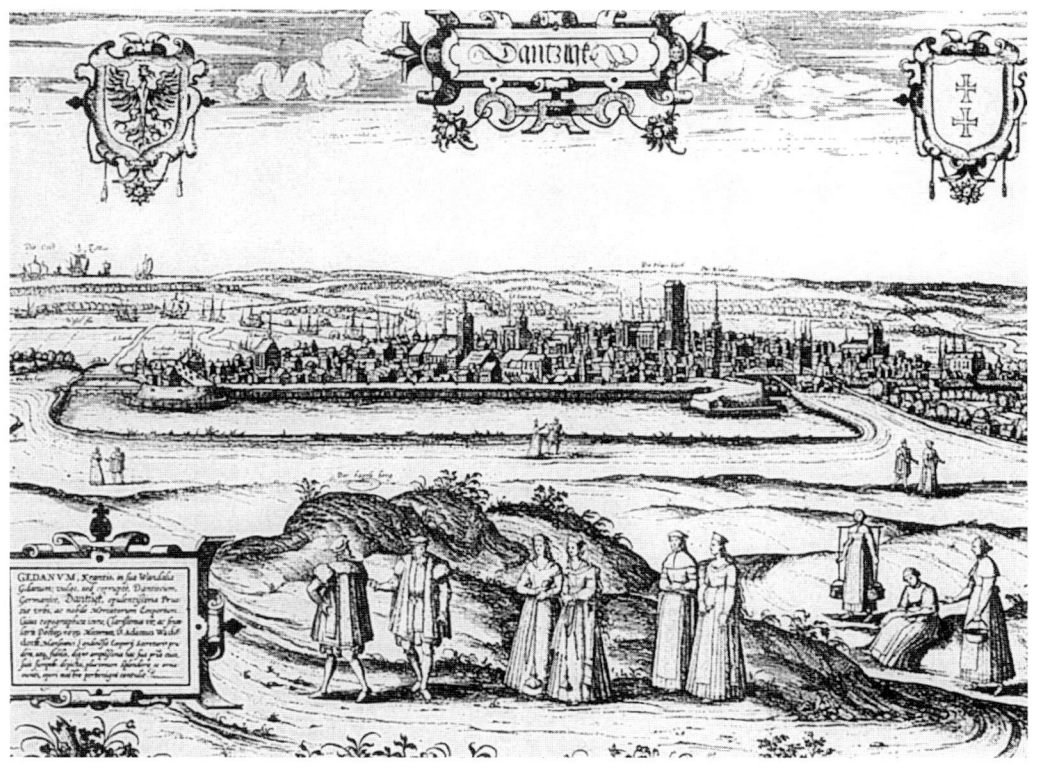

Danzig im 16. Jahrhundert.

Schalmeienklängen und der Kraft von Trompetenschall sprach er die Seelenlage derer an, die alsbald den Lockungen der Fürsten folgen sollten. Mehr aber noch derer, die später zu Hunderttausenden mit Kreuz und Schwert in der Hand einen gefährlichen Aufbruch unternehmen sollten.

Mit guten Wünschen von Papst und König: Der Kreuzzug des „Patriarchen des Nordens"

In Wisby auf Gotland hatte die Gründergeneration der Hanse nach anfänglichem Blutvergießen ihr Konzept in Form gegossen: durch friedliche Vereinbarung mit den Gotländern samt Privilegien wurde dort ein erster Handelshof als Stützpunkt für den Handel der deutschen Kaufleute errichtet. Ihre Nachfahren sicherten inzwischen mit Hilfe einiger Niederlassungen den freien Handelsweg nach dem fernen Nowgorod.

Am Südufer der Ostsee erblicken wir Lübeck bereits bei der Verwirklichung des Gegenkonzepts: Begünstigt durch den schier endlosen Zustrom niederdeutsch-westfälischer Siedler entstanden neue Städte als feste Grundlage, als eine andere Art von Stützpunkten für den freien hansischen Handelsverkehr.

Hart waren die Kämpfe mit den Wenden am südlichen Ostseeufer allemal. Viel schwerer, blutiger und zeitaufwendiger aber wurde jetzt der Weg zur Schaffung von Handelsplätzen am baltischen Ostufer der Ostsee. Alle Mühen jedoch wären vergebens gewesen, wenn nicht der unbändige Aufstiegswillen, vor allem der niederdeutsch-westfälischen Bauern und einer wagemutigen Kaufmannschaft sowie der missionarische Kreuzzugseifer von Rittern und Fürsten, von Ordensmännern, Geistlichen und Äbten zusammengefunden hätten.

Das läßt sich sehr gut darstellen am Beispiel des Livland-Kreuzzugs des Bischofs Albert von Bremen von 1199 bis 1229, dessen Lebensziel es war, als „Patriarch des Nordens" in die Geschichte einzugehen. Sein Aufbruch hatte eine Vorgeschichte:

Livland im Jahr 1184: Ein Konvoi westfälischer Hansekaufleute segelt dünaaufwärts. Am Mast des ersten Schiffes steht ein weißhaariger Herr, der mit ein paar zu Herzen gehenden Worten seine Aufgabe als Begleitprediger erfüllt. Es ist Meinhard, ein Schüler des Wagrierbischofs Vizelin, dem wir bereits bei Heinrich dem Löwen begegnet sind.

meinsam mit König Ludwig VII. von Frankreich einen weiteren Kreuzzug zu unternehmen. Da wandte er sich (1147 auf dem Reichstag in Frankfurt) an die norddeutschen Fürsten und Gläubigen, rief sie zum Kreuzzug gegen die Slawen auf und gewährte vorab Sündenvergebung:

„Wir verlangen auf den Rat des Herrn Königs und der Bischöfe und Fürsten hin, … daß die Heeresmacht der Christen gegen sie (die Slawen) bewaffnet werde und das Heilszeichen nehme, um jene Heiden völlig zu vernichten oder zu bekehren. Wir verheißen ihnen dieselbe Sündenvergebung wie jenen, die nach Jerusalem aufgebrochen sind. Wir untersagen auf jeden Fall, mit den Heiden auf irgendeine Weise ein Bündnis zu schließen …, bis mit Gottes Hilfe ihr religiöser Brauch oder ihr Volk vernichtet ist." (Milger, a.a.O. S. 184).

„Wir verlangen": Allerhöchste Erlaubnis, ja Befehl zum Krieg gegen die Slawen, vom Patron des „Bernhardinischen Zeitalters" also!

Erinnern wir uns hier noch einmal an den Aufruf Magdeburger geistlicher und weltlicher Fürsten: das Land der Heiden – der Slawen – „ist das allerbeste an Fleisch, Honig, Mehl, Geflügel …, wenn es ordentlich bestellt wird …" Er war durchaus nicht vergessen!

Bedenken wir, daß sich zwischen 1024 und 1125, dem Jahrhundert der Salier also, die Bevölkerungszahl – besonders in Sachsen und Westfalen, am Niederrhein und in Flandern – erneut dramatisch erhöht hatte! Das bedeutete Hungersnot und Armut.

Die Gewißheit ewigen Heils im Jenseits, die Hoffnung auf Aufstieg und Wohlstand bereits im Diesseits – nirgendwo wurde dies erhellender angesprochen als im Schlußaufruf der Magdeburger Fürsten. Mit der Verführungskunst von

Ein Ritter des 1202 unter Mitwirkung von Bischof Albert I. von Riga gegründeten Schwertbrüderordens. Auf ihrem Mantel trugen die Mönch-Krieger ein rotes Kreuz. Holzschnitt aus dem 16. Jahrhundert.

Der russische Fürst von Polozk, dem die Liven an der Düna untertan waren, fand Gefallen an dem mutigen Augustinerchorherrn aus Segeberg und gewährte ihm eine Predigerlizenz. Noch im gleichen Jahr gründete Meinhard an der Dünamündung bei Üxküll eine dem hl. Nikolaus geweihte Taufkirche. Aber schon im Jahr darauf zerstörten die Liven wütend das Werk des Gottesmannes, der schließlich entmutigt nach Bremen floh. Dort aber wurde er von Bischof Hartwig II. – zur Untermauerung von Bremens Primat im Norden – zum Bischof der Liven geweiht.

Sein Nachfolger Berthold, Abt von Kloster Loccum, landete 1197 mit einem Kreuzzugsaufruf des Papstes in der Tasche unter Begleitschutz von etwa 1.000 Kreuzfahrern unterhalb der Burg, die später die Keimzelle von Riga werden sollte. Dennoch war sein Ende bitter. Bei einer Schlacht mit den Liven durchbohrten ihn die „Heiden" mit einer Lanze und machten den Gottesmann zum Märtyrer Christi. 1199 schließlich war kein christlicher Missionar mehr in Livland.

Jetzt weihte der Bischof Hartwig in Bremen seinen Neffen Albert zum dritten Bischof von Livland, der als Albert von Bremen (1199-1229) in die Geschichte eingehen soll-te. Der neue Kirchenfürst handelte energisch. Sofort beschloß er, das Missionswerk in den baltischen Ländern zu einem Kreuzzug auszuweiten und es so ein für allemal zu Ende zu führen.

Alberts Entschluß, den Missionserfolg nun mit Waffengewalt zu erzwingen, fand allerhöchste Unterstützung: Papst Innozenz III. und König Philipp von Schwaben unterstützten das Unternehmen warmen Herzens. Daraufhin startete der Bischof noch im Frühjahr 1200 von Lübeck aus mit einer Armada von 23 Schiffen zur Kreuzfahrt nach Livland. Und – Kreuzzug hin, Kreuzzug her –, schon 1201 erblicken wir die vorwiegend westfälisch-niedersächsischen Kaufleute unterhalb der Burg Bischof Bertholds, an der Mündung des Rigabachs in die Düna, an der Stelle eines alten Handelsplatzes, eine Stadt bauen. Ihr Name ist Riga. Gleichzeitig errichtete Albert das Kloster Dünamünde und ernannte Theoderich von Treiden zum ersten Abt und seinem Stellvertreter. Ein Jahr später gründete dieser den Orden der Schwertbrüder, damit die folgenden „missionarischen" Aktivitäten nicht des militärischen Schutzes entbehren mußten oder „damit man den hartgesottenen Heiden aufs Haupt schlagen kann, und zwar kräftig." (Zimmerling, a.a.O., S. 106).

Nach bewegten Jahren der Kämpfe, besonders zwischen 1203 und 1207, unterwarfen sich die Liven und ließen sich taufen. Jetzt erst gelang es Bischof Albert, die freie Fahrt auf der Düna nach Polozk-Smolensk durchzusetzen. Und ab 1212 konnten die Fernkaufleute auch wieder auf dem Landweg sicher über Pleskau nach Nowgorod ziehen.

1207 übergab König Philipp von Schwaben Bischof Albert ganz Livland zum Lehen. Gleichzeitig erhob er ihn zum Reichsfürsten. Mit seinem Ritterorden der „fratres militiae Christi", dem Schwertbrüderorden also, erweiterte er seine baltische Mission alsbald bis hinauf nach Estland.

Für den Kampf gegen die Esten rief Albert Dänemarks König, Waldemar der Sieger, zu Hilfe, der dort 1219 das Bistum Reval ins Leben rief.

Auch die Schwertbrüder und die Gotländische Genossenschaft beteiligten sich am Kampf gegen die Esten. 1223 kam es zwischen ihnen, den Kriegern von Bischof Albert und 20.000 Russen zu erbitterten Gefechten, die die Deutschen schließlich für sich entscheiden konnten. 1224 eroberten die Schwertbrüder Dorpat, wichtig wegen seiner Lage an der Fernstraße Nowgorod – Pleskau – Reval. Letzteres erhoben sie zur Stadt und bereicherten es mit einem Bistumssitz. Wie Dorpat war auch Pleskau – Stapelplatz für Felle, Honig und Wachs, aber auch für Getreide, Flachs und Hanf – eine wichtige Etappe auf dem Landweg nach Nowgorod.

1226 hatten die Deutschen Livland und Estland dann fest in der Hand. 1230 landete – von Gotland aus – eine Flotte mit über 200 Hansekaufleuten in Reval. Unterhalb der Burg gründeten sie eine Fernfahrersiedlung und errichteten die Nikolai-Kirche.

Reval, gegründet 1219 von König Waldemar dem Sieger, die nördlichste Anlaufstelle der Hanse in der Ostsee.

Links: *Teil der alten Stadtbefestigung mit der Nikolaikirche.* Rechts: *Die Ordensburg mit dem alten Wehrturm „Der lange Hermann".*

1346 konnten die Livlanddeutschen die Herrschaft über Estland von den Dänen durch Kauf erwerben. Reval wurde alsbald zur nördlichsten Anlaufstelle der Hanse in der Ostsee, und zwar zu Wasser und zu Lande. Ob die Kaufleute nun über den finnischen Meerbusen, über die Newa, den Ladogasee oder den Wolchow nach Nowgorod zogen oder auf dem Landweg über Dorpat und Pleskau, immer war Reval der Ausgangspunkt ihrer Unternehmungen.

1229 schon war Bischof Albert, der „Patriarch des Nordens", gestorben und hatte ein durchaus ansehnliches Staatsgebilde hinterlassen. Ja, er hatte Erfolg gehabt. Aber, wie der Nestor der deutschen Hanseforschung feststellte, „ohne die tätige Unterstützung der Fernhändler hätte er nicht einmal aufzubrechen, ohne ihren laufenden Nachschub nicht einen Kreuzritter für seinen 1202 gestifteten Schwertbrüderorden ins Land zu holen vermocht." (Stoob, a.a.O., S. 106).

Daß Heinz Stoob hier vor allem die Westfalen meint, darf man unterstellen, da er kurz danach im Stadtbuch von Reval ab 1312 Namen von Fernhändlern zitiert wie „Elverfelde, Hagen, Yserlohn, Coysfelt, Lemego, Lennepe, Lippia, Medebeke, de Monasterio, Ostinchusen, Paderborn, Soyst, Unna, Westfal".

Ein „Ritter ohne Milde und Schonung": Der „lippische Odysseus" wird Patriarch der Kirche Livlands

„Rings verbreitete sich schnell sein Ruf und preisliche Tugend
Macht von Tag zu Tag, mehr noch den Ritter berühmt."
Lippiflorium, v. 299-302

Ein Mann aus Westfalen, Bernhard II. (1140-1224), Edler Herr zur Lippe, wurde dann auch zur faszinierendsten Symbolfigur des Kreuzzugs nach Livland und vielleicht überhaupt dieser Epoche. Einmal läßt sich durch seine Person die von Lübeck und Gotland aus geknüpfte Verbindung der Kaufleute, Krieger und Neusiedler zu ihrer niederdeutschwestfälischen Heimat gut darstellen. Zum anderen verkörpert Bernhard beispielhaft – getragen von dem Stimulans eines missionarischen Selbstbewußtseins – das damals ganz selbstverständliche, nahtlose Ineinandergleiten von weltlicher und geistlicher Macht – und umgekehrt! Was alles dann auch seiner Familie zugute kommen sollte.

Zunächst bereitete sich „der lippische Odysseus" auf die für einen zweitgeborenen Fürstensohn obligatorische theolo-

Eine kühne Mönchsgemeinde zog über das Meer. Anonymer Holzschnitt aus dem 13. Jahrhundert.

Der anonyme Künstler schrieb unter sein Werk: „Eine kühne Mönchsgemeinde zog über das Meer, um im Jahre 1208 an der Düna ein Kloster zu gründen, das dem heiligen Nikolaus geweiht und Dünamünde genannt wurde."

Bernhard II., Edler Herr zur Lippe, in seinen besten Jahren. Denkmal in unmittelbarer Nähe des Lippstädter Bahnhofs an der Langen Straße.

gische Karriere vor – an der „Domschule zu Hildesheim, wo die Weisheit auf dem Stuhle saß und die Demut das Haus hütete" (alle Zitate von Staercke, a.a.O., S. 17-19). Doch rief den jugendlichen Domherren – nach dem Tode seines älteren Bruders – sein Vater nach Paderborn zurück, als „es nun galt, das schwarze Kleid mit der Rüstung, das Buch (die Bibel) mit dem Schwerte zu vertauschen", ein Vorgang, der ihm später zur Routine werden sollte.

Seine Ausbildung zum Ritter erhielt der künftige „milde Landesherr und Städteerbauer" (Lippstadt, Lemgo und Horn) „von Heinrich dem Löwen …, der aber auch den rauhen Ritter ohne Milde und Schonung aus ihm machte, wie er uns später entgegentritt". Nach Barz (a.a.O., S. 226) war er für Heinrich „der Bluthund …, ein besonders übler, wegen seiner Grausamkeit berüchtigter, allerdings auch besonders treuer und zuverlässiger Mann". Als solcher setzte er für Heinrich 1166 in Magdeburg, später in Sachsen 1177 bzw. 1179 vor Halberstadt und Haldensleben rauchende Fahnen, „verteidigte des Herzogs Sache in Westfalen" und

„verwüstete 1179 die Gegend von Soest und verbrannte Medebach".

1185, jetzt „als guter Hausvater" und „trefflicher Landesherr" … galt es … zu versöhnen und … Beweise ernstgemeinter Friedensliebe zu erbringen … 1185 „war in dieser Beziehung die Gründung des Zisterzienserklosters Marienfeld von besonderer Bedeutung". Als Mitgründer dabei: Widukind von Rheda und Bischof Hermann II. von Münster. 12 Brüder versammelten sich in dem Kloster, denen es gelang, in kurzer Zeit eine wüste, öde Gegend zu einem kleinen Paradies umzugestalten: „Eine Oase erblickt der Wanderer inmitten sandiger Wüste."

Nach 1191, von einem Gichtleiden fast völlig gelähmt, „übergab er mit Einwilligung seiner Gemahlin seinem Sohn alle Habe und zog sich vor der Welt in den stillen Klosterfrieden (nach Marienfeld) zurück."

Aber nicht für lange und schon gar nicht für immer! Denn als er erfuhr, daß die „heidnischen Livländer das von dem Vizelin-Schüler Meinhard begonnene Missionswerk zu hintertreiben suchten, genas er auch von seiner Krankheit und traf im Frühjahr 1198 in Livland ein …, um an den weiteren kriegerischen Ereignissen im Baltenlande teilzunehmen."

Riga: 1201 von Bischof Albert gegründet, seit 1255 Sitz eines Erzbischofs. 1285 Beitritt zur Hanse. Zentrum des Handels zwischen Deutschland und Rußland. Hier das Schwarzhäupterhaus aus dem 14. Jahrhundert sowie der Turm der Petrikirche.

Jetzt begann die phantastischste Zeit des Edelherrn, der nun wirklich immer Schwert, Lanze und Zirkel, Gebetbuch, Stola und Rosenkranz im Reisegepäck haben mußte. Zunächst beteiligte er sich 1200 am Livland-Kreuzzug von Bischof Albert „wo er am 24. Juli an dem siegreichen Treffen bei Riga teilnahm".

Kriegsheld, Festungsbauer, Missionar, nun konnte er alle seine Fähigkeiten nutzen: An der Straße nach Estland baute er die Festungsstadt Fellin, an der Düna oberhalb Rigas die Kriegsfeste Kokenhusen; 1211 war er mitten drin in „den weiteren kriegerischen Ereignissen im Baltenlande"; zwischendurch war der Rastlose im Kloster Dünamünde, empfing hier die Priesterweihe und wurde kurz darauf zum Abt dieses Zisterzienserklosters gewählt und: „Als solcher nahm er am Krieg der vereinigten Liven und Letten gegen die Esten teil …" Und dann? Dann kehrte er zurück nach Ostwestfalen, um neue Streiter zu sammeln.

Zwischendurch, 1216, von seinem Sohn Otto, Bischof von Utrecht, im Auftrag von Papst Inno-

Die fünftürmige Stiftskirche St. Bonifatius des Klosters Freckenhorst in Warendorf (11. Jahrhundert): ein Meisterwerk der Romanik in Westfalen.

zenz III. zum Bischof geweiht, sowie 1217 mit einer Streitmacht vermutlich ostwestfälischer Kämpfer nach Livland zurückgekehrt, wählte er Semgalen, südlich der Düna gelegen, als Bischofssitz. Und: „Suchte das Christentum seines Landes zu befestigen (!) und die Grenzen seines Bistums zu erweitern (!)".

Doch „der alte Herr, voll des apostolischen Glaubens" fand auch hier keine Ruhe. 1222 fielen Zehntausende von Russen und Litauern in Livland ein …: „Blutenden Herzens wandte sich der greise Held nach der Heimat zurück …" und kam von Gotland aus mit einer gewaltigen Armada nach Livland zurück. Am Jenner wurden die Esten und später, im August 1224, die Russen bei Dorpat vernichtend geschlagen.

Die „militia Christi" jedoch, die Hingabe des Lebens beim Einsatz für die Ausbreitung des Glaubens, diesen letzten Wunsch erfüllte Gott dem Patriarchen der Kirche Livlands nicht: „Er starb Ende April 1224 auf seinem Bischofssitz in Semgalen, sanft und friedlich, und nicht als Märtyrer, wie er gehofft hatte."

Bernhards elf Kinder aber nahm Gott fast alle in seine fürsorglichen Arme: Seine Tochter Gertrud wurde Äbtissin des Reichsklosters Herford (1215); Sohn Otto Bischof von Utrecht (1215); Sohn Dietrich Propst zu Deventer (1218); Sohn Gerhard Erzbischof von Hamburg (1219); Sohn Bernhard Bischof von Paderborn (1228). Er gilt als Gründer von Warburg; Tochter Hedelinde Äbtissin des Klosters Bassum (Kreis Diepholz); Tochter Kunigunde Äbtissin von Freckenhorst (in Warendorf); Tochter Adelheid Äbtissin des Stiftes Elten (bei Emmerich). Nur den neuen Herrscher von Paderborn, den Edelherrn Hermann II., und die Töchter Heilwig und Beatrix, verheiratet mit einem Grafen von Ziegenhain (Schwalmstadt) bzw. von Lauterberg am Harz, überließ Gott der Welt.

„In Gottes Namen zur Vergebung eurer Sünden": Die Kreuzzüge gegen die Preußen

Das „Abendland", die Verbindung der romanisch-germanischen Völker. Sie besetzten nur einen kleinen Teil der Erdoberfläche. Und doch ging von hier eine Dynamik aus, die die Welt in Atem halten sollte. In fränkischer Zeit hatten die Völker Europas begonnen, den Papst als ihr geistiges, den Kaiser als ihr weltliches Oberhaupt anzuerkennen. Papst und Kaiser zusammen wurden die Lenker der Welt.

Im Osten des Mittelmeeres herrschten die Araber, von den Südländern Sarazenen genannt. Im Norden Deutschlands siedelten am Ostseeufer von Holstein bis zu den Pommerellen und von dort aus bis zum Finnischen Meerbusen slawische Stämme. Jetzt, im 13. Jahrhundert, wuchsen die romanisch-germanischen Völker im gemeinsamen Kampf gegen Sarazenen und Slawen im Heiligen Land bzw. an der Ostsee erstmals zu einer durch einen gemeinsamen Glauben und durch ein gemeinsames Schicksal verbundenen Einheit zusammen. Doch zu Beginn der erbitterten und blutigen Gefechte der Deutschen mit den Preußen entstand Gefahr aus den eigenen Reihen: Die Stauferkaiser verfeindeten sich mit den Päpsten wegen sizilianischer Angelegenheiten so sehr, daß Innozenz IV. 1246 sogar einen Giftanschlag auf Friedrich II. und seinen Sohn Enzio inszenieren sollte.

Wie in Livland begann der Kampf zwischen Deutschen und Preußen im Zuge des Einsickerns der ersten christlichen Missionare und Glaubensboten, die allesamt zu Märtyrern wurden: Adalbert von Prag 997 genauso wie Bruno von Querfurt 1009.

So richtig ernst wurde es in Preußen

„Ein alter heidnischer Preuß“:
So stellte sich im 17. Jahrhundert ein anonymer Künstler einen heidnischen Preußen vor.

Papst Gregor IX. in einem zeitgenössischen Gemälde.

1217: da nämlich erteilte Papst Honorius III. Bischof Christian, ehemals Abt Gottfried von Lekno, die Erlaubnis, Kreuzfahrer zur Sicherung des zu missionierenden Landes anzuwerben. 1218 erließ er vorsorglich eine Bulle, durch die er Preußen unmittelbar dem Heiligen Stuhl unterstellte. (Frage: Wer vergibt die Lehen auf „deutschem“ Boden, Papst oder Kaiser? Ein Konflikt bahnte sich an!)

1221 ein etwas tapsiger Anfang der Deutschen, der aber endgültig zum Ernstfall führte:

Angeworben von Bischof Christian nahte ein erster Kreuzzug, 500 Krieger unter Führung von Markgraf Heinrich (dem Erlauchten) von Meißen. Mit ihm zusammen erschienen die Bischöfe von Gnesen, Posen und Breslau sowie die Herzöge von Schlesien, Krakau und Masowien, unter ihnen auch Herzog Lestko aus Polen, „der vom Heiligen Vater die Erlaubnis erwirkt hat, nach Preußen statt nach Palästina zu ziehen, weil er wegen seiner Körperschwere kaum oder gar nicht ins Heilige Land hinüberfahren konnte, besonders da er wegen eines zur Natur gewordenen Zufalls weder Wein noch reines Wasser, sondern nur Met oder Bier trinken konnte“ (Zimmerling, a.a.O., S. 96/97).

Das Schicksal des wackeren Herzogs verlor sich hinfort in der „äußersten Thule“, nicht jedoch das Endergebnis dieses ersten Aufbruchs: 1222 erhoben sich die Preußen in einem blutigen Aufstand und nahmen Bischof Christian gefangen.

In seiner Verzweiflung rief Herzog Konrad von Masowien, ein christianisierter Vasall des Königs von Polen, 1224 die Elitetruppe der damaligen Zeit, den Deutschen Orden zu Hilfe: Gedanken eines geistlichen Rittertums und das mönchische Gelübde von Armut, Keuschheit und Gehorsam prägten diese verschworene Männerbruderschaft, die sich dem Kranken- und Ritterdienst widmete. Für die Hansekaufleute war sie eine alte Bekannte: Hatten doch Lübecker und Bremer Bürger 1190 vor Akko jenes Spital gestiftet, aus dem der Deutsche Orden hervorgegangen war.

Aber kaum war ein Feldzug gegen die Preußen im Gespräch, kam es tatsächlich zum Streit: Wem wird das Land gehören? Wem sind die unterjochten Heiden untertan? Wer verteilt die Lehen? Kaiser oder Papst?

Kurz nach dem Hilferuf Konrads erklärte ein kaiserliches Dokument die baltischen Völker 1224 vorsorglich als „liberi homines imperii“. 1225 kam aus Rom prompt die Antwort von Papst Honorius III., derzufolge alle Bekehrten allein der Römischen Kirche untertan sein sollten.

Zwischen Papst und Kaiser: Ein Meisterdiplomat rettet die Deutschen

„In dieser Zeit der Konfrontation wächst der Ordensmeister zu einem der erfolgreichsten Diplomaten heran, den die Weltgeschichte je gekannt hat. Zwischen den beiden Mächten, Kaiser und Papst, verkörpert er eine Art ehrlicher Makler – ein Makler freilich, der auf den eigenen Vorteil achtet, das heißt auf den seines Ordens", so faßt Dieter Zimmerling (a.a.O., S. 51) das nun folgende Geschehen zusammen.

Hermann von Salza, um 1210 zum Hochmeister des Deutschen Ordens gewählt, Diplomat und Ritter zugleich, zierte sich zunächst Herzog Konrad gegenüber. Nur wenn er das eroberte Land für einen eigenen Staat seines Ritterordens erhalten würde, werde er mit seinen Rittern nach Preußen kommen, so beschied er zunächst einmal den Herzog.

Jetzt sollte er davon zehren, daß er das damals einmalige Kunststück fertigbrachte, mit Kaiser Friedrich II. befreundet und doch ein Vertrauensmann der Römischen Kurie zu sein. Auch traf es sich günstig, daß der Kaiser ihn gerade jetzt ausersehen hatte, in Akko bei König Johann von Brienne seine Vermählung mit dessen Tochter Yolante, der Erbin des Königreichs Jerusalem, einzufädeln. Immerhin: Die Hochzeit im Herbst 1225 brachte Friedrich durch Ehevertrag den Titel „König von Jerusalem" ein, in damaliger Zeit ein unschätzbarer Prestigegewinn! Friedrich jedenfalls zeigte sich sofort erkenntlich: Schon 1226 übertrug er dem Hochmeister und seinem Orden in der berühmten Bulle von Rimini alle Hoheitsrechte in Preußen und – im voraus – schon die Zoll- und Marktrechte für alle Städte. In Rom wurde das alles etwas ungnädig aufgenommen. Aber 1234 war der Meisterdiplomat am Ziel: 1234 nahm dann – ebenfalls im voraus – Papst Gregor IX. in einer Päpstlichen Bulle das Ordensland als „Recht und

Hermann von Salza, Kupferstich nach einem zeitgenössischen Portrait.

Die Heirat des 36jährigen Kaisers Friedrich II. mit der 12jährigen Yolante von Brienne im Jahr 1225. Zeitgenössische Miniatur.

Eigen St. Peters" unter päpstlichen Schutz und verlieh es dem Orden zu ewigem freien Besitz.

Jetzt erst propagierte Hermann von Salza einen Kreuzzug gegen die Slawen und bereitete die Logistik für die kommenden erbitterten Gefechte gegen diese vor. Das Gebiet von Thorn und Kulm hatte ihm Konrad von Masowien schon 1230 übergeben. 1231 bzw. 1232 wurden Thorn bzw. Kulm als Burgen und Städte gegründet; 1237 am rechten Ufer des Elbing die Stadt Elbing, die zum wichtigsten Hafen des Ordenlandes wurde; im gleichen Jahr Marienwerder; 1252 in Livland die ursprünglich Neu-Dortmund genannte Stadt Memel; 1255 erfolgte die Gründung von Königsberg, das seinen Namen der Teilnahme von König Ottokar von Böhmen bei den schweren und blutigen Kämpfen verdankte. 1309 schließlich fiel nach dem Aussterben des dortigen Fürstenhauses Danzig samt der Pommerellen in den Besitz des Deutschen Ordens. Jetzt endlich war er Herr der Lage und – mit Preußen – im Besitz eines Landes, das später unter anderer Führung Weltgeschichte schreiben sollte.

Damit war ein gewaltiges Ringen zu einem vorläufigen Ende gekommen. 1255, bei dem glänzenden Aufgebot König Ottokars von Böhmen, sollen 60.000 Krieger und Ordensritter in der deutschen Heerschar gestanden haben. Unter ihnen auch ein 37 Jahre alter Graf, „ein Adelssproß, der zusammen mit Handwerkern und Kaufleuten aufgewachsen ist, wobei er viel von ihrer Denkungsweise annahm" (Herm, a.a.O.,S. 17). Der Mann von der Habichtsburg („Habsburg") war Rudolf von Habsburg. Und nicht Ottokar, der strahlende Sieger von 1255 („Königsberg") wurde 1273 von den Kurfürsten zum König der Deutschen gewählt, sondern Rudolf. Ottokar aber, der Rudolf als einziger die Huldigung verweigerte, verlor 1278 bei der Entscheidungsschlacht zwischen beiden Kopf, Krone und Besitz.

Europäische Ordensritter im 13. Jahrhundert. Kupferstich eines anonymen Künstlers.

Von 1237 bis etwa 1300 dauerten die Kämpfe gegen die Preußen. Dann erst konnte das Land planmäßig besiedelt und aufgebaut werden.

Schon während der Kämpfe wurden Burgen gebaut und der Aufbau von Städten begonnen. Danach entstanden im Deutschordensstaat bis gegen 1350 etwa 1.450 Dörfer mit über 60.000 Hofanlagen. Die Einwanderer kamen aus Thüringen und der Magdeburger Gegend. Bedeutsam – wie immer im Zuge der deutschen Ostkolonisation – war auch hier der Zustrom west- und ostfälischer Siedler aus dem heutigen Westfalen und Niedersachsen also, die zusammen mit Rheinländern auf Schiffen von Lübeck aus ins Land gefunden hatten. Mit ihnen zusammen kamen die Kaufleute der Deutschen Hanse. Manche von ihnen („mercatores sedentes") wurden seßhaft, manche („mercatores frequentantes") blieben dem Fernhandel treu.

War der Nachschub und die Logistik nach Livland hin noch weitgehend von Gotland aus erfolgt, geschah dies in Preußen nun von Lübeck aus. Lübecks Konzept der Befestigung der Hanse von den Städten aus war mit den neuen Hafenstädten am Ostrand der Ostsee endgültig aufgegangen. Denn auch in Skandinavien war man umsichtig zu Werke gegangen.

„Fische, mit den Händen zu fangen": Friedlicher Aufbruch nach Skandinavien

Wenn ein königlicher Erlaß bestimmt, daß von den Ratsmitgliedern in Schweden nicht mehr als die Hälfte Deutsche sein dürfen; wenn von den 68 Ratsmitgliedern Stockholms zwischen 1400 und 1420 aber dennoch 48 Deutsche waren; wenn Birger Jarl 1252 unter Einfluß der Deutschen Stockholm gründet und es mit der deutschen Ratsverfassung ausstattet, die auch von den anderen schwedischen Städten übernommen wird, dann steht fest, wie groß in Schweden um 1250 schon der Einfluß jener Großhändler und Schiffseigner der Hanse war, die seit dem 1173 zwischen Knut Eriksson und

Heringsfischerei vor Schonen. Einsalzen und Verpacken der Fische: „Denn der Hering kommt in so gewaltigen Massen zur Küste, daß nicht nur die Netze der Fischer reißen, sondern sogar eine zweiklingige Streitaxt oder Hellebarde stehen bleibt, wenn man sie in den Fischschwarm steckt." Olaus Magnus, „Historia de gentibus septentrionalibus", 1555. Anonymer zeitgenössischer Holzschnitt.

Heinrich dem Löwen geschlossenen Handelsvertrag ins Land strömten. So sehr assimilierten sich die Deutschen in Schweden, daß es gar nicht weiter auffiel, daß der Anführer des schwedischen Volksaufstandes (1432) gegen König Erich XIII., der schwedische Freiheitsheld Engelbrecht Engelbrechtsson, Sproß einer wohlhabenden, nach Schweden eingewanderten deutschen Familie war.

Bei seinem Eindringen nach Skandinavien fand der deutsche Kaufmann – im Vergleich zum südlichen und östlichen Ostseeufer – ganz andere Verhältnisse vor. Sowohl in Schweden als auch in Norwegen und in Dänemark hatten christliche Missionare schon das ganze Land zu dem neuen Glauben bekehrt. Überall trafen sie hier daher auf christliche Monarchen, die ihnen als Handelspartner entgegentraten.

Kaufleute aus Bremen waren die Pioniere der Hanse im Skandinavienhandel gewesen. Aber auch der Handel Lübecks mit Schweden wurde schon 1173 und 1179 vertraglich geregelt. 1251 erneuerte Reichsregent Birger Jarl diese Privilegien und dehnte sie bald auf die Hamburger Kaufleute aus.

Die Deutschen hatten in Schweden freies Einwanderungsrecht, unterstanden aber den Gesetzen des Landes. Deutsche vermittelten den Schweden die Kenntnis technischer Neuerungen (Wasserrad, Windmühlen, Schmelzöfen für Erze), entwickelten den schwedischen Bergbau und verkauften dessen Produkte auf den Märkten und Messen Europas. Um 1370 befanden sich 60 Prozent des Handels zwischen Stockholm und Flandern – vor allem Erze aus Falun und schwedisches Eisen, das sogenannte Osemund, aus Südschweden – in den Händen von neun Lübecker Großkaufleuten.

Schonen, die heute schwedische Halbinsel mit den Hafenstädten Malmö und Helsingborg, gehörte früher zu Dänemark. Aus dem 12. Jahrhundert liegen uns Berichte vor, daß sich damals vor der Westküste Schonens so viele Heringe im Wasser tummelten, daß die Fischer Steuerungsprobleme bekamen, die Ruder einzogen und statt dessen die Fische mit den Händen fingen. Die Kaufleute aus Lübeck, Westfalen, aus dem heutigen Niedersachsen und von der Ostseeküste brachten Salz und später Tuche aus Flandern nach Skanör und Falsterbo. Hier ließen sie sich nieder. Und bald belieferten sie das europäische Festland tonnenweise mit der begehrten mittelalterlichen Fastenspeise – gesalzenem Fisch! Von Malmö und Dragör aus – nahe Kopenhagen – sollen allein im Jahr 1400 über 550 Schiffe über 65.000 Tonnen Fastenfisch vor allem nach Lübeck überführt haben.

1248 schrieb der König von Norwegen, Hakon Hakonsson, an den Rat der Stadt Lübeck: „Schickt uns deshalb nächsten Sommer in der üblichen Weise eure Schiffe mit den Waren, die wir benötigen, nämlich Korn und Malz, und laßt unsere Kaufleute dieselben Waren solange haben, wie Teuerung in unserem Lande herrscht. Damit wollen wir euren Kaufleuten nicht versagen, bei uns einzukaufen, womit ihnen am besten gedient ist. Aber wir wollen nicht, daß eure Kaufleute mehr lübsches Bier mitbringen sollen, als was sie auf der Reise trinken. Denn es ist unserem Reich nicht dienlich." (Schildhauer, a.a.O., S. 32).

Vor allem des Fisches wegen zog es die Hansekaufleute auch nach Norwegen, bald sogar nach Island, den Faeröern, den Shetland- und den Orkney-Inseln. Bremer, Stader und Hamburger Kaufleute waren zur Stelle, als die westnorwegische Bevölkerung sich so vermehrt hatte, daß sie durch landeseigene Produkte nicht mehr ausreichend ernährt werden konnte. Getreide, Mehl, Malz und Bier brachten sie vor allem nach Bergen. Von dort kamen sie zurück mit Tausenden von Tonnen gesalzenen Stockfischs, aber auch mit Butter, Tran und Häuten. 1278 und 1294 kam es zu schriftlichen Abmachungen über die Errichtung des Bergener Kontors, in denen den Deutschen u.a. zunächst eine sechswöchige Aufenthaltsdauer in Norwegen zugestanden wurde. Was England betrifft, wurde Bergen bald zu einem wichtigen Stützpunkt der Hanse auf dem Weg zu den Häfen an der englischen Ostküste.

Kaiser Friedrich I. Barbarossa mit seinen Söhnen König Heinrich VI. (links) und Herzog Friedrich von Schwaben. Miniatur aus der Welfenchronik (1179-1191).

Von der Ostsee zur „Westsee": Die „Osterlinge" bestimmen das Spiel

Mit einem ungeheuren Kraftakt unter militärischem Einsatz der deutschen Territorialfürsten, des Deutschen Ordens und des Livländischen Schwertbrüderordens war eine erste, vorentscheidende Etappe beim Aufbau der Hanse erfolgreich beendet worden. Dabei gelang es, das deutsche Territorium um Mecklenburg, Pommern, Brandenburg, Preußen bis in die baltischen Staaten hinein und zur russischen Grenze hin zu verdoppeln.

Nun bewegte auch Fortuna ihr Glücksrad: Heinrich der Löwe früh gescheitert; die glanzvollen Stauferkaiser Friedrich I. (Barbarossa), Heinrich VI. und Friedrich II. selbstzerstörisch jenseits der Alpen und im Vorderen Orient mit Italien, den Päpsten und Kreuzzügen ins Heilige Land beschäftigt; überall in Deutschland und Europa viele mittelmäßige Potentaten, aber keine große Herrschergestalt; nirgendwo eine Regierung, die imstande gewesen wäre, eine wirtschaftliche Entwicklung zu lenken oder zu verbieten, geschweige denn erfolgreiche Bürger systematisch auszuplündern. Geschickt nutzten die Städte und die sie beherrschenden Handwerker und Kaufleute jetzt diese historische Sondersituation für ihren Erfolg: Mut allerdings hatte dazugehört, im Ostseeraum und darüber hinaus inmitten eines unwirtlichen Klimas und gegen erbitterten Widerstand ein ganz neues Wirtschaftsgebiet in Europa zu schaffen.

Beim Aufbruch nach Westeuropa standen die Sterne nun gut für die Hansekaufleute:

Zum einen hatten sie kostbare Erfahrungen gesammelt. Und sie standen nicht mehr mit leeren Händen da. Ihr innerdeutsches, regionales Angebot hatten sie um Rohstoffe und Lebensmittel aus dem Norden und Osten erweitert. Neben Bier, Wein, Tuchen und Kleineisenerzeugnissen konnten sie auf den Märkten an der Nordsee (die sie damals „Westsee" nannten), am Atlantik sowie im Inneren der dortigen Länder tonnenweise Getreide, Holz, Hanf, Pech, Eisen, Kupfer, Wachs, Teer und Asche sowie Pelze, Felle und Bernstein anbieten. Und vergessen wir nicht, daß sie in Skandinavien und darüber hinaus gerade dabei waren, den Fischhandel in ganz großem marktwirtschaftlichen Stil zu organisieren!

Zum anderen erlebten sie in Westeuropa nun weithin die ökonomische Traumsituation eines überquellenden Angebots, für das sie reale Verwendung hatten; und wiederum eines Mangels, den sie real ausgleichen konnten: Fast überall begegneten sie im Zeichen eines beginnenden Booms, vor allem der Textilindustrie, einer Produktionshöhe, die nur durch neue Absatzmärkte aufrechterhalten bzw. gesteigert werden konnte; fast überall begegneten sie einer kritischen Rohstofflage und einer angespannten Ernährungssituation, die nur durch das Hanseangebot aus dem Norden bzw. dem Osten Europas gemeistert werden konnte. Kurzum, „die Osterlinge (= die Lübecker Hansen) waren im Besitz von Machtpositionen, sie bestimmten künftig das Spiel." (Karl Pagel, a.a.O,. S. 47).

Dennoch mögen diese Pioniertypen, die jederzeit bereit sein mußten, Kopf und Kragen zu riskieren, zuweilen erstaunt vor dem Räderwerk gestanden haben, das sich da vor ihren Augen zu drehen begann. Und vielleicht fragten sie sich, was denn die eigentliche Ursache, sozusagen der Urknall dieser erstaunlichen Entwicklung gewesen sein könnte.

Bizarrer Anfang eines „europäischen Wunders": Die Kreuzzüge

Auf der Spurensuche zur Beantwortung dieser Frage kommen wir unweigerlich auf die Fährte eines wahrhaft „phantastischen Abenteuers" (Fernand Braudel) der Weltgeschichte, das zeitlich parallel zur Epoche der Kaufmannshanse auf bizarre Weise Nord- und Südeuropäer zusammenführte und in Atem hielt: die Kreuzzüge von 1096 bis 1291, das folgenreichste Ereignis des Mittelalters.

Schon vor der Stauferzeit entwickelten Handwerker und Kaufleute in Genua in Konkurrenz zum Städteregiment des Bischofs eine städtische Selbstverwaltung – ein Fanal auch für die Hansestädte. In den Kreuzzügen konnte Genua seine Handelsbeziehungen nach Syrien und Palästina, nach Kleinarmenien, nach Tripolis, Tunis, Ceuta sowie nach Konstantinopel ausdehnen. Kupferstich aus Hartmann Schedels Chroniken von 1493.

Auf der Basis von Eigeninitiative und Freiheit kam es im Zeichen des aufstrebenden Islam vom 7. Jahrhundert bis in die Zeit der Kreuzzüge hinein in den Fernhandelsstädten Vorderasiens (Alexandria, Aleppo, Smyrna u.a.) zu einer frühen Wirtschaftsblüte. Nach Eugen Wirth (a.a.O., S. 125) „war der islamische Orient damals dem christlichen Abendland hinsichtlich Wirtschaftskraft, technologischem Knowhow, Wissenschaft und Medizin eindeutig überlegen".

Schon vor den Kreuzzügen hatten Venedig, Genua und Pisa besondere Handelsbeziehungen zu Alexandria. Während der Kreuzzüge errichteten sie in allen Hafenstädten der Kreuzfahrerstaaten eigene Handelsniederlassungen. Venedig errichtete auf der Grundlage besonderer Handelsverträge mit Byzanz (992, 1082 und 1147) ein pulsierendes

Handelsimperium im östlichen Mittelmeer, mit dessen Hafenstädten auch Marseille, Mallorca, Florenz, Amalfi und Livorno in ständigen Handelskontakten standen.

Hunderttausende von Nord- und Westeuropäern verließen zwischen 1096 und 1291 die Not des Landlebens oder die Enge in den Städten, um bei den Kreuzzügen ins Heilige Land zu Wohlstand zu kommen und vor allem Ablaß ihrer Sünden zu finden. Oft opferten sie ihr ganzes Vermögen, um mitsamt ihren Pferden auf den Schiffen der italienischen Städte von Genua, Pisa und Venedig aus ins Heilige Land zu gelangen. Keines der politisch-religiösen Ziele konnte allerdings auf Dauer erreicht werden und die meisten der Kreuzzugsenthusiasten fanden einen elenden Tod.

Durch die Chronisten der Fürsten sind wir bestens informiert über die ruchlosen Grausamkeiten der Kämpfer nach dem Jahr 1100 im Heiligen Land. Wenig erfahren wir über die Handelskontakte der Europäer mit Armeniern, Arabern und Griechen. Aber wir wissen, daß bei fast allen technischen Neuerungen Europas jener Epoche schon vom Schiffbau über die Landwirtschaft, vom Bergbau über die Baukunst, ganz besonders aber in der Medizin die Spuren hinführen zu den damals weit überlegenen Kulturen der Byzantiner und Araber. Technisch und kulturell bedeuteten die Kreuzzüge für die Europäer also einen Quantensprung.

Schiff mit geöffneter Bugklappe, aus der gerade ein Pferd entspringt. Miniatur um 1350. British Library, London.

Die Hafenstädte Italiens schließlich wurden reich durch die geraubten und angekauften Schätze, die die rückkehrenden Heeresverbände auf ihren Märkten zu Dumpingpreisen verkauften. Wichtiger noch: Die in jener Zeit geschaffenen Seehandelswege im Mittelmeer blieben den italienischen Städten für lange Zeit erhalten und sorgten in ihnen für goldene Zeiten. Über die Araber, die Seide, Teppiche, Gold, kostbare Gewürze und Arzneimittel von Indien und China auf den Karawanenstraßen durch Zentralasien an die Küste des östlichen Mittelmeeres brachten und dort zwischenlagerten, fanden die in Europa begehrten und auf den Märkten hoch bezahlten Kostbarkeiten des Vorderen Orients in die Kontore der Kaufleute in Amalfi, Genua, Pisa, Venedig und Florenz. Das Mittelmeer blieb nun für lange Zeit das dynamischste Handelszentrum der damaligen Welt.

Vom Mittelmeer aber nun nach Westeuropa: Wie die Ungarn im Osten der deutschen Stammesterritorien hatten nach dem Tod Karls des Großen (814) im 9., 10. und 11. Jahrhundert Normannen die Britischen Inseln und das westliche Frankenreich bis nach Köln, Trier und Paris hin geplündert. So bauten bald auch die Westeuropäer von Ringmauern und später von quadratischen und rechteckigen Wehranlagen umgebene „Burgen" und befestigte Städte, in denen sich schon ab 1100 die vom flachen Land geflüchteten Weber ansiedelten.

In Frankreich wurde das Gebiet zwischen Chartres, Paris, Reims und Amiens zu einer frühen Heimat der Tuchindustrie. Sie entwickelte sich von der Seine und Marne bis zur Zuidersee auch in den Niederlanden und Flandern – in Städten wie Lüttich, Brüssel, Gent, Antwerpen, Leiden, Amsterdam und Brügge.

Kurzum: Zwei kardinale Ereignisse wurden ab Beginn des 12. Jahrhunderts zu Initialzündungen für den Konjunkturaufschwung der Wirtschaft in allen Wirtschaftslandschaften Europas: Im Süden, angestoßen durch die profitablen Ergebnisse der Kreuzzugszeit, die Dynamik des Mittelmeerhandels der italienischen Städte; im Norden der rasante Aufstieg der Tuchindustrie in Frankreich und in Flandern. Überall dort, wo der Puls dieser Wirtschaftszentren am stärksten schlug, waren die Kaufleute der Hanse präsent: in Venedig und bei den Messen der Champagne vom 11. bis zum 13. Jahrhundert; und erst danach, nach dem Erliegen dieser Wandermessen, kam Brügge ins Spiel mit einer ständigen Messe übers Jahr hinweg.

Ein Land wird „verrechnet" – Robin Hood – eine zweifache Königin und ein Mord im Dom: England im 12. Jahrhundert

Wie eine riesige Ellipse erscheint vor uns um 1250 das gewaltige Fernverkehrsnetz der Deutschen Hanse. Als einen Leuchtpunkt im äußersten Nordosten erblicken wir das ferne Nowgorod. Daß er dort schimmerte und blinkte, verdankte die Hanse einem gewaltigen Aufbruch niederdeutscher und westfälischer Bürger unter Führung der Stadt Lübeck.

Ganz im Nordwesten dagegen entdecken wir einen Fixstern mit weiter Ausstrahlung, das Londoner Kontor mit seinen frühen Verbindungen nach Flandern. Daß er dort aufging und leuchtete, dafür hatten die Fernkaufleute der Stadt Köln gesorgt. Unterstützt wurden sie dabei vom Rhein und der Wirtschaftskraft des rheinischen Handelsgebiets, das damals von Italien nach England verlief und auch entlang der Achse Brügge – Lübeck – Nowgorod.

Der Rhein wurde schon seit dem 9. Jahrhundert mit Booten befahren. Der Aufstieg der Städte sowie die Genußfreude an den Tafeln der weltlichen und geistlichen Fürsten verstärkten dies noch. Ganz besonders der Wein förderte den Ruhm des Flusses als Transportweg; denn nur er – schiffbar schon ab Basel – ermöglichte die Beförderung großer Lasten nach England hin, weit, weit mehr als auf dem Landweg zu schaffen gewesen wäre.

Tiel, in der Provinz Gelderland gelegen, war ein früher Umschlagplatz für Waren vom Rheinland nach London. Tieler Kaufleute besaßen schon um 1020 ein Privileg für den Englandhandel. König Ethelred II. erklärte die Tieler Kaufleute schon im Jahr 1030 „guter Gesetze für würdig". Um 1130 hatten die Kölner, bisher dort nur im Schlepptau der Männer aus Tiel, unter König Ethelred II. erstmals ein eigenes Aufenthaltsrecht für London gewonnen, ein Recht, das ihnen Wilhelm I. (der Eroberer) um 1130 bestätigte. 1157, jetzt taucht erstmals der Name Köln in einer Urkunde auf, wies König Heinrich II. seine Beamten an, die „homines et cives Colonienses" wie seine Eigenleute zu schützen (Stoob, a.a.O., S. 89).

Wilhelm I., Heinrich II., hier müssen wir nun innehalten. Denn mit ihnen sind Ereignisse verbunden, ohne die uns Mosaiksteine für das Verständnis des folgenden Abschnitts über Frankreich fehlen würden.

Wilhelm I., 1066 Eroberer des englischen Königsthrones für sein franko-normannisches Fürstenhaus (bis 1154); Heinrich II., 1154 Begründer der französischen Dynastie Anjou-Plantagenet auf dem englischen Königsthron (bis 1399); das sind über 333 Jahre hinweg englische Könige, die zugleich als Lehensmänner des Königs von Frankreich sozusagen Eigentümer von zum Teil fast der Hälfte des französischen Bodens waren.

333 Jahre Franzosen auf dem englischen Königsthron:
- Das bedeutete – unter Wilhelm I. schon beginnend – eine Ausplünderung des englischen Volkes, insbesondere seiner Bauern. Täter war vor allem der franko-normannische Adel, dem Wilhelm I. bevorzugt das englische Land als Lehen vermachte. Der König setzte dem noch „die Krone auf": 1086 ließ er, um das ganze Land noch besser stibizen zu können, ganz England vermessen: Alle Grundstücke, alle Wälder samt hörigen Leibeigenen, alle Fahrzeuge samt Pflügen, das ganze Hausinventar, ja wirklich bis zum letzten Schwein wurde erfaßt und in dem sogenannten „Domesday-Book" vermerkt. Dabei kam übrigens heraus, daß wirklich ganz England den raffgierigen normannischen Fürsten gehörte. Literarisch beginnt mit diesem Geschehen der Stoff für die Sage von Robin Hood, dem edlen Ritter und Rächer des verarmten, in den Wäldern dahinvegetierenden englischen Volkes. Es führt über die Mißernten und Viehseuchen des 14. Jahrhunderts zum Bauernaufstand von 1381 hin;
- das bedeutete – beginnend mit der nicht ganz legalen Machterringung durch Stephan von Blois im Jahre 1135 – nach dem Tode Wilhelms I. – den Dauerkonflikt englischer Könige mit einer in sich gespaltenen Fraktion der weltlichen und geistlichen Würdenträger, 1170 gipfelnd in der Ermordung des Erzbischofs von Canterbury, Thomas Beckett („Mord in der Kathedrale"), durch vier englische Ritter;
- nach dem Tod Wilhelms I., 1135, richteten sich alle Blicke auf seine beiden Schwestern, Adelheid von Blois und Champagne, Herrscherin über die Grafschaft Champagne, mehr aber noch auf ihre ältere Schwester, Mathilde von Anjou, bis 1125 als Frau Heinrichs II. Königin in Deutschland, seit 1127 aber verheiratet mit Gottfried V. von Anjou, genannt Plantagenet. Sie war die eigentliche Thronerbin. Doch in einem Parforceritt bemächtigte sich ihr Neffe, der Sohn ihrer Schwester Adelheid, als Stephan I. des englischen Thrones. Nie konnte Mathilde ihm dies verzeihen. Mit endlosen Kabalen – unterstützt von Teilen der Barone –, die zeitweise zu bürgerkriegsähnlichen Wirren führten, versuchte sie Stephan zu stürzen, leider vergebens. So kehrte sie verbittert nach Frankreich zurück;
- das bedeutete – angefangen mit der Londoner Herrschaft von König Heinrich II., 1154, – eine erbitterte Auseinandersetzung mit den Königen Frankreichs, gipfelnd schließlich in dem Hundertjährigen Krieg beider Länder (1337-1453).

Eleonores Zweitehemann, König Heinrich II. von England, bei ihrem Erstehemann, König Ludwig VII. von Frankreich. Als Vasall für seine französischen Besitzungen beugt Heinrich vor Ludwig das Knie. Bildarchiv Foto Marburg.

Zu den Anfängen dieses schrecklichen Kapitels europäischer Geschichte, das hinfort unzählbaren Menschen das Leben kostete, führt das wohl frivolste Ereignis der damaligen Epoche, dessen Teilnehmer prominenter nicht hätten sein können.

In ihrer Erstehe, beklagte sich Eleonore, habe sie unter der Keuschheit ihres Gatten gelitten. In ihrer Zweitehe brachte sie acht Kinder zur Welt. Ihrem Zweitgeborenen, Richard Löwenherz, vermachte sie ganz Aquitanien (1172). 1173 rebellierte Eleonore von Aquitanien aus gegen Heinrich, weil dieser ihr und Richard die Übergabe des Erbes verweigerte. Heinrich kam nach Aquitanien und ließ Eleonore gefangennehmen.
Miniatur um 1240. Oben links König Heinrich II., oben rechts Richard Löwenherz. Unten links Sohn Gottfried von der Bretagne, unten rechts der jüngste Sohn Heinrich. In der Mitte Eleonore von Aquitanien. British Library, London.

Eleonore von Aquitanien: Eine Frau macht, was sie will

- Beteiligt als Hauptdarstellerin: Fürstin Eleonore von Aquitanien, die Diva des Jahrhunderts;
- mitbeteiligt als Kriegskameraden: König Konrad III. von Deutschland und der junge Friedrich Barbarossa;

- mitbeteiligt als mißtrauischer Erstehemann: König Ludwig VII. von Frankreich;
- mitbeteiligt als mißtrauischer Zweitehemann: König Heinrich II. von England. Er ließ seine Frau später unter Dauerbewachung stellen;
- mitbeteiligt in einer tragenden Nebenrolle: Fürst Raimund von Antiochia;
- mitbeteiligt als Hofhistoriograf und Berichterstatter: Wilhelm von Tyrus;
- mitbeteiligt in einer Nebenrolle als Berater: Abt Suger vom Kloster Saint-Denis;
- mitbeteiligt als Beobachter aus einem fernen, stummen Raum: der Großvater von Eleonore, Wilhelm von Aquitanien, Held des Wilhelmslieds, Urahn aller Troubadoure und der Hauptdarstellerin zugleich.

Auch Frankreichs König Ludwig VII. hatte sich 1147 ins Heilige Land aufgemacht, vorsichtigerweise hatte er seine Gattin, die von einer Aura von Skandalen umgebene, schöne und elegante Fürstin Eleonore von Aquitanien, mitgenommen. Sie tat sich allerdings auch dort keinen Zwang an. Zum Ärger des Königs entflammte sie das Herz ihres Onkels Raimund. Und nun lassen wir den Chronisten Wilhelm von Tyrus berichten: „Er (Raimund) faßte nämlich den Vorsatz, entweder mit Gewalt oder mit List, dem König die Frau wegzunehmen, welche ein leichtsinniges Weib war und in den Plan des Fürsten selbst einstimmte. Die Königin war nämlich ein unvorsichtiges Weib, wie es deutliche Proben früher und später zeigten. Sie war nicht auf ihre königliche Würde bedacht und nahm wenig Rücksicht auf ihre Frauenehre. Als dies dem König berichtet wurde, beriet er sich mit seinen Großen und beschleunigte seine Abreise." (Milger, a.a.O., S. 189). Nach Frankreich zurückgekehrt ließ er sich – gegen den Rat von Abt Suger – von der Königin scheiden.

Und nun der Coup von Eleonore: „Kurz darauf heiratete sie den Sohn der mit Gottfried von Anjou, genannt Plantagenet, verheirateten Mathilde von Anjou. Der aber, jetzt gestärkt durch das Besitztum seiner Eltern und seiner Frau (der gesamte Lehensbesitz der französischen Krone im Südwesten und Westen Frankreichs!) wurde 1154 als Heinrich II. in England Begründer einer Dynastie, die das Land nun 300 Jahre lang beherrschen sollte.

Für König Ludwig war eine mehr als brisante Situation entstanden. Eleonore aber wurde an der Seite von Heinrich II. über ihre Söhne Richard Löwenherz und Johann ohne Land zur Stammutter des französisch-englischen Fürstenhauses Anjou-Plantagenet.

Westfälische Kredite für den englischen König

Für die Kaufleute der Deutschen Hanse bedeuteten die Plantagenet-Könige in mehrfacher Hinsicht einen Glücksfall:

- Sie und ihre adligen und weltlichen Grundherren verkauften ihre Erze bzw. Wolle lieber selbst, um daran zu verdienen. Deshalb schränkten sie die Macht der Städte ein und behinderten zunächst das Aufkommen eines eigenen Kaufmannsstandes. Die ausländischen Gilden hingegen statteten sie reichlich mit Privilegien aus.

- 1175 wiederholte Heinrich sein Privileg von 1157, in dem er die Kölner Kaufleute u.a. den Franzosen im Weinhandel gleichgestellt hatte.
- 1194, soeben erst nach England heimgekehrt, erließ König Richard I. (Löwenherz) den Kölnern eine ganze Reihe von Abgaben, die sie noch hätten erbringen müssen. Dabei fällt zum ersten Mal der Name „Gildhall" für das ganz in der Nähe der London-Bridge angesiedelte Kontor der Kölner.
- John Lackland erneuerte im Jahr 1213 das Freihandelsprivileg der Kölner in England. Von den Deutschen erhielten allein die Kölner das Recht, in England eine eigene Genossenschaft zu haben. Sie gestatteten allerdings anderen, besonders den Westfalen, gegen Entgelt die Mitbenutzung ihrer Niederlassung. Das sollte künftig für Streitigkeiten unter den Deutschen sorgen.
- 1226 – von Italien aus – bestätigte Kaiser Friedrich II. den nach England fahrenden Lübecker Bürgern, daß sie von nun an „befreit sein sollten von jenem schlechten Mißbrauche und der Belastung mit Abgaben", welche die Kölner, Tieler und ihre Bundesgenossen gegen sie erfunden hatten.
- Heinrich III. aber wurde 1266 bzw. 1267 zum eigentlichen Taufpaten der Deutschen Hanse, indem er erstmals in zwei Urkunden das Wort „hansa" erwähnte. In ihnen erlaubte er den Hamburger bzw. den Lübecker Handelsherren, in London eine eigene Hansa zu bilden, „in derselben Weise, wie die Kölner sie haben und gehabt haben". 1237 schließlich dehnte er diese Anordnung auf die „Kaufleute von Gotland" aus, bei denen die Westfalen den stärksten Einfluß hatten. Damit waren die Streitigkeiten der Deut-

schen nicht beendet. Erst 1281 kam es durch Vermittlung der Westfalen zu einer Vereinigung der rivalisierenden Gruppen samt der Errichtung des Kontors der Deutschen im Stalhof in unmittelbarer Nähe der Kölner Gildhalle.

- Wie in ganz Westeuropa kam es auch in England zwischen 1150 und 1400 zu einer Vielzahl von Städtegründungen. Einige – besonders an der Ostküste – wuchsen rasch empor. So fuhren die verschiedenen Kaufmannsgruppen der Deutschen Hanse, zuerst die Kölner, dann aber, ab Beginn des 13. Jahrhunderts, die Lübecker samt denen der Ostseestädte und der Gotländer über den Elbe-Trave-Weg zu Lande, ab Hamburg dann zu Schiff, zur Ostküste von England. Über die Hafenstädte Ipswich, Norwich, Boston, Hull und Newcastle besuchten sie die Märkte in York, Westminster, Canterbury, Salisbury und Wells. Ab 1330 – niederländische Tuchhersteller sorgten dort für einen Textilboom – wurde Manchester an der Westküste des Landes ein bedeutender Anlaufpunkt für den Hansehandel.
- Daß die Westfalen inzwischen in der Champagne oder in Brügge die Finanztechniken der Italiener gelernt hatten, bewiesen sie in England dem vorletzten Herrscher der Dynastie Anjou-Plantagenet, König Eduard III. (1327-1373) gegenüber, unter dem der Hundertjährige Krieg ausbrechen sollte. Unter Führung des Dortmunders Tidemann Limberg nämlich, der in England eigene Bergwerke besaß, liehen sie dem englischen König zunächst 1.200 Pfund, in weiteren Jahren, als Konsortium gegen Lizenzen für Wolle und Zollnachlässe, mehrmals 18.000 Pfund. Der von seinem Adel verlassene König erwies sich dankbar: 1334 erneuerte er die von Eduard II. eingestellte „carta mercatoria", diesmal als ein Sonderprivileg nur für die Deutschen!

EINFUHREN VON WACHS DURCH DIE HANSEN		AUSFUHR VON ENGLISCHEM TUCH DURCH DIE HANSEN *Zahlen in Stück*			
Jahresdurchschnitt in Tonnen					
1476—1479	1.107	1366—1368	1.690	1451—1455	7.682
1480—1483	2.750	1377—1380	2.028	1456—1460	10.176
1510—1514	4.064,6	1392—1395	7.827	1461—1465	8.734
1515—1519	3.658,2	1399—1401	6.737	1465—1470	5.733
1520—1524	2.798,4	1401—1405	5.940	1471—1475	3.360
1525—1529	6.361,2	1406—1410	6.160	1476—1480	9.820
1530—1534	2.561	1411—1415	4.990	1481—1482	15.070
1535—1539	1.630,6	1416—1420	5.686	1510—1514	21.607
1540—1544	926,6	1421—1425	7.238	1515—1520	20.400
		1426—1430	4.495	1521—1525	18.503
		1431—1435	4.016	1526—1530	20.372
		1436—1440	9.044	1531—1535	24.266
		1441—1445	11.480	1536—1540	30.740
		1446—1450	9.292	1541—1545	27.329
				Jan.– Sept. 1554	27.903

Tabelle oben links nach G. Schanz, „Englische Handelspolitik gegen Ende des Mittelalters", Bd. 2, 1881, S. 155; Tabelle oben rechts nach G. Schanz „Englische Handelspolitik gegen Ende des Mittelalters", Bd. 2, 1881, S. 103.

Die Hanse und die Könige von England: eine gute Verbindung! Über 100 Jahre später, als das Haus York längst erloschen war und Heinrich VIII. König von England wurde, blühte der Hansehandel in London immer noch.

1513 betrug der Anteil Hamburgs am Tuchexport Londons 13 Prozent, einige Jahrzehnte später sogar 20 Prozent. Bis zur Mitte des 16. Jahrhunderts lag die Hanse, die nach London vor allem Wachs aus Osteuropa und Weine aus Bordeaux beförderte, bei weitem an der Spitze vor allen anderen Handelsnationen Europas!

Seesalz von der Biskaya, Weine aus Bordeaux: Die Hansekaufleute entdecken Frankreich

Frankreich zu Beginn des 12. Jahrhunderts: „Un véritable chapelet de villes", ein wahrhafter Rosenkranz von Städten, sei damals im Bereich von Frankreichs Nordgrenze entstanden, sagte Jean Dhondt 1948, darunter frühe Heimstätten der Tucherzeugung wie Thouront und Messines, Lille und Tournai, Arras und Cambrai sowie die Häfen Graveline für St. Omer und Damme für Brügge.

Wie überall wuchsen auch hier vor den Augen der deutschen Kaufleute Dörfer und Städte empor: Vom 11. bis zum 13. Jahrhundert wurden in Frankreich auffällig viele Brücken gebaut, um den Fernverkehr an die Städte und ihre Zollhäuschen heranzuführen. Selbst flache Flüsse wurden für den Handel genutzt. Unter Assistenz Kampener Seefahrer gelang der Hanse sogar der Ausbau der Atlantikroute von der Nordsee über den Westatlantik bis hinunter zum Mittelmeer.

In der Bretagne, in der Bucht von Bourgneuf, kauften sie die Weine Frankreichs, in der Biskaya, in La Rochelle, und später in Brouage fanden die Hanseaten das im Mittelalter als Konservierungsmittel hochbegehrte Salz; allein Reval sollte im Jahr 1383 durch die Hanse 2.700 Tonnen Salz beziehen, zwischen 1426 und 1448 waren es im Schnitt jährlich 2.500 Tonnen; in Nantes kauften die Deutschen Segeltücher und Leinen, in Bordeaux aber kauften sie tonnenweise Wein.

1112 mitten in Paris: Die „Schöpfung Europa" beginnt

Frankreichs großes 12. Jahrhundert begann schon 1066, als Wilhelm der Eroberer den englischen Königsthron errang und damit den Inselstaat ganz und gar dem französischen Einfluß zugänglich machte.

Daß Frankreich gegen das Jahr 1300 zum „fraglos glanzvollsten europäischen Staat aufsteigt" (Braudel, a.a.O., S. 121), ist mehreren Ursachen zuzuschreiben:
- Wie in Deutschland führte das Entstehen von Kaufleute- und Handwerkersiedlungen bei Burgen und Klöstern – besonders im Pariser Becken und im Tal der Loire – zu einem allgemeinen Aufschwung und zum Erblühen der Städte;

Frankreich im 12. Jahrhundert. Aus: Minne-Sève, a.a.O., S. 194.

- der Aufstieg der Tuchindustrie in Rouen, Reims, Amiens, Chartres und in Provins, Lagny und Bar-s'Aube in der Champagne steigerte die Bedeutung von Paris als Handelsplatz;
- den Aufstieg von Paris zum politischen Zentrum förderten der Karlskult, die Grablege und die Verwahrung der Krönungsinsignien im Kloster Saint-Denis. Die lebenslange Freundschaft von dessen Abt Suger (1122-1151) mit König Ludwig VI. (1108-1137) sowie mit König Ludwig VII. (ab 1137) begünstigte die Konsolidierung des Landes und die enge Zusammenarbeit mit der Kirche und ermöglichte den Aufbruch Ludwigs – 1147 – ins Heilige Land;
- dies und die von der Benediktinerabtei Cluny ausgehende Reformbewegung für eine Erneuerung von Mönchtum und Laien in der Kirche verschafften der französischen Kirche die Führungsrolle in der damaligen christlichen Welt;

47

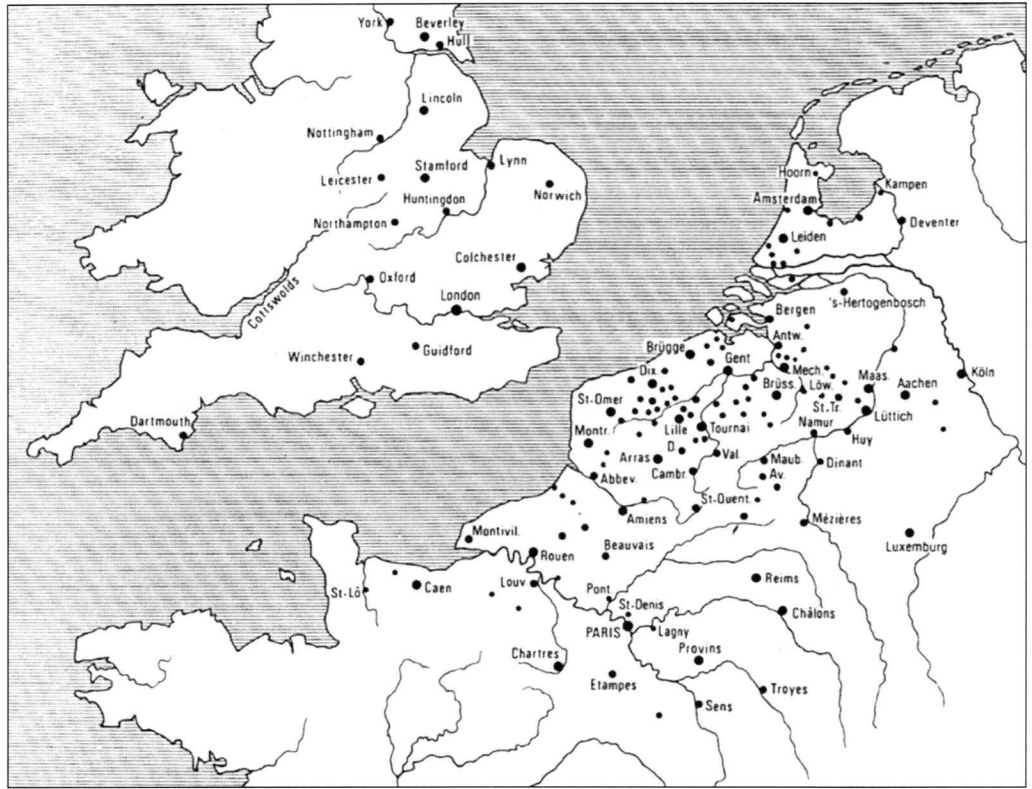

Seit Beginn des 13. Jahrhunderts befruchteten und trafen sich in der Champagne zwei „Polarregionen": eine aufblühende Textilgewerberegion des Nordens von der Zuidersee bis zum Tal der Seine und eine überbordende Handelsregion im Mittelmeer. Hier der Industrielle Norden. Nach Hektor Amann, in: Hessisches Jahrbuch für Landesgeschichte, 8, 1958.

- die Prunkbauten der Monarchie sowie die Anfänge der glanzvollen Universität in Paris, Lieblingsuniversität der jungen Italiener, erstaunten die Menschen des damaligen Europa.

Folgen wir hier einem jungen Mann, der hier bald selbst zu einem „Star-Professor" aufsteigen sollte! Wir befinden uns im Jahr 1100. Auf einer mittelalterlichen Pilgerstraße nähert er sich von Nantes her der Stadt seiner Träume. Vor nicht einmal sechs Monaten hatten Gottfried von Bouillon und seine Gefährten Jerusalem erneut in Besitz genommen. So begegnen ihm also illustre Gesellen: von endlosen Kämpfen erschöpfte Gotteskrieger, Pilger mit Jakobsmuscheln am Hutband und schließlich auch eine ganze Menge fahrender Kaufleute mit ihren Lasttieren auf dem Weg von den Jahrmärkten an der Loire zu denen an der Seine hin. Er aber lebt in einer anderen Welt. „Endlich Paris!", sagt Peter Abaelard (1079-1142), als er sich dem Ziel seiner Wanderung, der Abtei Saint-Geneviève, nähert. Und durch seine Autobiografie läßt er uns wissen, warum er nach Paris wollte. In seinem „Lettre á un ami" (Brief an einen Freund) nämlich schreibt er: Ihn habe an Paris angezogen, „daß es schon die Stadt der Freien Künste par excellence ist und daß die Dialektik dort ganz besonders blüht." (Pernoud, a.a.O., S. 11). Und dies schon im Jahr 1100!

Nur wenige Jahre später, 1111, war der charismatische junge, blendend aussehende Mann der Star unter Frankreichs Philosophen, der seine Schüler samt wenigen Schülerinnen so in seinen Bann schlug, daß sie sich seinetwegen auf den terrassenförmig angelegten Weinberg zu Füßen der Kirche der hl. Genoveva begaben.

Rechts der Seine, direkt gegenüber, landeten unterhalb der Kirche Saint-Gervais die Segelschiffe und Boote der Händler als Symbol für den beginnenden wirtschaftlichen Aufstieg des Abendlandes. In diesem 12. Jahrhundert fand Paris endgültig sein Gesicht: Links der Seine, zu Füßen der Kirche Saint Geneviéve, begann damals der Anstrom der Studenten und er sollte über Jahrhunderte nicht mehr versiegen. Rechts der Seine, direkt gegenüber, landeten unterhalb der Kirche Saint-Gervais die Segelschiffe und Boote der Händler als Symbol für den beginnenden wirtschaftlichen Aufstieg des Abendlandes: „In diesem 12. Jahrhundert findet Paris endgültig sein Gesicht: die Markthallen werden auf dem Platz von Champeaux (am Landeplatz der Schiffe) eingerichtet, auf dem sie bis in unsere Zeit bleiben werden, während man auf dem Berg der heiligen Genoveva die Weinstöcke ausreißt, um für die Häuser Platz zu machen, in denen sich Meister und Studenten drängen werden." (Pernoud, a.a.O., S. 34).

Die Messestädte der Champagne: Die Geburtsorte Europas

Aber nicht nur als Meisterphilosoph ist Peter Abaelard unsterblich geworden, sondern vor allem durch die tragische Liebesgeschichte des 12. Jahrhunderts: „Heloise und Abaelard": Ihre Tage gehörten der Arbeit, die Nächte aber den Wonnen der Liebe.

Auch später, als Nonne noch, konnte Heloise nicht vergessen. Immer noch trauerte sie dem nach, was sie als 17jährige mit Abaelard als Privatlehrer erlebt hatte, „jene Sünden, die ich heute nicht mehr begehen kann": Sünden, die Abaelard in seinem „Brief an einen Freund" so beschrieben hat: „Die Bücher waren geöffnet, doch in den Unterricht mischten sich mehr Worte der Liebe als der Philosophie, mehr Küsse als weise Sprüche; nur allzuoft verirrte sich die Hand von den Büchern weg zu ihrem Busen".

Weil diese Liebe so grausam endete und weil sich nun zwei Katastrophen mit schwerwiegenden Folgen ereignen, kommen wir nun auf den Spuren Abaelards sehr schnell in die Champagne.

Weil Abaelard so sehr geliebt hat und dieser Liebe nicht entsagen wollte, geschah das, was er so beschrieben hat: „Sie schnitten mir die Teile des Körpers ab, mit denen ich begangen hatte, worüber sie sich beklagten."

Und weil er so berühmt und erfolgreich war, fand er danach in Paris bei den Mönchen von Saint-Denis keine Ruhe, sondern war latent von Haßliebe umgeben. Einerseits mehrten sich die Exzesse der „Confratres"; andererseits wollte Abt Adam den ruhmvollen Star des Konvents, den Erneuerer der französischen Philosophie („Sic et non") nicht verlieren.

Szenenwechsel in die Champagne: Dort – wir sind ihr schon begegnet – regierte Gräfin Adelheid, Tochter von Wilhelm dem Eroberer, „eine von diesen energischen weiblichen Persönlichkeiten, denen man damals so häufig begegnete." (Pernoud, a.a.O., S. 148). Ihr Mann, Graf Étienne, war mit mehreren Adligen beim ersten Kreuzzug vor Antiochia geflohen, was ihm besonders Adelheid nicht verzeihen konnte (Milger, a.a.O., S. 142). Zur Wiedergutmachung beteiligte er sich 1102 mit 100.000 Franzosen, Italienern und Deutschen an einem weiteren Kreuzzug und fand zusammen mit Zehntausenden, 1102 vor Ramla, einen schrecklichen Tod.

Abt Suger von Saint-Denis (1081-1151). Größter Staatsmann Frankreichs unter den Königen Ludwig VI. und Ludwig VII. Mit seiner Schrift „De consecratione ecclesia sancti Dionysii" hatte er maßgeblichen Einfluß auf die Entwicklung der Gotik. Skulptur im Kloster Saint-Denis.

Da plötzlich, 1120: Hilflos mußte Adelheids Sohn Theobald neben seinem Onkel Wilhelm dem Eroberer zusehen, wie beim Untergang der Blanche-Nef neben seiner Schwester Mathilde und den beiden Thronerben Wilhelm und Richard die ganze blühende Jugend des anglo-romanischen Adels infolge eines Manövrierfehlers ums Leben kam. Erschüttert nahm Gräfin Adelheid den Schleier; auch Theobald wollte dem Beispiel seiner Mutter folgen und in ein Kloster eintreten. Zwei große Männer der Kirche sorgten nun, 1122, für Beruhigung und dabei auch für ein sicheres Weiterleben des Peter Abaelard:

Eine Karriere des Mittelalters: Norbert von Xanten, geboren 1086 in Xanten, war zunächst Stiftsherr in Xanten und danach hoher Geistlicher am Kölner Domkapitel. Ab 1118 zog er als Wanderprediger durch Frankreich und gründete in Prémontre bei Laon in der Champagne den Prämonstratenserorden. 1126 bestätigte Papst Honorius II. die neue Mönchsgemeinschaft und ernannte Norbert zum Erzbischof von Magdeburg. Gleichzeitig berief Kaiser Lothar III. ihn zum Kanzler des Reiches für Italien.

An diesen großen Mann der Kirche wandte sich Graf Theobald von Champagne in seiner damaligen Lebenskrise. In Troyes riet ihm Nobert 1122, „im weltlichen Geschehen zu bleiben und ein Beispiel dafür zu geben, was ein Baron, der

die Gerechtigkeit und die Tugend über alles stellt, an der Spitze einer lehensherrlichen Domäne vollbringen kann." (Pernoud, a.a.O., S. 148).

Dreißig Jahre lang verwaltete Theobald seinen riesigen Lehnsbesitz und „tat das Gute und achtete auf die Notleidenden". Zuerst auf Peter Abaelard, dem er Asyl in der Champagne anbot. Zunächst wegen Abt Adam vergebens.

Plötzlich aber starb dieser im Kloster Saint-Denis. Sein Nachfolger wurde 1122 Abt Suger, ein Jugendfreund von König Ludwig VI. Klug und umsichtig moderierte er eilends Peter Abaelards Flucht in die schützenden Arme des Grafen Theobald im Gebiet von Troyes: „Dort errichtete ich aus Schilfrohr und Dachstroh eine Hauskapelle, die ich der Heiligen Dreifaltigkeit weihte." (Lettre à un ami, Abschnitt 12).

Der Mann aber, der hinfort dem berühmten, unglücklichen Abaelard Schutz gewähren sollte, war damals nicht nur Herrscher über die riesigen Gebiete der Grafschaften Blois, Chartres und Champagne, sondern auch Protektor eines fortgesetzten Marktes, der in jener Zeit konkurrenzlos war, nämlich der Messen der Champagne. Die Messestädte Lagny, Troyes und Bar-s'Aube waren frühe erste Inseln eines freien Marktes und wurden damals zum wirtschaftlichen Zentrum Europas: „Wie die Kamelkarawanen auf ihrem weiten Weg zum Mittelmeer die weiten Wüsten des Islam durchqueren", so schreibt Braudel (a.a.O., S. 117), „kamen die Kaufmannszüge mit ihrem Geleitschutz in die Champagne und die Brie gezogen."

Eine alte Pilgerstraße, über die schon die angelsächsischen Mönche nach Rom kamen, erstreckte sich vom Kanal über Ypern durch Nordfrankreich, passierte Provins und Troyes in der Champagne, verlief durch das Tal der Rhone und zog sich über den Mont Cenis zum Mittelmeer oder an diesem vorbei nach Marseille. Über sie kamen Engländer, Franzosen und Italiener in die Champagne, die Spanier wiederum über die Pilgerstraße von Santiago de Compostela. Kurzum: Auf den Messen der Champagne begegneten sich im 12. und im 13. Jahrhundert erstmals die Anführer der großen Handelskarawanen mit ihren riesigen Konvois, die „capitani" und „podestates" aus der Toskana und der Lombardei, die „baiuli" aus Pamplona, Lerida und Barcelona, die Handelsfürsten aus Burgund und vor allem aus dem flämisch-wallonischen Raum zwischen Lüttich – Reims – Amiens – Brügge, die Aldermänner und Hansegrafen des Nordens, darunter „viele Lübecker, Kölner und Westfalen" (Pagel, a.a.O., S. 47) samt

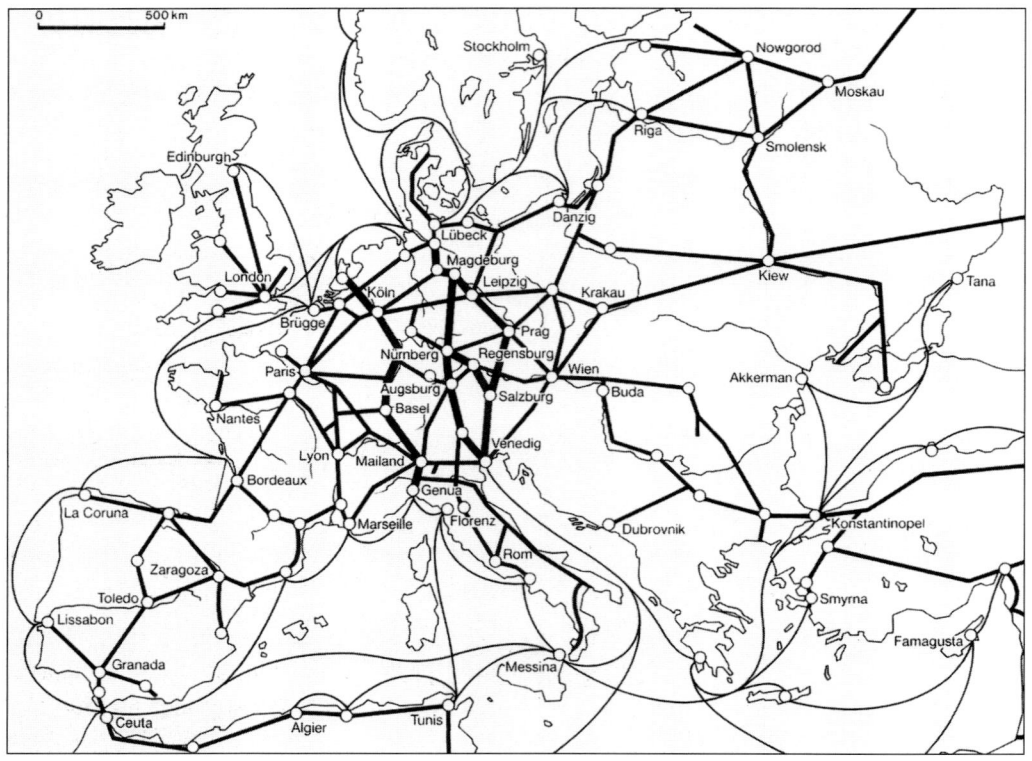

Aus allen Himmelsrichtungen führten die Wegstrecken des frühen Europas nach Paris und südlich in die Champagner Städte.
Das Straßennetz Europas verband die Nord- und die Ostseeküste mit dem Mittelmeer und die Regionen Westzentraleuropas mit dem Osten.
Aus Seibt, a.a.O., S. 315.

nachweislich viele Konvois aus Magdeburg, Regensburg und Nürnberg und vom Rhein her vom Bodensee bis hinauf zu seiner Mündung in den Atlantik.

Sechs jeweils zwei Monate dauernde Messen füllten das Jahr. Jeweils im ersten Monat fanden in riesigen Hallen die Tuchversteigerungen und der Austausch des gesamten Warenangebots aus Nord und Süd statt.

Den wichtigsten Teil dieser Messen bestritten die Finanzjongleure aus Italien, die „Lombarden". Sie waren die Stars, die wahren Regisseure dieser Veranstaltungen – im zweiten Monat. Die von ihnen erklärten Finanztechniken modernster Art waren für die Fernkaufleute Europas vielleicht der bedeutendste Gewinn ihrer Messetage in der Champagne.

Die Messen der Champagne, erstes Zentrum der von den Städten aus begründeten europäischen Weltwirtschaft, empfingen Glanz auch vom nahen Paris, das sich auf dem Weg befand, im 13. Jahrhundert von Rom die kulturelle Führung Europas zu übernehmen.

Jenseitsglaube und Lebensfreude; alle Wirklichkeit unter das Gebot einer aus dieser Vision gewonnenen Ethik stellen und dennoch der Lebensfreude huldigen; die „complexio oppositorum", die machtvolle Zusammenwölbung der Gegensätze, das eigentliche Geheimnis der Größe dieses Zeitalters, – davon geprägt waren auch, wie die Chroniken berichten, die Messen der Champagne.

Ganz nahe in Paris hatte Abt Suger, „beseelt von einem Glauben, der keineswegs geringer war, als der des hl. Bernhard, dafür aber menschlicher, offener für die Schönheit der

Welt und nachsichtiger mit ihren Bewohnern" (Kergall, a.a.O., S. 12), die geniale Idee, diese Gedankenwelt in der Spannung von Kirchenschiffen darzustellen, die immer höher und höher streben, um sich dann im Zenit – in der Fülle des Lichts – zu vereinigen. Als er zwischen 1140 und 1144 beim Neubau der abgebrannten Klosterkirche von Saint-Denis, den er persönlich überwachte, den doppelten Chorumgang und die Kapellen vollendet hatte, war ein neuer Stil geboren worden. Der Neubau von Abt Suger ging dann auch als Ankündigungsbau der aufblühenden Gotik in die Kunstgeschichte ein.

Frankreichs großes 12. Jahrhundert: Aus dem pulsierenden gesellschaftlichen Umbruch inmitten des plötzlichen Höhenfluges der Stadt an der Seine entstand ab 1200 die Universität von Paris, der bald ähnliche Gründungen in Bologna und dann in Oxford folgen sollten. Franziskaner und Dominikaner, die sich nicht Mönche, sondern Brüder nannten, zehrten an der Pariser Universität vom Aufschwung des abendländischen Christentums und schufen eine neue rationale Methode zur Erkenntnis des religiösen, intellektuellen, kulturellen und ökonomisch-politischen Lebens ihrer Zeit.

Lombardische Wechselstube zur Zeit Friedrich Barbarossas. Holzschnitt. Florenz, Biblioteca Nazionale Centrale.

Abaelard widmete sich damals als erster dem Problem der Verschiedenheit der Religionen. Als erster auch betrachtete er – heute Gemeingut fast aller Christen – die Erlösung „als Erweis der göttlichen Liebe" (Flasch in FAZ Nr. 73 vom 27.3.1999). Er weigerte sich, die 158 Widersprüche, die er in der Bibel gefunden hatte, gefällig zu harmonisieren und wurde mit der Methode „sic et non" (Ja und nein) zum Urvater aller europäischer Intellektuellen. Von seiner Zeit an studierten fast alle bedeutenden Theologen in Paris. Auch Kaiser Friedrich I. Barbarossas Kanzler Reinhold von Dassel war ein Abaelard-Schüler – zur Sorge von Papst Hadrian in Rom.

Die praktische Erziehung der jungen französischen Kaufleute führte zum Aufstieg der Landessprache. Ganz Europa blickte nach Frankreich. „Frankreich ist der Ofen, in dem das geistige Brot der Menschheit gebacken wird", sagte später Eudes de Chateauroud und umriß damit eine Stimmung, die der raschen Verbreitung des neuen „französischen Stils" der Gotik zugute kam.

Die Kunst der Gotik. Welch ungeheure Wirkung erzielen die Baumeister aus dem Zusammenspiel von Licht und Schatten. In den romanischen Kirchen bedeckten noch farbige Malereien die Wände. Jetzt wurden sie durch riesige fluoreszierende farbige Glasfenster ersetzt, deren zauberhaftes Glühen und Strahlen den ganzen Kirchenraum in eine geheimnisvolle Stimmung hüllt. Aber auch am Außenbau triumphiert die Schöpferfreude der Steinmetzen in Gestalt von Skulpturen, Arkaden und Baldachinen, die die Wände myriadenhaft überlagern und schmücken.

„Die spezifisch französische Kunst der Gotik geht von der Ile-de-France aus und wird nicht nur von den auf den Messen der Champagne verkehrenden Sieneser Kaufleuten im Gepäck mit in die Heimat genommen." (Braudel, a.a.O., S. 121). Europa bedeckte sich vom 12. bis zum 14. Jahrhundert mit dem „weißen Mantel" der Kathedralen.

Wie in einem Rausch – der „Gott-will-es-Stimmung" dieser Kreuzzugszeit entsprechend – gaben sich plötzlich mitten im Herzen Frankreichs die Bürger dem Bau gotischer Kathedralen von unübertrefflicher Vollendung hin, in Laon und Lavon ab 1150, in Senlis ab 1153 und danach in den Zentren der aufstrebenden Tuchindustrie von Amiens über Beauvais, Soisson, Reims, Rouen, Paris (Notre Dame), Chartres bis nach Avignon. Der Wind der architektonischen Neuheit erreichte alle von der damals beginnenden wirtschaftlichen Erhebung erfaßten Länder Europas. Am schnellsten über die Normandie nach England mit Kathedralen in Canterbury ab 1175, in Wells ab 1180, in Rochester ab 1192 und Salisbury ab 1220; nach Portugal mit dem Kloster Alcobaco ab 1178, Kloster Batalha ab 1388; nach Spanien mit Kathedralen in Leon ab 1205, Burgos ab 1221, Toledo ab 1226 und Barcelona ab 1298; nach Deutschland mit Domen und Münstern in Marburg, Trier und Straßburg ab 1235, Köln ab 1248; in die Niederlande mit Kathedralen in Brüssel ab 1226, in Utrecht ab 1254, in Gent (Chor) ab 1290, Mecheln ab 1300 und Antwerpen ab 1352; nach Italien mit dem Mailänder Dom ab 1386, in abgewandelter Form schon bei Domen in Assisi ab 1228, in Bologna ab 1236 und in Florenz ab 1246. Zur Backsteingotik des Nordens kommen wir später.

Nach den Zerstörungen und Verwüstungen sowie dem breiten gesellschaftlichen Verfall im Zuge der Normannen-

und Ungarneinfälle des 9. und 10. Jahrhunderts hatte sich „das Abendland" wieder gefangen: Handel und Städte blühten auf; die ersten Universitäten wurden gegründet; plötzlich vom 12. bis zum 14. Jahrhundert eine Epoche des Fortschritts, der Erfindungen und des geistigen Aufschwungs, in den alle eingeschlossen waren, die Fürsten, Ordensritter, Kaufleute, Handwerker und Bauern, die Mönche, Äbte, Bischöfe und Heiligen. Sie alle versuchten, ihr Seelenheil zu finden durch Abenteuergeist, durch berufliche Pflichterfüllung, durch Gebete und philosophische Überlegungen.

Blick ins Innere der Sankt-Urban-Basilika in Troyes. Sie wurde ab 1262 auf Anregung von Papst Urban IV. errichtet – und zwar genau an der Stelle, an der der bescheidene Schuhmacherladen des Papst-Vaters zuvor gestanden hatte. Aus: Hervé Kergall, a.a.O., S. 66.

„Die Bäume und die Felsen werden dich Dinge lehren, die kein Meister dir sagen kann", predigte Bernhard von Clairvaux; Franz von Assisi feierte die Natur als Sinnbild der Güte des Schöpfers, Alain von Lille gar als „Stellvertreter Gottes"; nach Thomas von Aquin „strömte die Güte und die Gesamtheit Gottes von den Kreaturen aus; sie verbreiteten einen vielfältigen Widerschein seiner Einmaligkeit." Ganz erfüllt von dieser neuen Art zu denken und zu empfinden schmückte Abt Suger seine Klosterkirche auf dem Montmartre mit einem Fensterbild, in dem inmitten fluoreszierender Farben Christus als Weltenkönig auf der obersten Astgabel des Baumes Jesse erscheint; bald zeigten die Rose im Querschiff zu Reims und die Wölbungen in der Kathedrale von Chartres Gott beim Werk der Schöpfung: von Licht und Schatten, von Tag und Nacht, von Erde und Wasser, von Pflanzen und Tieren – und endlich dem Menschen; Albertus Magnus (Albert der Große) schrieb: „Kein Mensch kann ohne Freude leben, die wahre Freude kommt aus dem Geist. Die höchste Freude ist das höchste Gut – Gott"; von Paris aus brach er auf nach Köln und wurde von dort aus für die Deutschen der Lehrmeister der Naturbetrachtung und der Wissenschaft von der Natur.

Kein Mensch kann ohne Freude leben: Mehr als ein Hauch dieser geistigen Erlebniswelt muß Graf Theobald – während seiner 30jährigen Herrschaft nachweislich das Beispiel eines frommen Fürsten („Er tat das Gute und achtete auf die Notleidenden") – inmitten des grausam-treubrüchigen und blutig-rachsüchtigen Alltags jener Epoche in der Champagne erreicht haben. Denn die in seinem Herrschaftsbereich abgehaltenen Messen der Champagne gelten noch

heute als ein Beweis für die lebensfrohe Vitalität und Dynamik dieser Zeit. An Ostern, so wird über die burleske Heiterkeit jener Tage von 1100 bis 1300 im Herzen Frankreichs berichtet, wurde am Stuhl des Bischofs von Provins in seinem Palais an seiner Stelle ein Esel festgebunden: In den Messestädten der Champagne trafen und fanden sich damals bei farbenprächtigen, beschwingten Festen Vertreter so vieler Regionen des Kontinents auf so eindrucksvolle Weise, daß man sie mit gutem Grund als die Geburtsorte Europas bezeichnen kann.

Die Teilnahme der Hansekaufleute an den Messen der Champagne muß den Mächtigen Frankreichs ein wichtiges Anliegen gewesen sei. Denn noch 1294, als er längst die Champagne-Grafen „beerbt" hatte, verfügte König Philipp der Schöne in einer Anweisung an seine Beamten, daß „den Kaufleuten aus Lübeck … mit ihren in Deutschland gekauften Waren" freie Durchfahrt zu ermöglichen sei, „sofern sie die üblichen Zölle entrichten" (Dollinger, a.a.O., S. 493).

„Dornröschen" und der Stauferkaiser

Das Lob großer und sehr schöner („perpulcra") Frauen durch die Troubadoure fand – was seine andauernde Wirkung auf Deutschland betrifft – nur wenige Kilometer südöstlich vom Sitz des Grafen Theobald im Sommer des Jahres 1156 in Dijon, der Hauptstadt Burgunds am Westufer der Saône, seinen Höhepunkt. Und dies in einer Geschichte, die zu Teilen durchaus an ein Märchen erinnert:

Das Burgund jener Tage reichte im Norden auf einer Linie westlich von Zürich hinüber zur Champagne bis fast nach Langres, fiel dort an Saône und Rhone entlang hinunter zum Mittelmeer bis nach Marseille, verlief von dort aus nach Osten hin entlang des Mittelmeerufers bis nach Nizza und stieg von hier aus an der Lombardei und am Aostatal vorbei wieder in die Höhe bis zum Vierwaldstätter See: aus vielerlei Gründen ein Juwel unter den Fürstentümern des Abendlandes und als Durchgangsland nach Italien – an den beschwerlichen Alpenwegen vorbei! – ein Gebiet von hohem militärstrategischem Wert.

Thronprätendentin und Alleinerbin dieses kostbaren Fürstentums war ein niedliches kleines „noch nicht einmal 15-jähriges Mädchen mit blondem Haar und hellen Augen, das (…) von kindlichem Liebreiz war. Es war Beatrix, die Erbin von Burgund." (Lehmann, a.a.O., S. 77). Ihr Vater war der 1147 verstorbene Pfalzgraf Reginald III.

Ihrem Onkel, Graf Wilhelm III. von Burgund, paßte das ganz und gar nicht ins Konzept. Aber was tun, wenn einem nicht die Zaubermacht verliehen ist, die Herzogstochter in einen 100jährigen Schlaf zu versetzen und über das Haus eine Dornenhecke wachsen zu lassen, in der die herbeieilenden Königssöhne „eines jämmerlichen Todes sterben"?

Wilhelm tat dennoch, was er konnte. Er sperrte die Thronerbin in eine Burg und ließ diese Tag und Nacht bewachen …

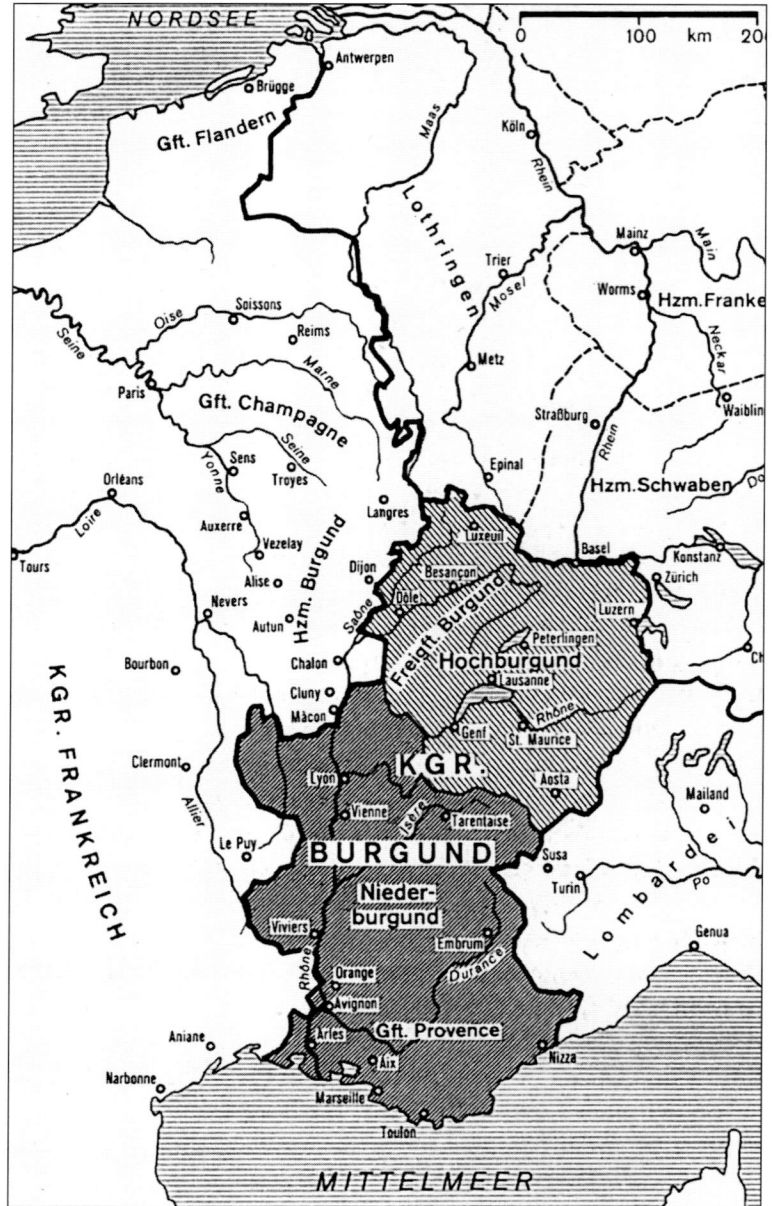

Burgund zur Zeit Friedrich Barbarossas. Aus Lehmann, a.a.O., S. 65.

Bildnis Kaiser Friedrichs I. Barbarossa, um 1160. Kopfreliquiar aus vergoldeter Bronze im Prämonstratenserkloster Cappenberg/ Westfalen, bei Lünen.

bis hin zu dem Tage, an dem – wahrhaftig wie im Märchen – der Kaiser zu dem Turm kam und die Tür öffnete. Und wie danach in der Fabel „die Hochzeit des Königssohns mit dem Dornröschen in aller Pracht gefeiert wurde", geschah es am 11. Juni 1156 in Würzburg: Alle Welt traf sich, „um im Vortrag von Bitten und der Überreichung von Geschenken, von gewaltigem Staunen und Bewunderung erfüllt, einander den Rang abzulaufen" (Otto von Freising). Bei einem rauschenden Fest, besucht von Abordnungen aus Italien und Burgund, der Könige von Dänemark, England und Ungarn, ja sogar von Gesandten des Kaisers von Byzanz, heiratete der 34jährige Stauferkaiser Friedrich I. Barbarossa Beatrix von Burgund, ein noch nicht einmal 15jähriges Mädchen, dessen kindlicher Charme alle Anwesenden verzauberte.

Kaiser Friedrich erwies sich danach seiner Kind-Frau gegenüber allerdings als ein fürsorglicher Förderer ihrer Talente; denn bald konnte sie so gut fechten wie reiten und in Deutsch, Lateinisch und Italienisch eben so gut Gespräche führen wie im heimatlichen Französisch. Sie sollte es ihm lohnen – nicht nur als Mutter seiner Kinder und Stamm-

mutter seiner Kindeskinder (u.a. Kaiser Heinrich VI., König Philipp von Schwaben und Kaiser Friedrich II.) – sondern durch das, was Johannes Lehmann (a.a.O., S. 81/82) so formuliert: „Über die Kaiserin Beatrix ... kam der deutsche Hof mit der französischen Courtoisie und den welschen Troubadouren in Berührung, die dann den Minnesang Walthers von der Vogelweide inspirierten, während die Baumeister in Frankreich die Gotik kennenlernten." Ein Hinweis auf den gewaltigen Einfluß französischen künstlerischen Schaffens auf Kunst und Kultur im Deutschland der Stauferkaiser (1138-1268).

Ritter der staufischen Zeit in Kettenhemd und Waffenrock. Rechts neben seinem Fuß der Topfhelm. Miniatur aus einer englischen Handschrift.

Rittertum und Minne: der Anfang der deutschen Literatur. Indem Beatrix an der Seite Kaiser Barbarossas das provenzalische Erbe ihrer burgundischen Heimat, das Singen und Musizieren der „trobadors" am deutschen Hof heimisch machte, wurde sie über das Brauchtum der höfischen Minnelyrik zur Wegbereiterin der deutschen Reimlyrik, von Walther von der Vogelweide, Hartmann von der Aue und dem Artusthema, Wolfram von Eschenbach und seinem Parzival, von Gottfried von Straßburg und dem Tristanmotiv.

Höhepunkte der deutschen Sakral-architektur: Öfter noch als in Italien hielt sich Friedrich Barbarossa in der burgundischen Heimat der Kaiserin Beatrix auf. Der Hinwendung des deutschen Kaiserhauses nach Westen folgte die Rezeption von Kunstformen des Westens im Deutschland der Stauferzeit, besonders in der Bauplastik: Der Samsonmeister in Maria Laach (1220-1230) benützt – belebt mit anti-kisierenden Tendenzen – die gotische Formensprache Frankreichs; die über-wältigende Fülle körperhaft geformter

stücken, ja sogar schon mit Pergamentscheinen fest etabliert. Eine neue Welt, in der Macht und Einfluß nicht mehr an den Besitz von Grund und Boden gekettet waren, sondern an das Ergebnis von Arbeit und Handel – an Geld also – hatte sich

Kämpfe zwischen Kreuzfahrern und Muslimen. Miniatur um 1350. British Library, London

Gestalten in Reims beeinflußt den Naumburger Meister bei seinem Schaffen in Mainz (Lettner, vor 1239) ebenso wie in Naumburg/Saale (Stifterfiguren um 1250); Reimser Ein-fluß bestimmt die Gestaltung des Bamberger Reiters (1230-1240), des Reiterdenkmals Ottos von Magdeburg (um 1240), die Darstellung der Ecclesia sowie Kaiser Ottos des Großen im Dom von Magdeburg und schließlich Hein-richs des Löwen im Braunschweiger Dom (um 1250); auch die großen Dome am Rhein, das Baseler und das Straßbur-ger Münster, die Dome in Worms und Mainz, St. Quirin in Neuß, St. Gereon und St. Aposteln in Köln und auch der Baubeginn des Kölner Doms (1236) sind Erinnerungen an diese Epoche, in der die Zisterzienserbaumeister über die Romanik hinaus als erste gotische Formen in Deutschland verwandten.

Sauerstoff für eine europäische Wirtschaft: Die Handelsüberschüsse des Mittelmeerraumes

Die Staufer – Glanz und Elend eines deutschen Kaiserge-schlechts: 1154, als er auf dem Weg zu seiner Kaiserkrönung in Rom erstmals von den Alpen her mit einem kleinen Heer von 1.800 Mann in die Lombardei kam, setzte König Barba-rossa in einer frühen Begegnung mit den Städten Oberitaliens ein Zeichen, das man als ein Symbol für den Untergang der Staufer werten kann. Beseelt von seinem Willen, die deutsche Oberhoheit in Oberitalien zu erneuern, ließ er in der Ebene des Pos bei Piacenza auf den Ronkalischen Feldern den Reichsschild aufstellen. Durch Herolde ließ er verkünden, alle geistlichen und weltlichen Lehensträger des Reiches hät-ten in der kommenden Nacht ihre „Vasallentreue" durch An-wesenheit bei ihm unter Beweis zu stellen, ansonsten ginge „ihr Lehen" verloren.

Doch kaum jemand kam, weil das Feudalsystem von den Lombarden schon vor 100 Jahren zu den Akten gelegt wor-den war. Mehr als irgendwo anders in Europa lag hier da-mals bereits die wahre Macht in den Händen der Wirtschaft, von Handel und Handwerk also. Längst hatte sich bei „den Lombarden" die Geldwirtschaft mit der Zahlung von Silber-

hier entschlossener als anderswo auf den Weg gemacht. Und dabei wurden die großen Städte und deren erfolgreichste Bürger zu den Herren einer neuen Zeit. Indem sich die Stau-fer dem aber zunächst mit Waffengewalt entgegenstellten, gerieten sie in den Strudel inneritalienischer Intrigen und nahmen hier 1268 ein grausames Ende.

Nach dem Untergang der Staufer und dem Finale der Kreuzzüge aber (1270 der Tod Ludwigs des Heiligen; 1291 Eroberung von Akkon durch den Islam) fiel der Mittelmeer-handel endgültig und vollkommen in die Hand der italieni-schen Stadtstaaten. Genua, Florenz, Pisa und Venedig wur-den in Italien zusammen mit anderen Städten zu einem Bal-lungsraum des Seehandels, dessen Trumpfkarten, die Gewürze und Kostbarkeiten des östlichen Mittelmeerrau-mes, die Kaufleute der italienischen Stadtstaaten auf den Messen der Champagne – und nach deren Ausbluten gegen Ende des 13. Jahrhunderts – in Brügge zu heißbegehrten Handelspartnern der Hanse werden ließen. Das Mittelmeer wurde damals zur kraftvollsten Zone des europäischen Han-dels, und die italienischen Städte wurden mit ihren Handels-überschüssen und mit ihrer aufstrebenden Tuchindustrie in Florenz und Mailand unter Führung von Venedig ein Motor der wirtschaftlichen Aufwärtsbewegung in Europa.

Parallel dazu kam es 1267 nach dem Sieg von Alfons I. zur auch heute noch gültigen Grenzfestlegung in Portugal. Mit dem Amtsantritt von König Diniz (1271) begann eine der glanzvollsten Epochen Portugals. Ab 1419 erblicken wir den zukünftigen Heros des Landes, Heinrich den Seefahrer, in Sagres inmitten von Getreuen seines Christusordens, von Astronomen, Geographen, Mathematikern samt portugiesi-schen maritimen Experten und arabischen Informanten bei der Auswertung von Erkenntnissen. Deren Ergebnisse wer-den im 16. Jahrhundert unter Bartoloméu Diaz und Vasco da Gama zu einem die Welt verblüffenden Aufstieg Portugals und zu zahlreichen Entdeckungen wie die Madeiragruppe, Senegal, Guinea und Brasilien bis, 1511, zur Inbesitznahme der Molukken-Gewürzinseln führen. Ein neuer, interessanter Handelspartner der Hanse war geboren!

Da traf es sich gut, daß die Kaufleute der Hanse sich bei ihrem Vordringen nach Süden nicht auf die französische Atlantikküste beschränkt hatten, sondern ab Beginn des 14. Jahrhunderts bereits regelmäßg wegen der Erträge des Salzbeckens von Setubal bis nach Lissabon weitergefahren waren. Fisch und Getreide brachten sie nach Lissabon, mit Malaga-Weinen, Öl, Gewürzen, Feigen, Rosinen und Zucker brachen sie zur Rückfahrt auf. So gut entwickelte sich der Handel der Hanse in Portugal, daß ihr 1456 König Alfons I. das Recht gewährte, in Lissabon eine eigene Niederlassung unter Führung von zwei deutschen Prokuratoren zu gründen.

Nördlich, südlich und östlich von Portugal bauten Hansekaufleute, zumeist aus Köln, Lübeck und Preußen, ab Anfang des 15. Jahrhunderts in Asturien (La Coruna), Kastilien (Sevilla) und Aragonien (Barcelona) Handelskontakte auf, die sich erst später, als Spanien eine Weltmacht wurde, als besonders nützlich erweisen sollten.

Die glänzenden Handelsgeschäfte zwischen Italienern und Deutschen bei den Messen der Champagne und, mehr noch, in Brügge, sorgten dafür, daß die Hansekaufleute nun auch vermehrt nach Italien aufbrachen. Bekannt geworden sind dabei vor allem die Lübecker, Kölner und Breslauer Kaufleute. Einige von ihnen kamen über den Seeweg mit Brügge als Zwischenstation; andere wiederum nutzten das mittelalterliche Wasserstraßennetz. Die meisten aber erreichten auf dem Landweg über Nürnberg, Augsburg und den Brennerpass Venedig bzw. über Frankfurt, Konstanz und den St. Gotthardpaß (ab 1237) Mailand und Genua. In Genua hatten sie Zugriff zu den Waren aus Marokko, Portugal und Spanien, in Venedig aber zu denen der ganzen damaligen Welt. So wichtig war der hohen Signora am Golf von Venedig der Zustrom von Rheinwein, Kleineisenwaren, Eisen, Kupfer und (seit 1430 zunehmend!) Silber, daß sie für die Deutschen nahe der Rialtobrücke, mitten im Geschäftszentrum also, schon 1228 den Fondaco dei Tedeschi, ein mit mehreren Hallen bestücktes Geschäftszentrum, errichten ließ.

Niederlande und Flandern:
Für die Hanse alles in einem

Am 18. August 1477, fast drei Monate nach seinem Aufbruch in Wien, so gegen Abend, öffneten sich die Tore der Stadt Gent für den 18jährigen Kaisersohn Maximilian, „das Vorbild aller schönen Prinzen dieser Welt", wie Chronisten

Am 20. August 1191 ließ Richard Löwenherz in Akko 2.700 muslimische Geiseln umbringen. Sein Chronist notierte: „Sie wurden alle abgeschlachtet, die nach der Christen Blut getrachtet. Die Rache konnten sie genießen. Der Schöpfer sei dafür geprießen." Die Miniatur (um 1490 entstanden) zeigt links Englands König, Richard Löwenherz. Paris, Bibliothèque Nationale.

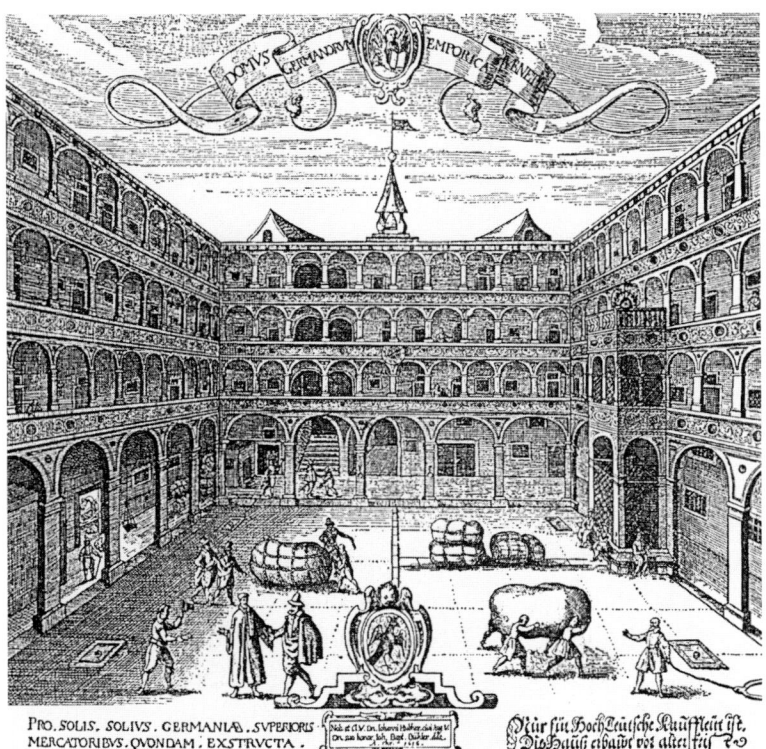

Der Fondaco dei Tedesci bei der Rialtobrücke war in Venedig seit 1228 die Verkaufsstätte der oberdeutschen und der hansischen Fernkaufleute. Kupferstich von Rafael Custos aus dem Jahr 1616.

schwärmten, und für das Bündnis zwischen Habsburg und Burgund. 50 weißgekleidete Herren der Kaufmannsgilden begrüßten den blondgelockten jungen Mann, bevor ihm die Honoratioren des burgundischen Hofes und der Stadt Gent vorgestellt wurden. Im Schloßhof auf der Freitreppe erwartete ihn die 20jährige Maria, Alleinerbin des Thrones von Burgund: „Sie küßt ihn und spricht mit Tränen in den Augen die mühsam erlernten Worte: ‚Sei willkommen edelstes deutsches Blut, nach dem sich mein Herz so lange gesehnt.‘ Für Maximilian stellt diese erste Begegnung das unüberbietbare Liebeserlebnis seines Lebens dar." (Vossen, a.a.O., S. 117).

Maximilian I. und seine Braut Maria von Burgund. Zeitgenössische Zeichnung. Archiv für Kunst und Geschichte, Berlin.
Über seine Zeichnung schrieb der anonyme Künstler: „In dergleichen Habit hat Kayser Maximilian hochlöblicher gedechtnus sein verlobten Gemahl, das Frewlein von Burgund, erstlich besucht."

Am nächsten Tag nahm der päpstliche Legat, Julianus von Ostia, unter Assistenz des Bischofs von Tournai die Trauung vor. Maximilian streifte den Ring über Marias Finger und sagte: „Mit diesem Ring gelobe ich Dir Treue."

Maria erwiderte das Gleiche, fügte dann aber Worte hinzu, die das Weltreich der Habsburger einleiten sollten: „Ich verspreche Dir Treue und Liebe. Auch will ich einhalten, was zwischen Deinem und meinem Vater im Hinblick auf meine Länder vereinbart worden ist" (zit. v. Vossen, a.a.O., S. 119/120).

Die Trauung der reichsten Erbin Europas, Maria von Burgund, und des Kaisersohnes, Maximilian von Habsburg aus Wien, die das Brügger Hansekontor mitfinanziert hatte, war ein glanzvolles Ereignis Europas – mit Folgen von welthistorischer Bedeutung. Es bildete aber auch den Höhepunkt des seit dem 13. Jahrhundert einsetzenden atemberaubenden Aufstiegs von Städten wie Gent, Brügge, Löwen und Brüssel samt vieler anderer kleinerer Orte in den Niederlanden und in Flandern.

Relativ spät wurden die Niederlande zu einem Teil der Wellenbewegungen der ökonomischen Geschichte – aber dann mit Wucht! Zu Beginn des 13. Jahrhunderts war Amsterdam noch ein Fischerdorf. Gegen 1400 hatte es gerade mal 5.000 Einwohner. „Ein sehr kleines Land", urteilte ein Gesandter König Ludwigs XIV. 1699, „… ein einzig für Weideland geeignetes Land; der Ertrag seines Weizen- und Getreideanbaus reicht nicht aus, um auch nur den hundertsten Teil seiner Einwohner zu ernähren." „Ja nicht einmal", fügte Daniel Defoe hinzu, „um seine Hähne und Hühner durchzufüttern." Und doch haben beide dabei genau das angesprochen, was die Niederlande für die Hanse zu einer so einzigartigen Gelegenheit machen sollte.

Wie das Rheinland wurden nach dem Tode Karls des Großen auch die Niederlande Opfer der von den Normannen angerichteten Verwüstungen. Aber die Menschen blickten über den Rhein und lernten von den Deutschen. Wie diese bauten sie Burgen, mit Mauern umgebene Städte, in deren Nähe sich bald Wanderkaufleute niederließen. Wie in Deutschland wuchs auch hier plötzlich die Bevölkerung, erblühte die Landwirtschaft und die Menschen vom flachen Land strömten in die Städte. Dann aber – ab Beginn des 13. Jahrhunderts – nahm diese Region einen so plötzlichen, fast schwindelerregenden Aufstieg zu einer ökonomischen Großmacht, daß Jan de Vries im „Journal of Economic History" noch 1971 urteilte, „in Holland sei der Kapitalismus aus dem Boden geschossen". Von der Zuidersee bis hinunter zum Pariser Becken entstanden ab dem 11. Jahrhundert zwei Ballungsräume der Textilindustrie, die vor allem Wolle aus England benötigten, und genau damit konnten die Hansekaufleute dienen.

Seit dem späten 11. Jahrhundert begann in den Niederlanden der Aufschwung von Städten wie Kampen, Deventer, Amsterdam, Mecheln und Löwen. Zuvor aber schon hatte der Aufstieg der flandrischen Städte begonnen, die von ihrer günstigen Lage zwischen der Champagne, den Niederlanden und Großbritannien profitierten.

So richtig begann der faszinierende Erfolgsweg der flämischen Städte und ihrer Ökonomie erst, als gegen Ende des 13. Jahrhunderts die Messen der Champagne ihren Niedergang erlebten. Brüssel, Tournai und Löwen erreichten alsbald die Größe von Köln; eine ganze Reihe von flämischen Städten näherte sich der Ausdehnung von Lübeck; Brügge gar vervierfachte seine Größe. Gents Areal wuchs von 80 auf 644 ha, es wurde zum damals bei weitem größten Stadtzen-

Amsterdam: Fischmarkt, Rathaus und öffentliche Waage. Stich von Wright und Schutz, 1797 (Atlas von Stolk).

Ab 1200 aber kamen die Hansekaufleute selbst nach Flandern und bauten hier einen überquellenden Handelsverkehr auf. Rheinländer, Westfalen, Niedersachsen sowie die Männer von der Ostseeküste waren die wichtigsten Gäste des Brügger Kontors. Bei den Kölnern hieß die Losung Wein gegen Tuche; Dortmunder und Soester Kaufleute brachten Solinger Klingen bzw. Soester Leinwand, Essener Waffen samt Kram- und Kurzwaren. Daneben aber bedienten sie – wie in England – die Brügger Kunden mit den Produkten ihres Ost- und Skandinavienhandels.

Neben Brügge in flämisch-brabanter Gebiet waren Dordrecht (günstig am Rhein gelegen) und Amsterdam Anlaufstellen vor allem der Dortmunder und Hamburger sowie der Danziger, Thorner und Krakauer Hansekaufleute. Hamburg zum Beispiel schickte 1369 ein Drittel seines Bierexports nach Dordrecht, und von Hamburg aus kamen die Westfalen mit ihrer Leinwand und – zunehmend – mit Getreide nach Amsterdam.

trum des Abendlandes. Und dies alles ereignete sich in einem ganz kleinen Raum, kleiner sogar als die ganze Lombardei.

Wie ein Magnet zog dieser enge Ballungsraum mit seiner erstrangigen Tuchproduktion und seinen gewaltigen Versorgungsbedürfnissen die Fernhändler Europas an: Aus dem Süden kamen die Norditaliener und Südfranzosen; von Westen und aus Süddeutschland über die Messeplätze der Champagne die Oberdeutschen und von Nordosten die Kaufleute der Deutschen Hanse mit den Massengütern, deren eine Stadtbevölkerung bedarf: mit Getreide, Fleisch und Fisch, mit Salz, Bier und Wachs.

Nicht zuletzt der Zustrom wohlhabender italienischer Kaufleute samt der Lombarden mit ihren hochentwickelten Kapital- und Finanztechniken ließ Brügge ab 1300 „zum Mittelpunkt eines ausgedehnten Handelsnetzes werden, das den Mittelmeerraum, Portugal, Frankreich, England, das deutsche Rheinland und die Hansestädte umfaßt" (Braudel, a.a.O., S. 104). Brügges Einwohnerzahl schnellte dabei von 35.000 im Jahr 1340 auf etwa 100.000 im Jahr 1500 empor.

Im Osten hatten die wendischen Städte – unterstützt vom westfälischen Nachschub – den Warenverkehr im Ostseeraum erobert. Hier nun im Westen – in Brügge – fand die Hanse den Anschluß an die damalige auf Europa und das Mittelmeer aufgebaute Weltwirtschaft. Brügge war für die Deutschen einfach alles in einem: Hier verkauften sie alle Ostwaren und die Ergebnisse ihres Englandhandels; hier kauften sie ihr Haupthandelsgut, zu 90 Prozent gefärbte Tuche aus Brügge, Gent, Mecheln und Ypern und allerlei andere Tuche bis hin zu Hosen; und natürlich Waren der Südländer wie Teppiche, Südfrüchte, Öl, Salz, venezianische Gläser und französischen Wein. Kein Wunder also, daß die Hansekaufleute in Brügge 1347 nach den Privilegien im Stift Utrecht (1244) und in Brabant (1257) eines ihrer wichtigsten Kontore errichteten.

Lange Zeit hatten die flämischen Kaufleute ihre Waren, insbesondere die Tuche, über den Rhein nach Köln gebracht.

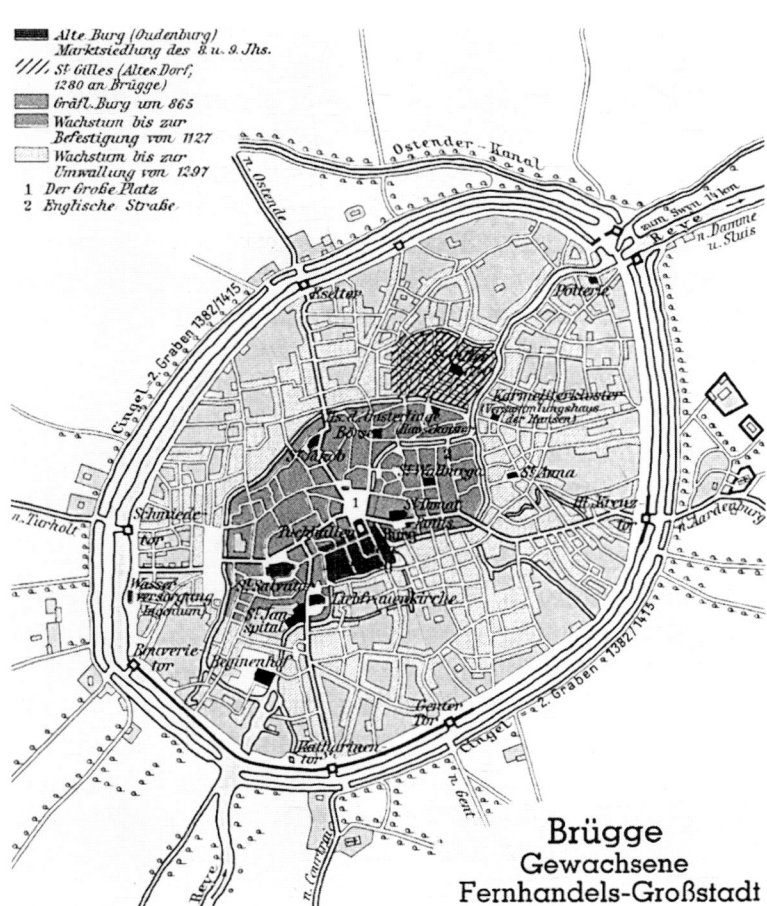

Brügge
Gewachsene
Fernhandels-Großstadt

Brügge: ein Glücksfall für die Hanse.

Für die Hanseaten aus Lübeck, Rostock, Stralsund und Wismar war der Seeweg von Hamburg aus die einfachste Lösung, so daß die Massengüter aus der Ostsee in der Regel auf diese Weise nach Brügge transportiert wurden. Fast

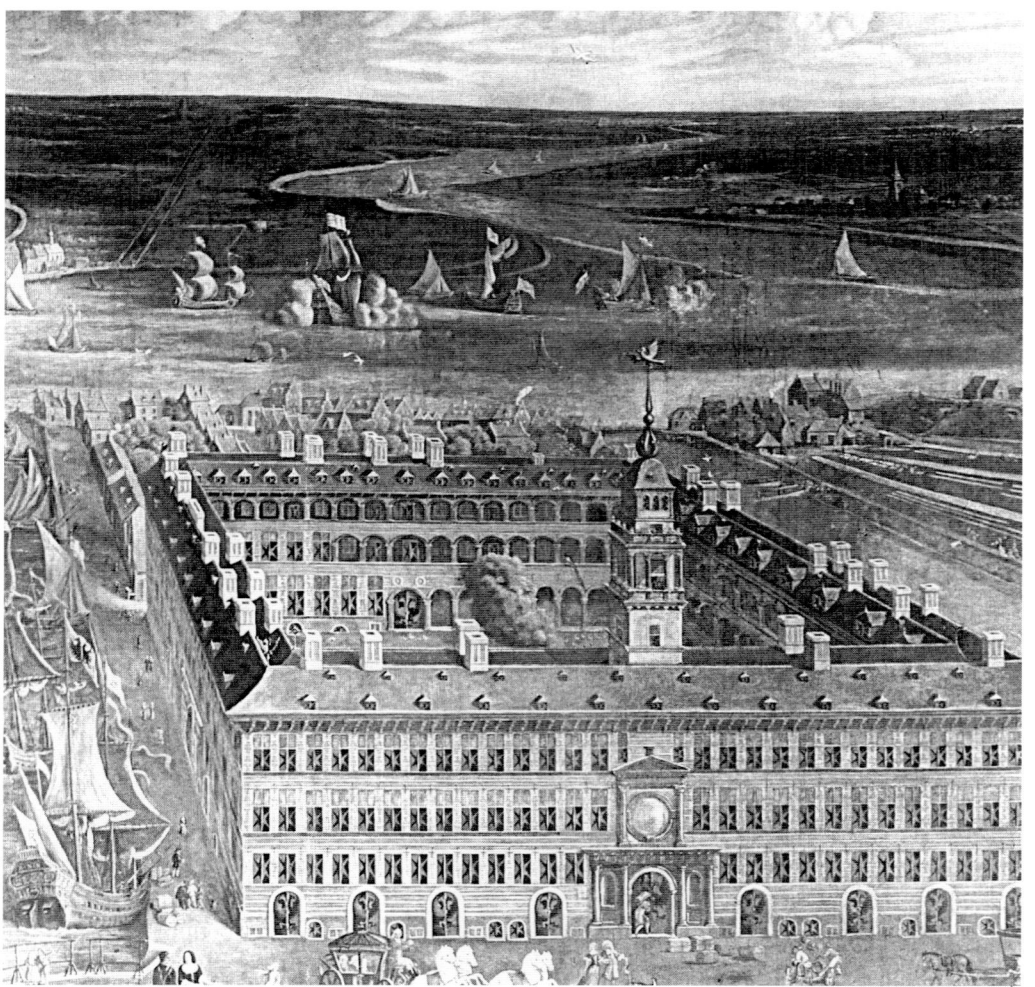

Das Oosters Huis in Antwerpen. Anonymes Gemälde aus dem 18. Jahrhundert. Bremen, Rathaus.

Das klösterliche Modell: Der Anfang eines phänomenalen Erfolges

Wer kennt sie nicht, die Frühlingsfeste der ewig jungen Ritter Lancelot oder Galahad an König Artus' Tafelrunde! Den Mythos von Artus, dem Zögling des Zauberers Merlin, der König von England und Gemahl der schönen Guinivere wird.

Ein Traum in Samt und Seide, die Nachfahren bitterarmer westfälischer Einwanderer! Betrachten wir einmal das in unserem Buch wiedergegebene Bildnis des jungen Danziger Großkaufmanns westfälischer Abstammung, Georg Gisze, das Hans Holbein d. J. 1532 im Londoner Stalhof gemalt hat (vgl. S. 67). Wie liebevoll hat sich der Künstler der Wiedergabe des fürstlichen Gewandes des jungen Herrn gewidmet. In der Tat, wie Könige und Prinzen müssen sich die neuen Helden, die im Großhandel aufgestiegenen und zu Reichtum gekommenen Danziger Großkaufleute gefühlt haben, die ihre geselligen Zusammenkünfte, die sogenannten Vogtmahle, in „Artusbanken" schon im 13. Jahrhundert in dem glanzvoll gestalteten „Artushof" abgehalten haben.

Schon früh hatten sich die Fernhändler – wie die Handwerker in ihren Zünften – in eigenen Korporationen zusammengeschlossen, aus denen jetzt in den westfälischen, niedersächsischen, friesischen und rheinischen Städten die sogenannten Kaufmannsgilden hervorgingen. Ihren wirtschaftlichen Erfolg samt ihren zunehmenden politischen Einfluß feierten sie sowohl bei geselligen Festen und Feiern in den Gilden als auch in besonders exklusiven Vereinigungen: in Lübeck in der Zirkelgesellschaft oder in Thorn und Elbing z.B. in sogenannten „St. Georgs-Bruderschaften".

Waffengewalt und Grundbesitz waren im 12. Jahrhundert schon längst nicht mehr die allein entscheidenden Machtmittel eines Fürsten. Um zu regieren, brauchte man Geld für die Ministerialen, für das Heeresaufgebot und die kriegerischen Unternehmungen.

In Oberitalien erblühte der Handel. Von den Niederlanden bis zum Pariser Becken wuchs eine Gewerberegion empor. Deutschland aber war noch weithin ein Agrarland, das entwickelt werden mußte. Ein Fürst mußte jetzt Machteinsatz mit ökonomischer Strategie zu paaren wissen. Heinrich der Löwe machte es vor: Er gründete Lübeck im Nordosten, kontrollierte die Häfen Stade und Bremen im Nordwesten. Aus den Salzsalinen in Lüneburg gewann er riesige Gelder. Andere Fürsten machten es ihm nach.

mehr noch als nach Brügge kamen die Rheinländer und Westfalen auf dem Landweg ab dem 12. Jahrhundert mit ihren zweiachsigen hochrädrigen Planwagen nach Gent und im Gebiet am Ostufer der Zuidersee und an der Ijssel nach Kampen und Deventer. Deventer insbesondere, auf dem Landweg von Minden über Herford und von Osnabrück aus gut erreichbar, „war durch seine fünf Jahrmärkte im Jahr quantitativ das unbestrittene Zentrum des für Ostwestfalen wichtigen Fernhandels" (Blanke, a.a.O., S. 107). Die Kampener Fernkaufleute wiederum waren den Hansen früh freundschaftlich verbunden. Im 13. Jahrhundert ermöglichten sie ihnen als wichtige Lotsen und Ratgeber ihre ersten „Salzfahrten" auf der Atlantikroute nach Bourgneuf und Setubal.

Daß die Holländer sich ab dem 15. Jahrhundert Stück um Stück als gefährliche Rivalen der Hanse erwiesen, die versuchten, sie von den Märkten zu verdrängen, ist ein späteres Thema, soll aber hier Erwähnung finden. Vom gleichen Zeitpunkt an stiegen übrigens die süddeutschen Kaufleute zu noch wesentlich gefährlicheren Konkurrenten der Hanse auf, besonders seitdem von Ost nach West der Handelsweg Posen – Leipzig – Nürnberg – Frankfurt/Main entstanden war. Kein Wunder, daß Breslau sich bald von der Hanse zurückziehen wollte.

Essen in einer Gilde im 16. Jahrhundert. Tuschzeichnung 1522. Nach Paul Ganz, Die Handzeichnungen Hans Holbein d.J. XIX 2.

Bewaffneter Angriff auf einen Kaufmannszug. Ausschnitt aus einem Kupferstich zur „Allegorie des Handels" von Jost Amann (Zürich 1539 – Nürnberg 1591), 1585. Brüssel, Bibliothèque Royale, Cabinet des Estampes.

Städte wurden gegründet. Güter mußten weithin befördert werden. Dazu brauchten die Feudalherren jetzt die Kaufleute, die sie mit Privilegien ausstatteten wie bisher nur die Ritter. Und wie Ritter entwickelten sich auch bald die verachteten „Pfeffersäcke": Auch sie heirateten nur untereinander und entwickelten sich zu Handelsdynastien mit internationalen Kontakten.

Um zu ermessen, was die Kontore für das Emporkommen dieser Männergruppen aus einfachsten Verhältnissen insgesamt für den Erfolg der Deutschen Hanse bedeutet haben, bedarf es zunächst einmal des Hinweises, daß Reisen im Mittelalter ein elender Kampf mit den Elementen und eine Herausforderung des Schicksals war. Es gab keine befestigten, gesicherten Straßen. Monatelang zogen die Kaufleute über kaum kenntliche Wege durch Wälder, Bäche und Sumpfgebiete, von wilden Tieren, Menschen und den Unbilden des Wetters – Hitze und Dürre, Sturm und Hochwasser, Nebel, Schneesturm und Kälte – bedroht. Die Flüsse, nicht reguliert, liefen flach und ausladend dahin. Dabei konnten Schiffe leicht stranden, auflaufen und sinken. Die knarrenden, ächzenden, durch Hunderte hölzerner Dübel und Eisenbolzen zusammengehaltenen Schiffe quälten sich durch die stürmische See. Hunger und Durst, Sturm, Flaute und Seeräuber gefährdeten den Erfolg. Der Tod war oft ein naher Geselle.

Um so wichtiger waren für die Männer der Hanse die von den Machthabern des jeweiligen Landes mit Privilegien und Sicherheitsgarantien ausgestatteten Stützpunkte des Handels im Ausland: die Kontore und Niederlassungen. Hier konnten sie in riesigen Hallen ihre Waren ausbreiten und Verkaufsgespräche mit Handelspartnern führen. Hier konnten sie über lange Zeit wohnen, sich informieren, austauschen und Beschlüsse fassen. Ähnlich einem Kloster – unter Ausschluß von Frauen – mußten die Kaufleute in den Kontoren leben. Jährlich wurde in ihnen der jeweilige Äldermann gewählt, unter dessen strengem Regiment die Ehrenhaftigkeit des Geschäftsgebarens jedes Genossen, die Qualität der Waren und die Einhaltung der Abgaben und Gebühren geprüft wurden. Das Erlöschen dieser wichtigen Zentren Anfang des 16. Jahrhunderts überlebte die Hanse bezeichnenderweise nicht lange.

Vier ihrer Auslandsniederlassungen hatten eine herausragende Bedeutung:

Der Peterhof in Nowgorod (1207-1478)

Das am rechten Wolchowufer gelegene älteste und wichtigste Kontor der Hanse war aus Verteidigungsgründen von einem Palisadenzaun umgeben. Im Zen-

trum des Kontors befand sich die Peterskirche, die auch als Warenlager, Schatzkammer und Archiv diente. Um die Peterskirche herum lagen die Speicher,
Wohnhäuser und Verkaufshallen; daneben das Pfarrhaus, eine Badestube, ein
Siechenhaus und eines für Knechte und
Jungen, die sogenannte Kinderstube. Im
Peterhof herrschte eine strenge Hausordnung. Frauen war der Zugang unter-
sagt. Im 15. Jahrhundert lebten dort oft
bis zu 200 Kaufleute, Gesellen und
Lehrlinge. Die Westfalen logierten im
Dortmunder bzw. Soester Kontorsvier-
tel. Das Kontor wurde 1478, nach der
Eroberung Nowgorods durch Iwan den
Schrecklichen, geschlossen.

Links: *Der Peterhof in Nowgorod.*

Die Deutsche Brücke in Bergen (1343-1648)

Das Kontor lag im Osten der Stadt am
Ufer des Fjordes. Es gab 20 nebeneinander liegende Lagerhallen, hinter denen sich die Versammlungs-, die Wohn-
und die Geschäftshäuser befanden,
außerdem eine eigene Kirche und zwei
Armenhäuser. Die strenge Hausordnung des Kontors wurde von 15 Älder-
männern überwacht, die Leitung des
Kontors erfolgte ab 1350 von Lübeck
aus. Die Deutsche Brücke war das
Kontor für die Nachwuchsschulung.
Die jungen Lehrlinge mußten hier – sozusagen ein weltliches, klösterliches
Modell – bis zu zehn Jahren lang bei
Verpflichtung zur zölibatären Lebensführung – Finanztechniken, kaufmän-

Oben: *Der Londoner Stalhof.*

Oben: *Das Haus der „Osterlinge" in Brügge.*

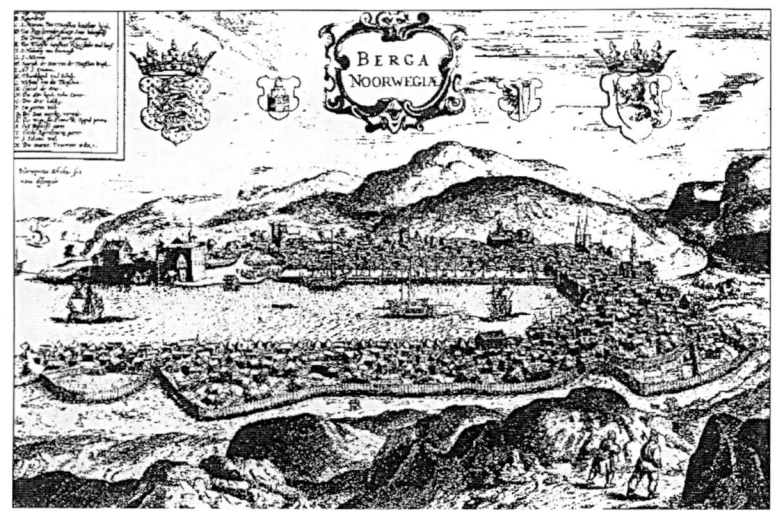

Links:
*Der Hafen in Ber-
gen. Links am Ge-
genufer erblicken
wir das Hansekon-
tor.*

nische Kenntnisse und die erwünschten Sprachen erlernen.
Die Westfalen hatten innerhalb des Kontors kein eigenes
Drittel. Aber: „In diesem Kontor begannen vorzugsweise
arme Jungen aus dem Münsterland oder aus westfälischen
Kleinstädten ihre kaufmännische Laufbahn und wurden,
wenn sie zum Manne gediehen waren, d.h. wenn sie sich em-
porgearbeitet hatten, Mitglied der Lübecker Bergenfahrerge-
nossenschaft." (von Winterfeld, a.a.O., S. 265/66).

Der Londoner Stalhof (1281-1598)

Das Londoner Kontor an einem der Schnittpunkte des damaligen Welthandels zwischen Atlantik und Nordsee war eine
Stätte des reichen Kaufmanns, sozusagen der Handelsfürsten. Hier gab es einen bedeutenden Woll-, Tuch- und Weinhandel. Kern des Kontors war die „Gildhalla Teutonicorum",

die frühere Gildhalle der Kölner an der Thames Street. Sie
enthielt den Speise-, den Gesellschafts- und den Festsaal, in
dem sich die Hansen zu Versammlungen trafen und in dem
auch Gericht gehalten wurde. Der angrenzende Stalhof war
das Areal der Häuser und Speicher der Kaufleute. Das Ufer
diente als Lande- und Ladeplatz. Knechte und Diener der
Kaufleute wohnten ebenfalls auf dem durch eine Mauer abgesicherten Anwesen. Auch in diesem Kontor gab es eine
strenge Hausordnung, welche Tätlichkeiten, Würfelspiel und
das Mitbringen von Dirnen untersagte. Unlauteres Ge-
schäftsgebaren wurde mit strengen Strafen geahndet und
wechselnder Wachdienst war Pflicht aller Kontorbewohner.
Die Westfalen gehörten in diesem Kontor zum „ersten und
kölnischen Drittel" und standen damit an der Spitze der
Kaufleute aus dem ganzen Hansegebiet. Das Kontor wurde
1598 geschlossen.

Das Kontor in Brügge (1347-1529)

Als sich die „Osterlinge", wie sie hier genannt wurden, 1442 ein eigenes Haus bauten, war das die Stätte ihrer Versammlungen, ein Herrenhaus also. Im übrigen wohnten die Kaufleute in Brügge frei in gemieteten Häusern ihrer Wahl. Dennoch gab es ab 1347 ein strenges Statut: Die Kaufleute wurden in drei Drittel eingeteilt, von denen das zweite von den Westfalen und den Preußen gebildet wurde. Es gab strenge Richtlinien hinsichtlich der Qualitätskontrolle, Gerichtsbehörde für Streitfälle war das Kontor selbst. Für die „Morgenansprachen" und die nachmittäglichen Treffen auf dem „Osterlinge-Platz" bestand Anwesenheitspflicht. Wer sich bei diesen Treffen verspätete, mußte Strafe zahlen. An der Vollversammlung im Jahre 1457 nahmen 600 Kaufleute und Seemänner teil! Brügge war neben Nowgorod das wichtigste Kontor der Hanse, sowohl hinsichtlich des Geschäftsumfanges als auch hinsichtlich der Zahl der Hansekaufleute. Sein kultureller Einfluß war beachtlich, und manche literarischen und künstlerischen Ideen und Entwicklungen Westeuropas fanden ihren Weg von hier aus insbesondere auch nach Westfalen und Norddeutschland.

Die sonstigen Niederlassungen

Bedeutsam für die Hanse waren auch ihre Niederlassungen, die es in allen Nachbarländern Deutschlands gab. Nach einer Lübecker Vorschrift mußten mindestens vier Kaufleute eine Niederlassung gründen, die dann jeweils ihren „Äldermann" zu wählen hatten. Wichtig: Auch die Kaufleute der Niederlassungen genossen die hansischen Privilegien. Im Osten wurden sie von den Hansen der größeren Städte betreut, so Pleskau von Dorpat, Polozk von Riga, Kovno von Danzig, Tönsberg und Oslo von Rostock; im Westen unterstanden die Niederlassungen den großen Kontoren, so in den Niederlanden Antwerpen, Dordrecht, Utrecht u.v.a. Brügge; auch die Niederlassungen entlang der Atlantikküste Bourgneuf, La Rochelle, Nantes, Bordeaux und Lissabon wurden von Brügge betreut; in England wiederum unterstanden die Hansestützpunkte Ipswich, Yarmouth, Boston, Hull, York und Newcastle dem Londoner Kontor.

Ein großer Teil der Waren wurde in Tonnen transportiert. Ausschnitt aus einem Holzschnitt zur „Allegorie des Handels" von

Jost Amann, 1585. Brüssel, Bibliothèque Royale, Cabinet des Estampes.

Der Aufstieg der Hanse zur Großmacht des Nordens

Glanz und Elend einer großen Dynastie: Konradins schreckliches Ende

Am 29. Oktober 1268 erwartete der Scharfrichter von Neapel mit bloßen Füßen und aufgestreiften Hemdsärmeln den 16jährigen Enkel des mächtigen Kaisers Friedrich II., Konradin genannt. Noch einmal hörte der schöne, hochgebildete junge Mann sein Todesurteil. „Gefaßt zog das ‚Königlein, entsprossen dem Stamm der giftigen Schlange‘, wie ihn der Papst höhnisch genannt hatte, sein Obergewand aus, umarmte seine zwölf mit ihm verurteilten Freunde und kniete nieder. ‚Oh Mutter, welches Leid bereite ich dir‘, sagte er, dann schlug der Scharfrichter dem letzten Hohenstaufer den Kopf ab." (Lehmann, a.a.O., S. 10).

König Konradin und sein Freund, Friedrich von Baden, bei der Falkenjagd. Aus der Manessischen Liederhandschrift.

Ein großes Zeitalter, verbunden mit Namen wie Hartmann von der Aue und Wolfram von Eschenbach, Walther von der Vogelweide, Thomas von Aquin und natürlich mit dem Auf-stieg des deutschen Städtewesens war damit zu Ende gegangen. Und es gilt gewiß nicht nur für Minden und Westfalen, wenn Peter Leo (a.a.O., S. 7) schreibt: „Durch Pilgerreisen der hohen Würdenträger nach Frankreich, Nordspanien (Santiago de Compostela) und nach Italien, durch Gesandt-schaften an den Vatikan und den Hof der deutschen Kaiser stand es mitten im Austausch geistiger und materieller Güter, der im Mittelalter eine europäische Gemeinschaft prägte, wie sie die Neuzeit noch nicht in diesem Umfang und in die-ser Stoßkraft erreicht hat."

In den über 100 Jahren seit Amtsantritt Friedrich Barba-rossas (seit 1152) hatte die Hanse eine stürmische Aufwärts-entwicklung erlebt, hatte Ost-, West- und Nordeuropa öko-nomisch miteinander verknüpft und vermittelte mehr und mehr den existentiell wichtigen Austausch zwischen den französisch-flandrischen und rheinisch-westfälischen Regio-nen mit ihrer hochentwickelten gewerblichen Produktion und den Ostseeländern mit ihren Rohstoffen und Lebensmitteler-zeugnissen. Auch traf es sich gut, daß man mit der Entwick-lung der Hansekogge den idealen Schiffstyp zur Verfügung hatte. Die breitgebauten, hochbordigen Segelschiffe ermög-lichten ab jetzt – im Vergleich zu vorher – die Beförderung der dreifachen Ladung. Auch eigneten sie sich besser zum Bestehen von Seeschlachten. Von Kontor zu Kontor wurde die schriftliche Abwicklung des Warenverkehrs jetzt zuneh-mend selbstverständlich. Und zwischen den Handelsfamilien verdichteten sich die Bande guter Beziehungen. Was die Stauferzeit betrifft, konnten die Hansekaufleute also durch-aus eine positive Bilanz ziehen.

Geld ist auch ein scharfes Schwert: Unterwegs zur Städtehanse

Eine fast noch positivere Bilanz konnten die Städte ziehen. Auch wenn die Zeit des Interregnums bis zur Wahl Rudolf von Habsburgs (1273) für sie eine noch grandiosere Epoche werden sollte.

Im Gleichgewicht der Kräfte zwischen der Macht der weltlichen und geistlichen Ortsherren und der des innerstäd-tischen Bürgertums begann im 12. Jahrhundert der Aufbruch der Städte. Das sollte sich nun ändern. Mehr und mehr soll-ten sie sich jetzt – im Verlauf des 13. Jahrhunderts – dem ortsherrlichen Zugriff entwinden.

Ist das nicht eigentlich eine Zeitenwende, ein durchschla-gender Bruch mit der Vergangenheit, irgendwie ein Stück Anfang einer neuen Zeit, daß nun zusehends weniger wich-tig war, wieviel Grund und Boden einer als Lehen besaß? Draußen auf den Meeren hatte sich der „gemeene copman" sein Ansehen durch Teilnahme an einem internationalen Warenverkehr geschaffen. Nun aber, in den Städten und über sie hinaus, den Fürsten gegenüber, erwies sich – in der aufblühenden Geldwirtschaft – Geld immer mehr als das Mittel, mit dem die Kämpfe eigentlich entschieden wurden: Geld sollte ab jetzt mehr und mehr sowohl die wirtschaftlichen als auch die politisch-militärischen Auseinandersetzungen entscheiden.

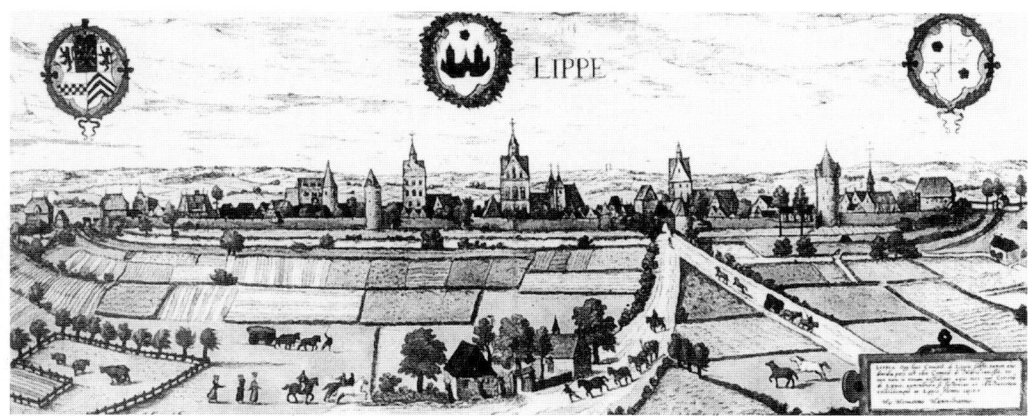

Lippstadt nach einem Kupferstich von Braun/Hogenberg aus dem Jahr 1588.

Leichtfüßig fast entwanden sich plötzlich die Städte der Umklammerung der Fürsten. Nach dem Vorbild der Flamen schlossen sich in ihnen Zünfte und Gilden zu Schwurgemeinschaften zusammen und bildeten – gegen den Willen ihrer Territorialherren – unter der Führung der wohlhabendsten (!) Bürger sich selbst verwaltende freie Stadtgemeinden. Und sie beschlossen – nach dem Beispiel der oberitalienischen und flämischen Städte Ratsver-

Coesfeld nach einem Kupferstich von Johannes Gigas aus dem Jahr 1616.

fassungen als Satzungen, nach denen der Rat (meist 12 Personen) hinfort das Führungsorgan der Stadt sein wird: Lübeck schon 1201; Köln ab 1216; Rostock 1218. In Westfalen Münster 1214; bis 1220 Herford, Bielefeld, Lippstadt, Osnabrück und Soest; bis 1225 Geseke, Hamm, Lemgo, Marsberg, Medebach und Paderborn; Dortmund schließlich 1241. Und sie sorgten dann bei der Besetzung des Rates für einen Paukenschlag, der jeden Soziologen faszinieren muß: Die reichsten Großkaufleute und die wohlhabendsten Patrizier-Ministerialen, die sich längst von ihren Herren abgenabelt hatten, nahmen wie selbstverständlich an der Spitze der Hierarchie – in der ersten Reihe also! – Platz.

Der Niedergang der Reichsmacht begünstigte zwar den Aufstieg der Städte. Im ürigen aber versank Deutschland im Chaos. Herzöge und Grafen erhoben Zölle und prägten Münzen. So hoch und so viel sie nur wollten. Ungehindert trugen christliche Feudalherren ihre Fehden aus. Ritter und Edelleute ermordeten, wen sie wollten, legten sich an Straßen und Hohlwegen in den Hinterhalt und beraubten die Kaufmannszüge.

Jetzt zahlte es sich aus, daß man sich kannte, von Schiff zu Schiff, von Hafen zu Hafen, von Kontor zu Kontor und von Stadt zu Stadt. Gemeinsam konnten sich die Städte wehren gegen räuberische Ritter zu Lande und gegen Piraten, die die Schiffe vernichteten und die Ladungen an sich rissen. Die Städte schlossen sich zu Städtebündnissen zusammen.

Jetzt, gegen Ende des 13. Jahrhunderts, wuchsen die großen Persönlichkeiten unter den Fernhändlern auch in den Städten in eine politische Führungsrolle hinein. Bei den regelmäßigen Treffen der Städtegruppen schulten sie ihre Talente und schufen sich persönliche Kontakte. Später, ab 1358, konnten sie den Reichtum ihrer Erfahrungen und ihres Könnens dem Gelingen der regionalen und gesamthansischen Tagfahrten widmen.

In der Hanse übernahm nun Lübeck mehr und mehr die Führung. 1241 verbündete es sich mit Hamburg vor allem zur Sicherung des Elbe-Trave-Weges zwischen Ost- und Nordsee und zur gemeinsamen Bekämpfung des Straßenraubes, 1265 verbündete sich Lübeck mit Rostock im Wendischen Bund, um gemeinsam gegen die Seeräuberei vorzugehen. 1246 schlossen – jetzt in Westfalen – die Städte Osnabrück, Münster, Minden, Herford und Coesfeld „und die übrigen zugewandten Städte" den Ladberger Bund zu gegenseitiger Hilfe gegen jeden Angreifer und zu gemeinsamer Sicherung des Handels und der Handelsstraßen. Sieben Jahre später, 1253, erweiterte sich dieser westfälische Städtebund an der Lippebrücke bei Werne durch den Beitritt von Dortmund, Soest, Lippstadt und Attendorn zum Werner Bund. Wobei hinsichtlich der damaligen Bedeutung bzw. der relativen Unabhängigkeit der in den Städtebündnissen vereinigten Partner von ihrem jeweiligen Stadt- oder Territorialherrn interessant ist, was Luise von Winterfeld (a.a.O., S. 278) dazu anmerkt: nämlich daß nur fortgeschrittene Städte, „die irgendwie als Diözesanhauptstädte, Mutterstädte oder Zwischenhöfe eine überlokale Bedeutung besaßen und bereits Kristallisationspunkte für größere Kaufmannsgenossenschaften gewesen waren", an solchen Vereinbarungen teilnehmen konnten.

Oben links: *Lemgo (Ostwestfalen-Lippe), Rathaus aus dem 16. Jahrhundert (Foto: Stadt Lemgo)*; oben rechts: *Warburg (Sauerland), frühgotische Hallenkirche St. Pankratius (Foto: Axel Fischer)*; unten links: *Bielefeld, die Sparrenburg (Foto: Stadtmarketing Bielefeld)*; unten rechts: *Coesfeld (mittleres Münsterland), Blick auf die Lambertikirche (Foto: Stadt Coesfeld)*.

Blick auf den Paderborner Dom und links die Kaiserpfalz Karls des Großen (Foto: Kunst und Kultur der Karolingerzeit, Ausstellungsführer 1999).
Die bedeutende westfälische Hansestadt Paderborn, ihr Dom und die Kaiserpfalz Karls des Großen sind Symbole für das Geschehen, das in diesem Buch dargestellt wird: der Beitrag Westfalens zum Aufstieg des lateinisch-christlichen Abendlands im Rahmen einer ersten wirtschaftlichen Erhebung von globaler Bedeutung auf dem Boden Europas.

Links: *Zu Gott, seiner Mutter, der heiligen Maria und ihrem Schutzpatron, dem heiligen Nikolaus, beteten die Kaufleute und baten sie um das Gelingen ihrer Reise und ihrer Geschäfte.*
Der hl. Nikolaus, Schutzpatron der Kaufleute und Seefahrer. Aus dem Altarbild eines westfälischen Meisters in der Marienkirche in Lübeck. Gemalt um 1400. Lübeck, St. Annen Museum.

Rechts: *Die reichen Kaufleute gehörten zum Patriziat ihrer Städte. Im frühen 13. Jahrhundert übernahmen die wohlhabendsten Hansekaufleute nach dem Vorbild ihrer Kollegen in Flandern und in Oberitalien auf der Grundlage von Ratsverfassungen die politische Führung ihrer Städte.*
Mitglieder der Heilig-Blut-Kaufmannsbruderschaft in Brügge. Hier, auf der linken Tafel des Gemäldes, ist die Hälfte der Kaufmannsgemeinschaft abgebildet. Vorne – mit goldener Halskette – der Abt der Bruderschaft. Gemälde aus dem Jahr 1556 von Pierre Pourbus. Brügge, Heilig-Blut-Kapelle.

Oben: *Eine Symbolfigur dieses Buches: Bildnis des jungen Danziger Hansekaufmanns westfälischer Abstammung, Georg Gisze. Seine Vorfahren waren um 1430 von Unna nach Danzig ausgewandert.*

1532 ließ sich Georg Gisze im Stalhof zu London, der Niederlassung der reichen Großkaufleute der Hanse, in Tempera auf Eichenholz in Lebensgröße hinter dem Arbeitstisch seines Kontors von Hans Holbein d. J. portraitieren. Mit der aufwendigen Wiedergabe seines Gewandes und der kostbaren Inneneinrichtung wollte Holbein gewiß den Reichtum des jungen Kaufmanns, aber auch die Veränderung der gesellschaftlichen Realität sichtbar machen. Berlin, Stiftung Preußischer Kulturbesitz.

Rechts: *Blick auf das Büro des Hafendirektors im Hansehafen in Hamburg. Ausschnitt aus einer Miniatur aus dem 15. Jahrhundert.*

Rechts: *Schiffbruch des Bergenfahrers Hans Ben im Jahre 1489. Auf den langen, eintönigen Seefahrten hatte die Schiffsbesatzung ständig Furcht vor Stürmen und Piratenüberfällen. Die Inschrift über dem Gemälde lautet denn auch: „Mögen die, die sich einschiffen, zur Beichte gehen! Es bleibt uns nur so wenig Zeit bis zum Tode.“ Anonymes Gemälde. Lübeck, Marienkirche.*

Links: *Elias Galli: Hamburg von der Elbseite. Ausschnitt aus einem Gemälde um 1672. Museum für Hamburgische Geschichte.*

DAS FRANKENREICH UNTER KARL (768–814)

DIE TEILUNG DES FRANKENREICHES (830–987)

Abdruck der Karten von Günther Edelmann zur politischen Entwicklung Deutschlands und Europas im frühen, hohen und späten

Mittelalter mit freundlicher Genehmigung der Chefredaktion von GEO, Hamburg.

Europa um das Jahr 1000: Das Frankenreich, das Werk Karls des Großen, ist zerfallen in ein West- und ein Ostfrankenreich. Die Menschen, Krankheiten und Naturkräften fast hilflos ausgeliefert, lebten in einer materiellen Not, wie sie uns heute allenfalls in den Entwicklungsländern begegnet.

Angst bemächtigte sich ihrer, zumal sie noch unter dem Schock des Einfalls brutaler Invasoren standen: Wikinger aus dem Norden hatten die Regionen Westzentraleuropas samt Spanien und die Mittelmeerregionen überfallen und geplündert; von der hinterasiatischen Steppe her hatten ungarische Reiterhorden Nord-, Mittel- und Süddeutschland samt Nord- und Mittelitalien in Furcht und Schrecken versetzt; Sarazenen hatten das westliche Mittelmeer und Spanien erobert.

Die Völker dieser Regionen Europas verfielen auf das Jahrtausend zu in eine kollektive Panik und erblickten in ihren Leiden die Vorboten des Endes der Welt.

Europa um das Jahr 1400: Betrachten wir jetzt die letzte Karte von Günther Edelmann „Handel im Spätmittelalter (um 1400)" auf Seite 71. Sie führt uns einen Triumph menschlicher Willens- und Schöpferkraft vor Augen. Von Norden bis

Süden erblicken wir die Menschen, die um 1000 schier hoffnungslos darniederlagen, inmitten eines faszinierenden ökonomischen Aufbruchs.

Im Süden beherrschen Städte wie Florenz, Genua und Venedig mit über 50.000 Einwohnern den Mittelmeerhandel; über 20 Städte Europas haben bis zu oder über 50.000 Einwohner; Italien, Spanien, Frankreich, die Niederlande und Flandern, Deutschland und England sind bedeckt von einem Netz von Handelsstädten; wie Leuchttürme erblicken wir hoch im Norden die Hansekontore in Nowgorod und Bergen; auf einer Höhe, mitten im Bereich ökonomischer Hochfrequenz, die Kontore von London und Brügge; fast 200 Hansestädte erstrecken sich vom Finnischen Meerbusen bis zum Ijssel hin und mitten in der Karte das kleine Westfalen mit einer solchen Vielzahl von Hansestädten, daß der Zeichner eine Auswahl treffen mußte.

Die kraftvollen Schiffahrtslinien entspringen den Bedürfnissen der europäischen Handelsmächte und der Industrieregionen des Festlands und sind Symbole eines einzigartigen Vorgangs in der Geschichte der Menschheit: Der kleine, zerrissene, von rivalisierenden Völkern bewohnte Kontinent Europa begann seinen Aufstieg zur Weltherrschaft.

Das Westeuropa des 12. und 13. Jahrhunderts: Einiger als heute die EG

Die Wirtschaftsgemeinschaft, die die Völker Westzentraleuropas ab dem 12. und dem 13. Jahrhundert miteinander verband, beruhte auf „Zollfreiheit, ungehindertem Warenverkehr, Währungsunion, freiem Kapitalverkehr und Niederlassungsrecht" (Leske, a.a.O., S. 39). Es gab zwar viele lokale Dialekte, doch die Menschen verstanden einander. Das Lateinische, die Sprache der Römischen Kirche, die alles überwölbte und zusammenhielt, war die Sprache aller Gebildeten, aller Universitäten und in den Schaltzentren der Macht. Und wenn der gemeinsame Glaube, gesichert durch Papst und Kaiser, den Europäern dieser Zeit das Gefühl gab, ein einziges Volk, nämlich das christliche, zu bilden, dann standen sie sich damals vermutlich näher als heute.

Die Sächsischen Herrscher: Architekten einer Neuauflage karolingischer Politik

Mit seiner Burgenordnung (926) zur Befestigung von Klosteranlagen, Versammlungsorten und großen Plätzen wurde König Heinrich I. zum Vater des mittelalterlichen Städtebaus, mit der Aufstellung eines Reiterheers der deutschen Stämme und seinem Sieg über die Ungarn (Riade 933), zum Retter Deutschlands und zum Gründer des Ersten Deutschen Reiches. Mit seinem auf dem Dreikönigstreffen im Juni 935 an der Maas bei Sedan geschlossenen Freundschafts- und Friedensvertrag mit den Königen Ludwig IV. von Frankreich und Rudolf II. von Burgund sowie seinem kurz vor seinem Tod geplanten Zug nach Rom aber wurde „der Herr und Gebieter, der größte unter den Königen Europas" (Widukind von Corvey) zum Wegbereiter einer Neuauflage karolingischer Politik von Deutschland aus.

Nur die Diener Gottes konnten schreiben und lesen. Heinrichs Sohn, König Otto der Große (936-972), machte unmittelbar nach seinem Sieg über die Ungarn (955 auf dem Lechfeld) nach dem Vorbild Karls des Großen das Personal der Kirche zur Stütze seiner Herrschaft. 962 nahm er in Erneuerung des Kaisertums im Westen in der Tradition Karls des Großen von Papst Johannes XII. die Kaiserkrone des Heiligen Römischen Reiches in Empfang. Deutschland und Italien gehörten nun zu seinem Reich. Seine vornehmste Aufgabe war es, Kirche und Volk vor Gewalt zu schützen. Sein Enkel Kaiser Otto III. (980-1002) erweiterte dies durch die paneuropäische Konzeption einer Renovatio Imperii Romanorum.

LUXEMBURGER UND HABSBURGER (1273–1491)

HANDEL IM SPÄTMITTELALTER (UM 1400)

Grenze des Heiligen Römischen Reiches ○ Reichsstädte
Deutsche Staaten
Habsburger | **Luxemburger** | **Abkürzungen**
Machtbereich bis 1239 | Machtbereich bis 1308 | Frgft. = Freigrafschaft
Erwerbungen bis 1382 | Erwerbungen bis 1387 | Gft. = Grafschaft
| | Kfsm. = Kurfürstentum

GEO-Grafik

Verkehrswege | **Hanse** | **Handelsorte**
Haupthandelsweg | ○● Hansestadt (Auswahl) | □○ Zentren des Finanzwesens
Seeweg im Asienhandel | Bergen Hansekontor | □ über 50 000 Einwohner
Seehandelsweg | Lynn Handelsniederlassung | ○ 10 000–50 000 Einwohner
Seehandelsweg | | ● unter 10 000 Einwohner

Das Heilige Römische Reich:
Ein von Anfang an strategisch überdehntes Staatsgebilde

Dieses Reich war viel zu verworren, seine Mittel viel zu gering, besaß keine geschriebene Verfassung, hatte weder eine geordnete Rechtsprechung noch ein effizientes Finanzsystem noch einen Palast für seinen König. Es konnte nicht wirksam regiert werden, selbst wenn Regent und Regierte besseren Willens gewesen wären.

Schwer lastete die faszinierende Vision eines deutschen Kaisertums auf dem riesigen Agrarstaat der Deutschen, in dem nur langsam von vielen Marktflecken und Städten aus Zellen einer ersten Marktwirtschaft als Impulsgeber für ökonomisches Wachstum, Innovationen und Fortschritt entstanden. Angesichts der aufreibenden Machtkämpfe mit den Päpsten, der Aufstände von Obotriten und Dänen an der Ostsee bzw. der Slawen an der deutschen Ostgrenze, der Unzuverlässigkeit der deutschen Fürsten, der inneritalienischen und römischen Wirren bis hin zu Herausforderungen der Sarazenen in Süditalien und der aufkommenden Nationalstaaten war – bei niedrigem Zivilisationstand und katastrophalem Verkehrswesen – das überdehnte Reich ein Kardinalproblem der Deutschen. Daran scheiterten (siehe Karte 4) die Staufer bei ihrem Versuch der Errichtung von zwei Staaten innerhalb des Reichs als auch Luxemburger und Habsburger (siehe Karte 5) bei dem Bemühen, die Probleme durch eine starke Hausmacht zu lösen.

Um 1400: Europa bereits auf der Überholspur

Nichts darf hier kleingeschrieben werden: die enorme Bedeutung religiöser Ermutigung und einer gewaltigen Leidenschaft, die Völker und Fürsten beseelte; die ungeheure Bedeutung großer Persönlichkeiten; der faszinierende Wagemut der Kaufleute und Seefahrer, die alles erduldeten, was eine grimmige See ihnen abverlangte; und schließlich der Erfindungsreichtum der Mönche und Ingenieure in ihren Werkstätten und Werften.

Dies alles bewirkte die Dynamik, die Europa – im Vergleich zu anderen Weltregionen – im 12. und 13. Jahrhundert auf die Überholspur brachte. Was den Aufstieg des kleinen Kontinents aber am meisten beflügelte, war das, was die christlichen Eroberer an neuen Erkenntnissen der Logik, der Geistes-, Agrar- und Ingenieurswissenschaften in den Bibliotheken von Toledo und Palermo vorgefunden hatten. Sie führten zu einer Spirale neuer Erfindungen.

Eine gewaltige Zunahme der Energiequellen, die Einführung neuer Pflanzen- und Getreidesorten, brillante Verbesserungen in der Bergwerks- und der Mühlentechnik aller Art, der Kartographie und der Navigationstabellen sowie neue Erfindungen wie das Barometer und das Fernrohr sind Beweise dafür, daß sich Europa – im Weltvergleich – um 1400 bereits einem ökonomischen, wissenschaftlich-technologischen und bald auch militärischen Übergewicht näherte, das seinen sichtbarsten Ausdruck in den breitwandigen, mit Kanonen bestückten Hochseeseglern finden sollte, die eine Fortentwicklung der großen Hansekoggen waren.

71

Oben: *Schiffahrt auf der Seine bei Rouen im 15. Jahrhundert. Ausschnitt aus einer Miniatur als Illustration zu einem Manuskript „Ethik" des Aristoteles. Rouen, Bibliothèque Municipale.*

Links: *Weinmarkt in Brügge. Der Kran ist mit den namengebenden Kranichen geschmückt. Miniatur von S. Bening aus dem 16. Jahrhundert. München, Bayerische Staatsbibliothek.*

Rechts: *Hansekogge zum Überholen im Hafen in Brügge. Die schwarzen Hilfskräfte kamen über Mallorca nach Brügge. Ausschnitt aus einer Miniatur eines Manuskripts des 15. Jahrhunderts. Oxford, Bodleian.*

Beladen eines Schiffes.
Miniatur als Illustration zu einem Manuskript über den Trojanischen Krieg von Conrad von Würzburg. Um 1440. Berlin, Stiftung Preußischer Kulturbesitz.

Oben links: *Markttag in Antwerpen. Ausschnitt aus einem Gemälde des 15. Jahrhunderts.*

Oben rechts: *Darstellung einer Kogge, an Vorder- und Ankersteven Drachenköpfe, wie sie die Schiffe der Wikinger hatten. Nach einer Miniatur aus den „Dialogi" von Gregor dem Großen, die den Hl. Paulin darstellt, der nach Afrika segelt. Brüssel, Bibliothèque Royal.*

Links: *Ankunft in Köln. Köln war neben Lübeck die bedeutendste Hansestadt. Neben dem Kölner Dom gut sichtbar der riesige Baukran und die Kirche Groß St. Martin. Reliquienschrein der Hl. Ursula. Gemalt von Hans Memling (1425-1495). Brügge, St. Janshospital.*

Soest: *Blick auf die Wiesenkirche (St. Maria zur Wiese), 14. Jahrhundert.*

Soest: *Das Osthofentor, 1523-1526 erbaut von Meister Porphyrus von Neuenkirchen.*

Dortmund: *Marienkirche, um 1220, Chor um 1350; dahinter Turm von St. Reinoldi.*

Dortmund: *Die Kirche St. Reinoldi (13.-15. Jahrhundert. Westturm 1701.*

Dortmund: *Die Wasserburg Haus Bodelschwingh aus dem 16. Jahrhundert.*

Im Gegensatz zu anderen Städtegruppen wurde der westfälische Städtekreis nicht von einer einzigen Stadt überragt, sondern von der Vierstädteformation Soest, Dortmund, Münster und Osnabrück.

Soest

Im Jahr 836 urkundlich erstmals erwähnt, entwickelte sich Soest im 12. Jahrhundert zur ersten Stadt in Westfalen und zur Führungsstadt der Westfalen in der Epoche der Kaufmannshanse in Wisby. Mitte des 12. Jahrhunderts schon hatte Soest Handelsverbindungen nach Gotland, Nowgorod, Bergen, London, Brügge, Troyes, Champagne und Rom. Das Soester Stadtrecht – um das Jahr 1000 erstmals formuliert – wurde von Lübeck und den meisten Ostseestädten übernommen und hatte über ein halbes Jahrtausend Gültigkeit.

Dortmund

Um 900 erhielt die Stadt ihr erstes Marktrecht und war später Oberhof eines bedeutenden Stadtrechtskreises. Seit 1220 war Dortmund eine freie Reichsstadt. Um 1280 trat Dortmund bei den Verhandlungen um hansische Privilegien erstmals neben Soest und Lübeck hervor. Kurz darauf ging die Führung des „westfälischen Kaufmanns" unter Umgehung von Soest an Dortmund über. Damals erschien Dortmund bei der Ausstellung von Zertifikaten „wie eine westfälische Zentrale" (von Winterfeld, a.a.O., S. 283). Erst ab 1418 wurde das westfälische Drittel des Brügger Kontors nicht mehr durch Dortmund, sondern durch Köln angeführt, das jetzt vor den drei damaligen westfälischen Oberhofstädten Dortmund, Soest und Münster die Führung der Westfalen in der Hanse übernahm.

Münster: *Der Stolz Münsters ist die einzigartige Schauwand des Rathauses mit ihrem mehrstufigen, siebenfach geteilten Ziergiebel. Foto: Löbl-Schreyer, Bad Tölz* (links und rechts).

Münster

Nach der Neueinteilung der Hanse von 1494 wollte Lübeck in Westfalen eigentlich nur noch Münster direkt anschreiben, es kam dann zunächst zu einer Bevorzugung von Münster und Osnabrück. 1554 jedoch trat Köln wieder an die Spitze des westfälischen Viertels bzw. bald Drittels. Münster nannte als seine Beistädte Ahlen, Beckum, Bocholt, Borken, Coesfeld, Dülmen, Haltern, Rheine, Telgte und Werne. Ab 1557 vertraten entweder Dortmund, Soest oder Münster und Osnabrück auf den Hansetagen in Lübeck die Interessen der Westfalen. Im Dreißigjährigen Krieg war Münster seit 1643 Tagungsort des Friedenskongresses.

Münster: *Der gotische St. Paulus Dom, ein gewaltiger Kirchenbau, Blick auf die Südseite des Langhauses, links die beiden Westtürme. Foto: Hans Eick* (oben).

Münster: *Blick auf die Überwasserkirche (erbaut ab 1340). Foto: Monika Röhs* (rechts).

Osnabrück: *Panoramabild von Osnabrück. Foto: Presseamt der Stadt.*

Osnabrück: *Blick auf das Rathaus am Markt (erbaut 1487-1512) und auf die Stadtwaage (erbaut 1532). Foto: Blumebild 1203.*

Osnabrück

Osnabrück ist die größte westfälische Stadt in Niedersachsen. 1554 nannte es Fürstenau, Iburg, Melle, Quakenbrück und Wiedenbrück als seine Beistädte in der Hanse. Es wurde von Lübeck aber immer als Verbindungsstadt zu Bielefeld, Herford, Lemgo und – zeitweilig – Minden angesehen. Durch ihre Prüfstelle für Leinen (Legge) hatte die Stadt in der Hanse große Bedeutung im Leinenhandel. Je länger die Hanse dauerte, desto größer wurden der Einfluß und die Bedeutung von Osnabrück. Wie Münster war die Stadt ab 1643 Tagungsort des Friedenskongresses für den Dreißigjährigen Krieg.

Herford

1983 gründeten 20 ehemalige Hansestädte aus Hessen, Niedersachsen und Westfalen in Herford den WESTFÄLISCHEN HANSEBUND und bestimmten die alte Reichs- und Hansestadt zum Sitz seines Kontors. Im Sommer/Herbst des Jahres 2000 werden ihm 39 ehemalige Hansestädte angehören. Zum schönsten Erbe der Hansezeit gehören in Herford seine spätromanisch/frühgotischen Hallenkirchen. Paul-Otto Walter bezeichnet die Münsterkirche als „steingewordenen Übergang vom romanischen Baustil zum gotischen mit noch romanischer Schwere und doch schon gotischer Ausweitung in die Höhe."

Herford: *Blick in das Innere der Münsterkirche mit dem Chorbau im Osten. Foto: Paul-Otto Walter.*

Herford: *Der schönste Profanbau Herfords aus der Hansezeit: das mehrfach restaurierte Remensniderhaus aus dem Jahr 1521. Foto: Lisa Huchzermeyer.*

Herford: *Haus in der Höckerstraße. Foto: Lisa Huchzermeyer.*

Die Städte des Westfälischen Hansebundes

Ahlen

Arnsberg

Attendorn

Bad Iburg

Brakel

Breckerfeld

Brilon

Coesfeld

Dorsten

Dülmen

Fürstenau

Geseke

Haltern

Die Städte des Westfälischen Hansebundes

Hattingen

Herford

Korbach

Lemgo

Lippstadt

Medebach

Meschede

Minden

Münster

Nieheim

Olpe

Osnabrück

Paderborn

Die Städte des Westfälischen Hansebundes

Quakenbrück

Rheine

Rüthen

Schmallenberg

Schwerte

Soest

Telgte

Unna

Warburg

Warendorf

Warstein

Werl

Werne

1293 fiel bei einer Tagung wendischer, sächsischer und westfälischer Hansestädte in Rostock die Entscheidung, künftig nur noch Lübeck anstelle Wisbys als Oberhof und Gerichtsinstanz für das wichtige Nowgoroder Kontor zuzulassen.

1298 schließlich entschieden die Gesandten der wichtigsten Hansestädte, daß künftig das Siegel der Hanse nicht mehr auf Gotland, sondern nur noch in Lübeck verwandt werden dürfe.

Älteste Gesamtansicht der Stadt Lübeck. Ausschnitt aus dem Altarbild von Herman Rode (1485-1504 in Lübeck) in der Nikolaikirche in Reval.

Jetzt war Lübeck endgültig die Vormachtstellung in der Hanse zugewachsen. Ihm – zwischen Ost- und Nordsee gelegen – „und gleichsam in der Mitte der Städte" oblag nun „in dem so mächtig aufgeblühten Ost-West-Handel die Rolle des Vermittlers und Lenkers" (Pagel, a.a.O., S. 51).

Bei der hansepolitisch so entscheidenden Weichenstellung von 1293 holte Lübeck schriftlich die Stellungnahme der aus seiner Sicht damals wichtigsten sächsischen, westfälischen und preußischen Hansestädte ein, so daß ein wertvolles zeitgeschichtliches Dokument entstanden ist: Denn innerhalb der 24 schriftlichen Zustimmungserklärungen finden wir neben denen von Köln, Magdeburg, Halle, Braunschweig, Goslar, Hildesheim, Hannover, Lüneburg, Rostock, Stralsund, Wismar, Greifswald, Kiel, Stade, Elbing und Danzig aus Westfalen die von Dortmund, Paderborn, Minden, Lemgo, Lippstadt, Herford und Höxter. Osnabrück hingegen lehnte zusammen mit Soest, Münster und Riga ab.

Kein Zweifel also, daß in jener entscheidenden Phase des Übergangs zu einer organisatorischen Festigung dieser Handelsorganisation aus Sicht der jetzt zur Führung drängenden Stadt Lübeck aus dem heutigen Ostwestfalen-Lippe Paderborn, Minden, Höxter, Lemgo und Herford eine herausra-

gende Stellung einnahmen; denn es liegt auf der Hand, daß Lübeck im Rahmen der erwähnten hochpolitischen Entscheidungen nur Städte um ihre Meinung bat, die sich jenseits der Teilnahme ihrer Bürger an den Handelsprivilegien in den Kontoren „aktiv an der Organisation, den Unternehmungen und den daraus erwachsenden Lasten der Gemeinschaft" (Pagel, a.a.O., S. 66) beteiligten.

Um das Jahr 1300, zu einer Zeit also, in der es das deutsche Reich nur noch dem Namen nach gab, waren die niederdeutschen und westfälischen Städte in einer exzellenten Ausgangsposition. Sie konnten nun zu Hause und in der Fremde ihre Interessen selbst wahrnehmen und durchsetzen. Bald sollten für sie große Zeiten kommen.

In der Epoche Rudolf von Habsburgs: Das hochhansiche Zeitalter beginnt

Das war schon ein gutes Omen: „Rudolf von Habsburgs Vater, Albrecht ‚der Reiche', erkannte, daß nicht mehr Grund und Boden allein ein sicheres Einkommen gewährten, sondern daß die viel ergiebigeren Geldquellen in den Städten sprudelten" (Herm, a.a.O., S. 17). Und so verließ er die zugige Höhe der Habichtsburg auf dem Wülpelsberg, zog in die aargauische Stadt Brugge, wo ihm sein ältester Sohn, Rudolf genannt, geboren wurde.

Kaum war dieser, 1273, König der Deutschen geworden, da zeigte sich schon, daß der kühle, nüchtern denkende Mann die Eigenschaften eines guten Bankiers besaß: Selbst seine Töchter Agnes, Clementia, Guta, Hedwig und Mathilde verwandelten sich in seinen Händen im Zuge wohldurchdachter Heiratspolitik in lebendiges Kapital, das einstens reiche Zinsen tragen sollte.

Und als Regent tat Rudolf von Habsburg (1273-1291) – rastlos in Deutschland immer unterwegs – das, was Kaufleute nur lieben können: Er bekämpfte die Raubritter, wann immer er nur konnte, er beschnitt die Rechte der Territorialherren, Wegzölle zu erheben, wann und wo immer sie wollten, und sorgte so dafür, daß die Bürger in den Städten wieder freier atmen konnten.

Aber das Reich war groß und der Norden weit: Schon 1241 beim Kampf gegen den Straßenraub hatte sich die Achse Hamburg – Lübeck bewährt. Zwischen 1259 und 1275 erweiterte Lübeck diese um die Städte Wismar, Rostock, Stralsund samt Greifswald und Stettin zu einem gemeinsamen Bündnis gegen Seeräuberei. 1283 wurde daraus der Landfriedensbund von Rostock, dem rund 40 Städte von Sachsen

*1278 hatte Rudolf I. von Habsburg, der König von „Alemannien",
in einer Schlacht auf Leben und Tod am Abgrund vorbei seinen Rivalen, König Ottokar von Böhmen, besiegt. Seitdem schob er von
Wien aus seine Söhne und Töchter in Europa hin und her, um dadurch seine deutsche Königsmacht zu befestigen. Daß parallel
dazu der mächtige Städtebund der Hanse im deutschen Norden zu
einem Staat im Staate wurde, konnte Rudolf – angesichts der Un-
treue der Territorialherren – nur Recht sein, allzumal ihm die Lübecker 1288 die Reichssteuern für acht Jahre im voraus nach Erfurt überbrachten.
Bild oben: Bildnis Rudolfs I. von Habsburg auf der Grabplatte im
Dom zu Speyer.*

und Lauenburg bis Pommern angehörten. Für den Landfrie-
den im Reich sorgte künftig Rudolf von Habsburg, für den
im nordelbischen Raum aber die Hanse.

Dreimal erprobte die Hanse jetzt die Waffe einer Handels-
blockade: 1277, als die Russen und Litauer Livland angrif-
fen, gegen Nowgorod. 1280 gegen Brügge, als sich Handwerker gegen die Hansen und ihre Privilegien wandten. Die
Blockade endete mit einem Erfolg, indem letzten Endes die
Hansen sogar noch verbesserte Privilegien erhielten. Im Ge-
genzug verpflichteten sie sich, die wichtigsten Waren für
Flandern (Getreide, Wolle, Kupfer, Pelzwerk und Wachs)
künftig nur noch nach Brügge zu liefern. 1284 folgte eine
Blockade gegen Bergen und Norwegen: Norwegens Kaufleute und Schiffer bedrängten König Hakon V., die Privilegi-
en der Deutschen zu beschneiden. Überfälle auf hansische
Schiffe häuften sich. In Wismar beschlossen die wendischen

Städte einen Boykott von Getreide, Malz, Bier und Gemüse
gegen Norwegen. Dort „entstand eine so große Hungersnot,
daß sie sich zur Sühne verstehen mußten". Die Hanse konnte ihre Privilegien alsbald auch hier noch verbessern und in
Folge den gesamten Handelsverkehr zwischen Norwegen
und England an sich ziehen. Mit hansischem Geld wurde die
norwegische Fischereiflotte neu aufgebaut und vor allem auf
den Kabeljaufang ausgerichtet.

1293 hatte Lübeck Wisby endgültig die Führung entrissen;
Graf Guido verbesserte in Flandern die Privilegien seiner
Mutter von 1268 für Brügge; 1303 übergab in England König Eduard I. den Deutschen seine berühmte „carta mercatoria". Jetzt erst fuhren die größeren Ostseestädte höhere Gewinne ein. Ihre Finanzkraft erlaubte es den Städten, sich
mehr und mehr von ihren Ortsherren freizukaufen: Um 1300
hatte die Hanse ihr Handelsimperium abgesichert. Sie konnte mit dem Verlauf der Dinge zufrieden sein.

Die Schlacht von Bornhöved (1227) und der Vertrag von Smolensk (1229)

So sicher war es allerdings nicht, daß die Ostsee unter die
Herrschaft einer bürgerlichen und nicht doch unter die einer
der feudalen Großmächte fallen würde, die sich jetzt reihum
– nur eben nicht in Deutschland – im Gewande aufstreben-
der Nationalstaaten zu etablieren begannen.

Dänemark hatte im hohen Norden die höchste Bevölke-
rungsdichte. Dies und seine vorzügliche Lage als Brücke
zwischen Nord- und Ostsee machten es im Hochmittelalter
zur führenden Macht Skandinaviens. Unter König Waldemar I. der Große (1157-1182), der zusammen mit Herzog
Heinrich dem Löwen die Wenden bekämpft hatte, begann
Dänemarks Großmachtpolitik in Ostseeraum. Er eroberte
1169 die Insel Rügen und setzte hier eine zwangsweise Christianisierung durch. Sein Sohn König Knut I. (1182-1202)
überwältigte 1202 Pommern und Teile Mecklenburgs. Sein
Bruder, König Waldemar II. der Sieger (1202-1241) eroberte 1201 Holstein mit Lübeck und Hamburg sowie 1219 Estland: Welch eine Gefahr für die Hanse! Doch an einem einzigen Tag, am 22. Juli 1227, gelang es den vereinten Kräften
der Deutschen unter Führung von Adolf IV. von Schauenburg in der Schlacht von Bornhöved, in der Mitte Holsteins
gelegen, Holstein zurückzuerobern.

Am Abend des 22. Juli 1227 – nach dem für die Zukunft
der Hanse so entscheidenden Sieg über die Dänen – brachte
der Lübecker Stadtchronist folgende Worte zu Papier: „So
wurden an diesem Tage die Lande erlöst von den Dänen; des
sie alle Gott loben und preisen und dazu die heilige Maria
Magdalena." So groß war die Erleichterung in beiden Städten, daß man in Hamburg und Lübeck Klöster zu Ehren der
Heiligen dieses Tages errichtete.

Ein Jahr zuvor, 1226, hatte der Stauferkaiser Friedrich II.
die „Kaiserliche Freie und des Heiligen Römischen Reiches

Stadt Lübeck" zu einer freien Reichsstadt erhoben. Von nun an begann die Stadt, im Inneren und nach außen hin (1235 und 1249 wiederum gegen die Dänen!) ihre Verhältnisse zu festigen und ihre Macht zu erweitern. Kaum ein Jahrhundert nach seiner Gründung war Lübeck die bevölkerungsreichste Stadt Nordeuropas. Und bald schon sollte die Stadt als Haupt des hansischen Städtebundes zur Beherrscherin des Handels an der Ost- und der Nordsee emporsteigen.

Nowgorod. Figur des Erzgießers Richwin aus der Korssunischen Tür, daneben Eva aus dem Sündenfall. Meister Abraham, Detail aus der Bronzetür der Sophienkirche zu Nowgorod. Metallguß, Magdeburg, um 1153.

Nur zwei Jahre später – 1229 – kam es zu einem Ereignis, das für Europa bis heute anhaltende Bedeutung hat: Der Patriarch des Nordens, Bischof Albert, war in Riga verstorben. Da „sandte Fürst Mstislaw Dawidowitsch einen Mann, den Priester Jeremei und den Hundertmann Pentélei, von den Smolenskern nach Riga und von Riga an das gotische Ufer, den Frieden zu bekräftigen ..., auf daß Eintracht zwischen ihnen walte, und daß es den russischen Kaufleuten in Riga und auf dem gotischen Ufer und den deutschen Kaufleuten im

Smolensker Gebiet behage ... Und damit der Friede ewig währe ..., so haben sie ein Recht aufgezeichnet ... für den Russen in Riga und auf dem gotischen Ufer und für den Deutschen in Smolensk ... Gott verhüte, daß Streit entstehe zwischen Deutschen und Russen ...!" (Goetz, a.a.O., S. 490 ff).

Dieser Vertrag von Smolensk aber mit seinen 37 Artikeln über detaillierte markt- und handelsrechtliche Problemstellungen samt Bestimmungen über Geleit- und Reiseschutz befestigte in seiner Folgewirkung die anhaltende kulturelle Verbindung der baltischen Ostseestaaten mit Europa bis auf den heutigen Tag.

Daß die Zeugenreihe der unterschreibenden Kaufleute auf deutscher Seite mit drei Bürgern der Gotländischen Genossenschaft, drei aus Lübeck, zwei aus Soest, zwei aus Dortmund, zwei aus Münster neben einem aus Bremen, vier aus Riga und zwei aus Groningen beginnt, zeigt die überwältigende Bedeutung der Westfalen am Anfang der Hanse.

An Lübecks Altären brennen die Kerzen: Die Rettung der wendischen Städte

Feudalmacht gegen Bürgertum und umgekehrt, das große Schicksalsthema der Hanse

Bornhöved – und kein Ende. 1227 hatte eine im wesentlichen hamburgisch-lübeckische Koalition gegen den dänischen König die Ostseeherrschaft für die Gotländische Genossenschaft gerettet.

Die Niederlage Waldemars II. 1227 bei Bornhöved führte zu einem Zusammenbruch der dänischen Vorherrschaft in Norddeutschland. Nur in Rügen und Estland konnten sich die Dänen noch halten. Auch die kraftvolle Expansionspolitik der deutschen Ostsiedler im Ostseeraum führte zum Zusammenbruch der dänischen Großmachtstellung.

In den Jahrzehnten nach Bornhöved entwickelten sich die brandenburgischen Askanier zu gefährlichen Machtrivalen der Hanse an der Ostsee. Sie eroberten Danzig, Rügenwalde und die Neumark. Alarmzeichen für die Hanse genug!

Bereits König Erich VI. (Erik Menved; 1286-1319) versuchte sich an einer Neuauflage der Politik, die schon unter Waldemar II. (der Sieger) zu Bornhöved geführt hatte. Mit einem ganzen Reigen kriegsbereiter Feudalherren, darunter die Herzöge von Sachsen und Braunschweig, den Markgrafen von Brandenburg, Holstein und Wittenberg, den früheren Fürsten der Wendenländer samt den Fürstbischöfen von Magdeburg, Bremen und Lund trat er den wendischen Städten gegenüber. 1302 zwang er Rostock zur Huldigung. 1307 stellte sich Lübeck „freiwillig" unter den „Schutz" des Dänenkönigs.

1311 bzw. 1312 überwältigten ihre jeweiligen Landesherren Wismar und Rostock. Das Aufbauwerk von zwei Jahrhunderten schien verloren. Doch da traten Erich 1216 vor Stralsund ausgerechnet der Markgraf von Brandenburg und die anderen askanischen Fürsten entgegen und besiegten ihn. Der Friede von Stralsund (1317) rettete die wendischen Hansestädte und wurde für König Erich zu einem Menetekel. 1319 starb er im Exil als ein politisch Gescheiterter.

Sein Bruder Christoph II. (1320-1326 und 1330-1332) wollte sich eigentlich nur Schleswigs bemächtigen. Doch war auch das schon ein Fehler. Denn hier traf er auf den Schauenburger Gerhard III., als Einiger von Schleswig und Holstein auch Gerhard der Große (1292-1340) genannt. Gerhard – Vormund des minderjährigen Waldemar III. – trat ihm entgegen, besiegte und vertrieb ihn 1326 und 1331 in zwei Entscheidungsschlachten. 1332 starb Christoph im Exil, Gerhard aber, bereits Herrscher über Schleswig und Holstein, übernahm nun auch als Reichsverweser die Macht in Dänemark.

Die von dem Vertrauten Heinrichs des Löwen, Bischof Vizelin, um 1150 eingeweihte Ortskirche von Bornhöved. Einzig Bosau besitzt noch eine Vizelin-Kirche des 12. Jahrhunderts.

Riesengroß war nun die Gefahr, die den Hansestädten der Ostsee von Gerhard drohte. Sie alle samt 16 Territorialfürsten Norddeutschlands schlossen sich 1338 gegen ihn in einem Landfriedensbündnis zusammen. 1340 aber fiel Gerhard auf Jütland einem Komplott des dänischen Adels zum Opfer. Lübecks Bürger zündeten Dankeskerzen in ihren Kirchen an.

Aber dann, welch ein Fehler: Die Herren des Landfriedensbündnisses verhalfen dem Sohn Christophs, Waldemar IV. Atterdag, zur Krone im Königreich Dänemark. Eine Fehlentscheidung, wie sich zeigen sollte, die alsbald zwei tüchtigen Lübecker Bürgermeistern buchstäblich Kopf und Kragen kosten sollte.

Wohin man auch schaut, Berge von Leichen: Der große Pestzug und die Hanse

Das 13. Jahrhundert hatte die Christenheit hoffnungsfroh begonnen. Vom ersten Tag an, so berichtet ein italienischer Kardinal, Jacobo Stefanesci, seien die Bürger Roms „durch Zeichen bewegt" nach St. Peter geeilt und hätten um Segen und Ablaß gebeten. Papst Bonifaz VIII. handelte schnell: Eilends verkündete er am 22. Februar, rückwirkend auf den Jahresanfang, „dem Verlangen des Volkes" folgend ein „Heiliges Jahr", einschließlich eines „Plenarablasses". Dieser Jubelablaß verhieß einem jeden, der die Papstkirche St. Peter und St. Paul vor den Mauern dreißigmal aufsuchte, einen vollständigen Ablaß aller seiner Sündenstrafen. Über 200.000 Pilger kamen allein über den großen St. Bernhard in diesem Jahr aus Mitteleuropa nach Rom! Auch Italiens Dichterfürst Dante Alighieri (1265-1321) eilte nach Rom und berichtete, wegen der Menschenmassen habe man damals in Rom das „Rechtsgehen" an engen Straßenführungen erfunden.

Aber auch die Zuhausegebliebenen versuchten, durch gute Werke etwas für ihr Seelenheil zu tun. Vor allem diejenigen, die durch ihren regen Umgang mit Waren und Geldern theologisch auf schwankendem Boden standen, versuchten, durch fromme Stiftungen für Klöster, Mönchskonvente und Pfarrgemeinden deren Fürbitte bei Gott zu gewinnen. Im Norden Europas, in den Hansestädten, kamen so erhebliche Spenden der Kaufleute für den Bau der prachtvollen backsteingotischen Hauptkirchen, aber auch für manche Bruderschaft und Kapelle zusammen.

Doch der Himmel verfinsterte sich. Die Hanse verstrickte sich an der Ostsee zunehmend in kriegerische Auseinandersetzungen mit den Feudalherren. Und Europa ereilte eine der schlimmsten Katastrophen seiner Geschichte, der „Schwarze Tod", die Geisel der Pest, von der der Florentiner Dichter Petrarca (1304-1374) für spätere Epochen schrieb: "O glückliches Volk der Nachgeborenen, das dieses Elend nicht mehr gekannt haben wird." Venezianische und genuesische Kaufleute hatten die Pest vom Schwarzen Meer nach Neapel und Pisa, nach Genua und Marseille gebracht; 1348 wütete sie in London, 1349 in Süddeutschland, Dänemark und Norwegen; 1350 schließlich überwältigte sie ganz Norddeutschland. Bremen hatte 7.000 Tote zu beklagen, in Lübeck starb jeder zweite Ratsherr.

Einige überkam der Zweifel an Gott, einige sahen die einzige Rettung in der Hoffnung auf Gottes Erbarmen: „Männer, Frauen und Kinder schlossen sich zu Geißlerzügen zusammen, wanderten von Ort zu Ort, sangen, beteten und schlugen sich mit entblößten Oberkörpern blutig, um den Zorn Gottes zu besänftigen …" Und: „Von Spanien aus verbreitete sich plötzlich das Gerücht über ganz Europa, die Juden hätten die Brunnen vergiftet und dadurch die Pestepidemie verursacht. Und nun setzte allenthalben eine Judenverfolgung von solcher Grausamkeit ein, wie sie bis dahin das Abendland noch nicht erlebt hatte." (Pape, a.a.O., S. 108).

Unzählige Darstellungen des „Sensenmanns" beweisen es: Der Tod war in der Hansezeit die Macht auf Erden. Während der Pest aber „mähte er ganze Dörfer nieder, ganze Täler, ganze Städte. Florenz verlor … mit 50.000 Menschen mehr als die Hälfte seiner Einwohnerschaft, … in Köln und Mainz starben täglich hundert, in Elbing im ganzen dreizehntausend … der Gesamtverlust an Einwohnern hat nach neueren Berechnungen wohl 25 Millionen betragen" (Borst, a.a.O., S. 598).
Allmacht Tod. Aus dem „Tenor Fraternitatis de Memoria mortis", einer 1490 gegründeten Bruderschaft zur Vorbereitung auf den Tod. Erschienen bei Johannes Reger, Ulm 1491.

Allmacht des Todes: „Totentanz" lautet ein Kapitel in Thomas Manns „Zauberberg", in dem der Dichter darstellt, wie verzweifelt der moderne Mensch versucht, dem Tod nur ja keine Herrschaft über seine Gedanken einzuräumen. Das Mittelalter dachte und handelte da anders. War doch alles, was die Menschen damals erlebten, ein schieres Weltfest des Todes. Überall lauerte der Tod. Jeder wußte, daß seine Tage

gezählt sind. Das durchschnittliche Lebensalter betrug 35 Jahre. Wer krank wurde, wartete auf sein baldiges Ableben. Seuchen kamen immer wieder. Der Tod, der knochenstarrende Sensenmann, war stets zugegen und mähte ganze Ortschaften, Täler und halbe Städte nieder. Der Tod war schrecklich, da es keine Linderungsmittel gab. Und jedermann erlebte ihn von Kindesbeinen an.

Vielleicht deshalb kehrten die Menschen der Hansestädte nach dem Abflauen der Pest ganz selbstverständlich wieder zu ihrem Alltag zurück.

Teilweise kompensierten sie das Vergangene durch einen ausgesprochenen Hang zur Lebensfreude. In Wismar zum Beispiel verabschiedete der Rat nach 1350 Gesetze gegen Luxus und Ausschweifungen. Pestopfer in den Städten wurden nach dem Ende der Epidemie durch flüchtige Landarbeiter ersetzt. Um 1360 bestand die Hanse sogar schwere Kämpfe mit dem König von Dänemark. Nach 1370, mit dem Frieden von Stralsund, begann schließlich die große Zeit der Handelsorganisation.

Abenteurer, Piraten, Legenden: Der Kampf gegen die Seeräuber

Zwischen 1340 und 1400 begann die Zeit der legendären Seeräuberbanden auf beiden Meeren des Nordens. Schon im 9. Jahrhundert war Bremens hochangesehener Bischof Ansgar auf einer Missionsreise nach Schweden in der Nordsee von Piraten überfallen worden. Seeräuberei war in dieser Region schon immer ein Problem.

Doch im 14. Jahrhundert gewann sie eine neue Dimension. Seit der Ermordung des Holsteiners Gerhard des Großen und im Zuge des Hundertjährigen Krieges war die Räuberei – wie auf dem Lande schon lange – zu einer gewinnträchtigten Nebenbeschäftigung arbeitsloser Kleinadliger geworden. Die nordelbischen Ritter überfielen die hansischen Schiffer auf der Schonenfahrt von den dänischen Inseln aus genauso wie die normannischen, englischen, schottischen und flandrischen Kaperer auf der Atlantikroute oder im Kanal.

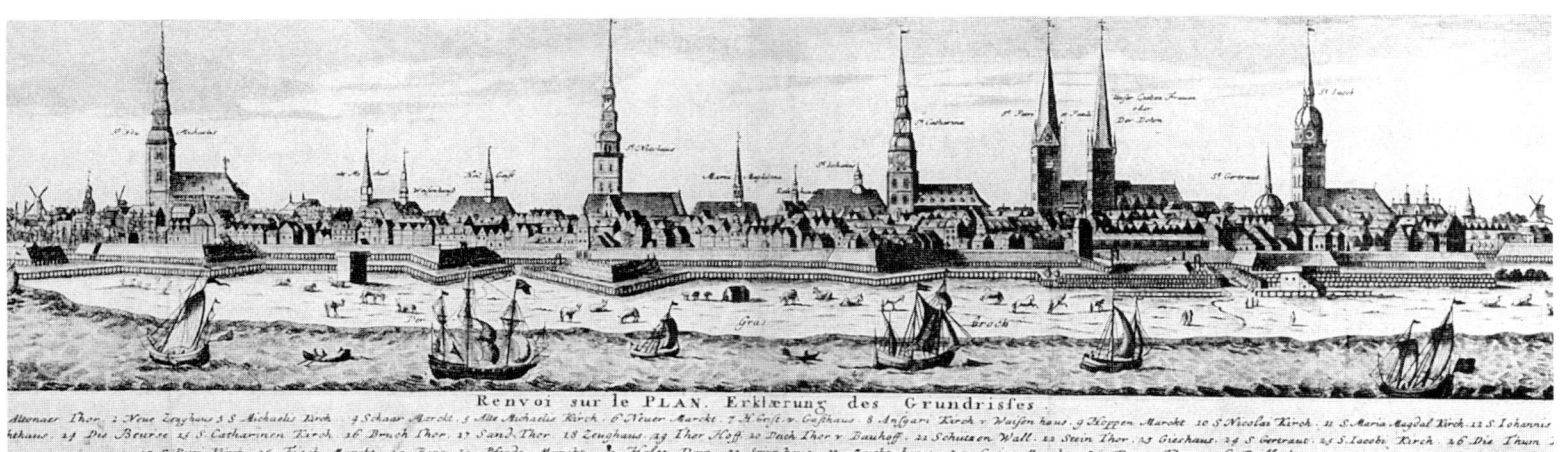

Ausschnitt aus einem alten Stich von Hamburg.

Ritter als Piraten der Meere, aber auch als Handlanger mißgestimmter Feudalherren, wie zum Beispiel der Mecklenburger: In Rostock und Wismar fanden sie ihre Anführer, einen Klaus Störtebeker, einen Gödeke Michels genauso wie ihren sonstigen Anhang und wurden bald nach dem Vorbild der „Vitailleurs", der Versorgungstrosse im Hundertjährigen Krieg, „Vitalienbrüder" genannt.

1387 wurde die Tochter König Waldemars IV. Atterdag, Margarete I., zur Königin von Dänemark, 1388 in Personalunion auch von Norwegen gewählt. In Schweden regierte seit 1364 König Albrecht von Mecklenburg. Schwedische Stände, aufgebracht über die Zugeständnisse Albrechts an die Hansestädte und norddeutsche Adlige, riefen Margarete gegen den Mecklenburger zu Hilfe. Ein erbittertes Ringen begann.

Im Kampf gegen die „Semiramis des Nordens", so wurde Margarete genannt, bediente sich Albrecht nun der Vitalienbrüder, die sofort Gotland eroberten und Wisby zur Zentrale ihrer Raubfahrten über die Ostsee machten. So richtig aber legten sie erst 1389 nach der Gefangennahme Albrechts durch Margarete los. 1391 eroberten sie Bornholm, in Finnland die Hafenstädte Abo und Wyborg, in Norwegen plünderten sie Bergen, schließlich besetzten sie Malmö und legten die Schonenfischerei lahm. Bald war nichts mehr vor ihnen sicher. Unter der Devise „Gottes Freund, aller Welt Feind" unterschieden sie bald nicht mehr zwischen Freund und Feind.

Drei Sommer lang waren die Heringsfitten auf Schonen stillgelegt. In Norddeutschland verdreifachten sich die Heringspreise, in Süddeutschland verzehnfachten sie sich. Wieder einmal riefen die Hansestädte den Deutschen Orden zu Hilfe. Von Danzig aus kam der Hochmeister Konrad von Jungingen 1398 mit einer Armada von 84 Schiffen der preußischen Städte und 4.000 Bewaffneten nach Gotland, besiegte die Freibeuter und vertrieb sie aus der Ostsee.

In der Nordsee aber waren die Seeräuber immer noch die Herren. Kein Schiff konnte zur Weser oder zur Elbe kommen, ohne von ihnen geplündert zu werden. Da rüsteten die Hamburger eine Flotte auf mit dem Holk des Bürgermeisters, der „Bunte Kuh" als Admiralsschiff. Zwei Ratsherren, Nikolaus Schocke und Hermann Lange, führten den Oberbefehl. Im Morgengrauen, im Schutz des Nebels, überraschten sie die Piraten vor Helgoland. Drei Tage lang dauerte der blutige Kampf Mann gegen Mann, Schwert gegen Schwert, dann waren die Vitalienbrüder besiegt.

Auf dem Graßbrook, der Richtstätte Hamburgs auf einer der Stadt vorgelagerten Elbmarsch, vollzog sich das Blutgericht am Klaus Störtebecker und Gödeke Michels, den aus Verden an der Aller stammenden Anführern und 150 ihrer Gesellen. Der Henker, Meister Rosenfeld genannt, watete in Blut.

Eine Legende über diese Zeit endet so: „Da hörte man viel Wehklagen und Weinen von Frauen und Jungfrauen auf dem blutbesudelten Graßbrook zu Hamburg. Die Sieger aber steckten die Köpfe der Feinde als abschreckendes Zeichen auf spitze Pfähle. So hingen sie lange am Elbufer, weithin sichtbar, allen Fahrensleuten und Fischern zur Warnung." (Paetow, a.a.O., S. 314).

Von der „Universitas mercatorum Romani Imperii" zur „Dudeschen hense"

„Triumph des Todesengels" nannte man die Pest. Zu dieser Zeit aber wütete längst eine ganz andere Todesmaschinerie in Europa: das grausame Blutvergießen zu Wasser und zu Lande im Hundertjährigen Krieg (1337-1475) zwischen England und Frankreich. Dabei ging es auch um das Erbe des Herzogtums Aquitanien, das durch die Erstehe von Eleonore mit Ludwig VII. zunächst an Frankreich, durch ihre Zweitehe mit Heinrich II. jedoch an England gefallen war.

1340 hatte die französische Flotte eine Niederlage erlitten. 1346 rannte

Die Hinrichtung der Seeräuber auf der Hamburger Elbmarsch. Hamburger Einblattdruck aus dem 17. Jahrhundert mit einem Bericht über die Hinrichtung der Seeräuber Claus Störtebecker und Gödeke Michels. Fotokabinett Baertel Remmer, München.

ein französisches Ritterheer mit 20.000 Mann gegen ein Aufgebot von 8.000 bestens geschulter englischer Bogenschützen ins Verderben. Tausende erschlagener Ritter lagen auf dem Boden von Clercy.

Die Kaufleute erlitten schwere Verluste und forderten – auf ihr Geleitprivileg pochend – Schadensersatz von der Stadt Brügge und vom Grafen von Flandern, der ihnen aber verweigert wurde. Auch beklagten sie sich, daß sie in Widerspruch zu ihren Privilegien Schadensersatz zahlen sollten.

Bald gelang es weder Frankreich noch England, die Landsknechte und ihre Führer aus der Etappe ihrer Flotten am Zügel zu halten. Marodierend plünderten sie die Dörfer und die Schiffe der Kaufleute an der Atlantikküste vor Brügge.

Über den Schadensersatz und andere Fragen kam es jetzt zum Streit mit dem Grafen von Flandern und der Stadt Brügge. 1356 trafen sich in dieser Sache Gesandte der Hansestädte in Lübeck. Bald herrschte die Überzeugung, daß das Brügger Kontor diese schwierige Situation nicht mehr bereinigen könne. Der Hansetag zog die Sache daher an sich und beauftragte unter Führung der Stadt Lübeck eine Gesandtschaft mit den Verhandlungen in Flandern. Diese scheiterten zwar, aber eines blieb: Das Brügger Kontor unterstand ab jetzt der Vereinigung der Hansestädte. Denn diese übernahm ab jetzt die Betreuung des Brügger Kontors. Und das bedeutete: An der Spitze der Hanse standen ab jetzt nicht mehr die Auslandskontore, sondern die Hansetage unter Führung Lübecks. Lübeck übernahm die Führung der Hanse.

Das war sozusagen ein Präzedenzfall: 1361 folgte eine ähnliche Regelung für Nowgorod. In Bergen galt schon seit längerer Zeit das Aufsichtsrecht der Städte. 1374 übernahm Lübeck auch die Betreuung des Londoner Kontors. Und das bedeutet, daß die Entwicklung vom „copman oder shepher van der Dudeschen hense" zur „stad van der Dudeschen hense" im Grunde schon ihren Abschluß gefunden hatte. Der Hansische Städtebund war an die Stelle der Kaufmannshanse getreten.

Niemand kann genau sagen, wann das Ende der Selbstverwaltung der Auslandskontore so richtig begann. Es gab da nie einen förmlichen Beschluß. Aber doch einen erhellenden Vorgang, der uns zeigt, wann sich das Pendel zur Städtehanse hinüberbewegte. Es war, 1252, der Augenblick des eigentlich größten Triumphes der Gotländischen Genossenschaft: Denn damals mit dem berühmten „Flandrischen Privileg" erreichte der „gemeene Kopman" die größte Ausweitung seines Handelsraumes – von Nowgorod bis nach Brügge. Gräfin Margarethe II. widmete ihren Flandernfreibrief zwar der „Universitas mercatorum Romani Imperii Gotlandiam frequentantes". Aber: ausgehandelt hatten das diplomatische Meisterstück bereits der Lübecker Syndicus Hermann Hoyer und der Hamburger Ratsnotar Jordan von Boizenburg. Noch führten damals, 1252, in der Hanse die Gotländer, aber der Weg Lübecks – samt der Seestädte des Nordens – an die Spitze der Hanse war bereits vorgezeichnet.

Niemand kann auch genau sagen, wann das Wort „Hanse" sich einzubürgern begann. Das Wort ist germanischen Ursprungs und schon im Gotischen nachweisbar, wo es „Schar" bedeutete. 1351 faßte König Eduard III. die deutschen Kaufleute mit der Bezeichnung „Mercatores de Hansa" als eine Einheit zusammen. 1358 wurde auf dem Lübecker Hansetag unter Vorsitz des Lübecker Bürgermeisters Pleskau von der Versammlung der Hansestädte ein Verkehrsverbot gegen Flandern beschlossen. Dabei schlichtete man einen unter sechs „alderluden der menen Dutschen" entstandenen Streit. Der Handelsboykott spricht vom „kopman eder shepere van der Dudeschen hense" und auch von den „Steden van der Dudeschen hense": Das Wort „Hansa", „Deutsche Hansa" war geboren. Und so ging der Hansetag von 1358 als Gründungstag der Städtehanse in die Geschichte ein. Aus der Genossenschaft der nach Gotland fahrenden Kaufleute des „Romani Imperii" war jetzt die Vereinigung „von den Steden van der Dudeschen hense", geworden, der Städtebund „Deutsche Hanse" also.

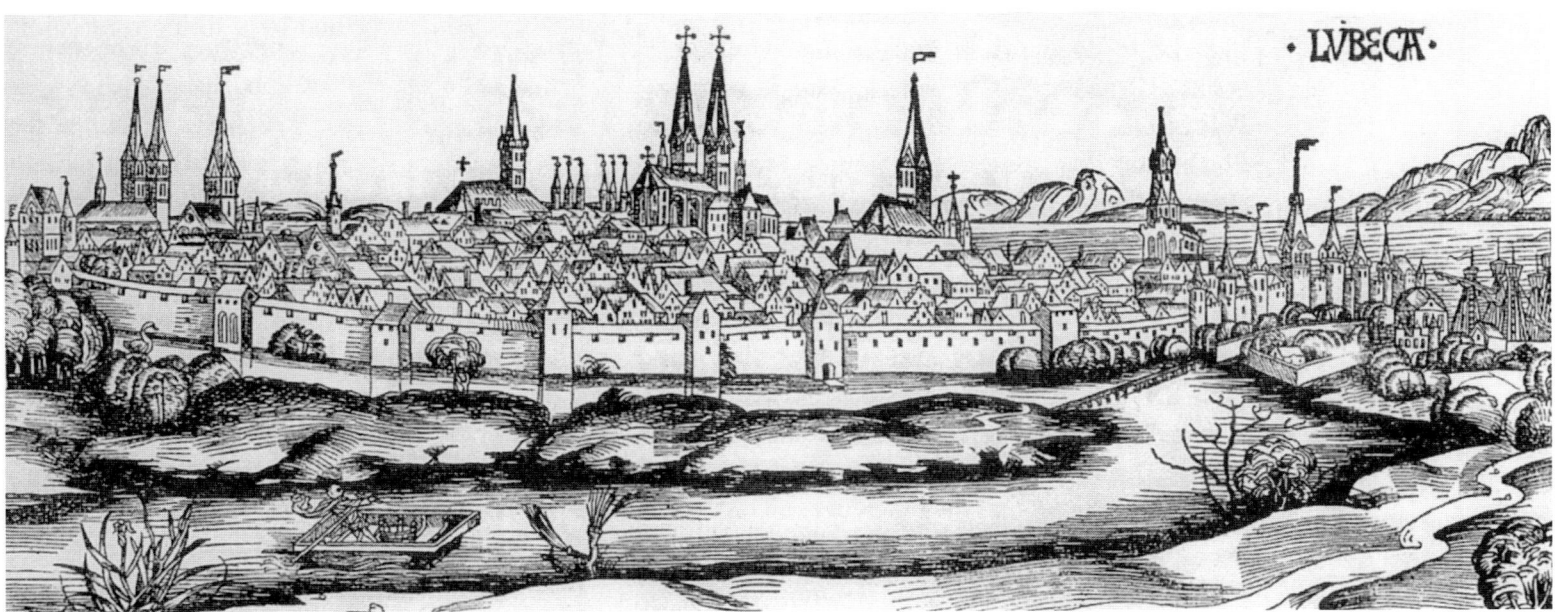

Lübeck. Kupferstich aus dem 15. Jahrhundert.

Und der Handelsboykott gegen Flandern, um den es seit 1356 ja eigentlich ging?

Selten standen die Sterne der Hanse so gut wie bei dieser Aktion. Die Deutschen waren bei weitem die wichtigsten Abnehmer der flandrischen Tuchproduktion; zudem hatten sie praktisch ein Monopol für die Einführung englischer Wolle.

Mehr aber noch und entscheidender: Die Hanse war bei weitem der wichtigste Nahrungsmittellieferant für diesen dichtbesiedelten Raum. Zwei Mißernten in Flandern und den Niederlanden kamen damals noch hinzu. In Flandern herrschte eine Hungersnot!

Der Graf von Flandern kapitulierte, versprach den Hansen Schadensersatz für Schiffe und Ladung und erweiterte die Privilegien der „Osterlinge" für Brügge auf die Städte Gent und Ypern, somit auf sein ganzes Herrschaftsgebiet.

Waldemar Atterdag lächelt das Glück … und Lübeck köpft seinen Bürgermeister

Wisby war eine der ersten Niederlassungen der Hanse gewesen. Das Wappen seiner deutschen Gemeinde war zum Symbol der Genossenschaft der deutschen Gotlandfahrer geworden. Und immer noch war es eine reiche Stadt, so wie die Sage es berichtet:

„Nach Zentnern wogen die Goten das Gold;
zum Spiel dienten die edelsten Steine,
Die Frauen spannen mit Spindeln von Gold;
aus silbernen Trögen fraßen die Schweine."

Vielleicht weckte dies die Begehrlichkeit von Dänemarks König Waldemar IV. (1340 bis 1375), genannt auch Atterdag. Wisby jedenfalls wurde zum Anlaß für ein dramatisches Geschehen.

Nach dem Tode Gerhards des Großen zerfiel Dänemark. Piraten beherrschten die Handelsstraßen zu Wasser und zu Lande. „Unwillig ertrugen dies die Städte", vermerkte der lübische Chronist.

So also sorgten vor allem die Hansestädte dafür, daß Waldemar Atterdag als Waldemar IV. den Thron übernehmen konnte, den sein Vater, König Christoph II., 1326 hatte verlassen müssen. Waldemar sollte für Beruhigung und Ordnung sorgen. Das gelang dem klugen Mann auch vorzüglich. Er zwang den aufrührerischen dänischen Adel zur Unterordnung, holte ein Krongut nach dem anderen zurück. Verschla-

gen und tapfer zugleich verdrängte er 1360 König Magnus von Schweden aus Schonen, vor dessen Küsten sich die kostbaren Heringsschwärme tummelten.

Aber am 27. Juli 1361 sollte sich zeigen, daß die Hanse Waldemar falsch eingeschätzt hatte: Er überfiel Gotland, tötete die Männer, die sich ihm entgegenstellten, eroberte Wisby und raubte alle Kostbarkeiten und Wertsachen, die ihm in die Hände fielen. Und das bedeutete für die Hanse erneut Krieg gegen Dänemark.

1363: Hinrichtung des glücklosen Lübecker Bürgermeisters Johann Wittenborg auf dem Marktplatz in Lübeck. Nach einer Abbildung in Rehbeins Chronik um 1620.

1361, Hansetag in Greifswald: Beschluß, mit Dänemark jeglichen Handel abzubrechen. Organisierung einer Kriegskoalition mit den Königen von Schweden und Norwegen, mit dem Herzog von Schleswig und dem Grafen von Holstein. Aufmarsch einer stattlichen Flotte von 27 Koggen und 25 kleineren Schiffen samt 3.000 Bewaffneten vor Kopenhagen. Der Führer und Stratege: Lübecks Bürgermeister Johann Wittenborg.

Wittenborgs Fehler: Er zersplitterte seine Flotte und ließ ein Teilaufgebot Schloß Helsingborg angreifen, Waldemars Glück. Er stürzte sich im Juli 1362 auf diesen Teil des hansischen Aufgebots, vernichtete ihn und hatte plötzlich zahlreiche Gefangene in seinen Händen.

Nur ein Waffenstillstand ermöglichte es Wittenborg, den Rest seines Aufgebots nach Lübeck zurückzubringen. Er mußte sein Versagen bitter büßen: Auf dem Marktplatz in Lübeck wurde er öffentlich vom Scharfrichter enthauptet.

„Wegen seiner Verbrechen, getrieben von göttlicher Rache": König Waldemar verläßt sein Reich

König Waldemar blickte von nun an voller Geringschätzung auf die Hanse. Bissig verfaßte er ein Spottgedicht:

„Seven und seventigh hensen
hefft seven und seventigh gensen;
wo my de gensen nicht en bitten,
nach den hensen frage ick nich en schitten."

Und machte sich sorglos auf eine Reise durch mehrere europäische Länder. Jedoch:

„Aus Vorsatz hast du nie, aus Leichtsinn stets gefehlt"; die bittere Wahrheit dieser goetheschen Erkenntnis braute sich nun über dem Haupt von Waldemar Atterdag zusammen.

Jährlich brachten die Schiffe der Hanse aus dem Ostseeküstenbereich, aber auch von der Nordseeküste, der Zuidersee, aus Hamburg, Bremen und Kampen bis zu 300.000 Heringsfässer von den Halbinseln Skanör und Falsterbo aus Schonen in ihre Heimatstädte. Von dort aus beförderten sie sie nach Mitteldeutschland, ja sogar bis nach Süddeutschland. Von überall her kamen nun die Klagen über dänische Übergriffe und Gewalttätigkeiten in diesem sensiblen Handelsbereich. Für die Hanse war eine Existenzfrage entstanden.

Nie wieder fanden sich bei einem Hansetag so viele Städte ein wie jetzt im November 1367 im Rathaussaal in Köln. Das Ergebnis der Städteversammlung von Dorpat im Osten bis nach Utrecht im Westen war die Kölner Konföderation vom 19. November 1367.

An diesem Tag wurde im Kölner Rathaussaal ein Kriegsbündnis der Hansestädte gegen die Könige von Dänemark und Norwegen verabredet.

Lübeck, Wismar, Rostock und Stralsund vertraten die wendischen, pommerschen und livländischen Städte. Kulm, Thorn und Elbing sprachen für die preußische Hanse. Kampen, Harderwijk und Elburg vertraten die Städte der Zuidersee, Amsterdam und Briel die von Holland und Seeland.

Den größten Teil an Bewaffneten stellten die wendischen Städte. Es folgten die Preußen mit 500, die Niederländer mit 425 und die Liven mit 100 Kämpfern.

Hamburg, Kiel und Bremen standen abseits, leisteten aber finanzielle Beihilfe, was die Westfalen – immer noch nicht an Bord der Städtehanse – verweigerten, obwohl Lübeck eigens ihretwegen die Städteversammlung nach Köln einberufen hatte.

Ein Menetekel für Waldemar: Am 2. Februar 1368 verpflichteten sich in Lübeck Schweden, Mecklenburg, Holstein, ja sogar Teile des dänischen Adels zu einem Kriegseinsatz gegen ihn im Bündnis mit der Deutschen Hanse. Die wiederum übernahm die Finanzierung der Schiffe und Kämpfer der Feudalherren.

Köln. Rathaus, Hansasaal. Erbaut im 14. Jahrhundert. Hier verabredeten sich die Hansekaufleute am 19. November 1367 zur Kölner Konföderation.

Trotz der Pest und „der entsetzlichen Sterblichkeit, die leider in diesem Jahr die Hälfte des Rats und eine ungeheure Zahl der Bürger hinweggerafft habe" (Lübecker Ratschronik) kreuzte im Frühjahr 1368 auf der Grundlage der Kölner Verabredungen der Hanse eine Flotte von 41 Schiffen samt 1.950 Bewaffneten vor der Küste Dänemarks auf. Ihnen zur Seite stand die Kriegskoalition von Herzog Albrecht von Mecklenburg, dessen Sohn, König Albrecht II. von Schweden, Graf Heinrich („der Eiserne") von Holstein sowie weite Teile des dänischen Adels.

Im April erschien ein Aufgebot von 17 kleineren und 20 großen Kriegsschiffen im Sund. Am 2. Mai wurde Kopenhagen erobert und restlos zerstört. Im Juni waren die fischreichen Zonen vor der Halbinsel Schonen sowie Kategat und Skagerrak fest in den Händen der Kriegskoalition. Doch all dies erlebte der Dänenkönig nicht mehr. Entnervt hatte er schon am 6. April 1368 sein Reich verlassen, „wegen seiner Verbrechen, getrieben von göttlicher Rache, aus freien Stücken, ohne daß ihn jemand verfolgte" (Chronik des Bischofs von Lund).

Während Waldemar zu Verwandten nach Pommern floh, eroberte die Hanseflotte unter Führung von Lübecks Bürgermeister Brun Warendorp Kopenhagen; Heinrich der Eiserne ging gegen Jütland vor; zusammen mit dem Schwedenkönig hatte man Mitte Juli ganz Schonen besetzt; im Spätsommer besetzten die Hansen die dänischen Inseln; Ende 1369 hatte Waldemar keinen Stützpunkt mehr in Dänemark, zumal jetzt auch die Verteidiger von Helsingborg kapitulierten.

Am 24. Mai 1370 wurde der Friede von Stralsund in der Ostseestadt beurkundet:

- Er bezog sich zum ersten Mal auf die Gesamtheit der zur Hanse gehörenden Städte und Kaufleute;
- die Hanse wurde zum Pfandherrn über Falsterbo, Skanör, Malmö und Helsingborg. Der Schonen-Handel war für die Hanse auf 15 Jahre gesichert;
- Waldemar blieb König von Dänemark. Im Falle seiner Nachfolge hatte die Hanse jedoch ein Mitspracherecht;
- die Hanse hatte damit die Ambitionen der Mecklenburger, Schauenburger und Holsteiner Fürsten auf den dänischen Königsthron gestoppt;
- das von der Hanse angestrebte Gleichgewicht der holsteinischen, dänischen, mecklenburgischen und schwedischen Feudalmächte an der Ostsee war erhalten geblieben, mehr noch, es war befestigt worden;
- Der Zusammenschluß der Hansestädte im Rahmen der Kölner Konföderation – sie war inzwischen verlängert worden – gab der Hanse eine Geschlossenheit, wie sie sie noch nie gehabt hatte. Die Hanse war nun auf dem Höhepunkt ihrer Macht. Was ihr gegen Ende des 13. Jahrhunderts nicht gelungen war, die Sicherstellung ihrer Vorherrschaft im Ostseeraum – nun gegen Ende des 14. Jahrhunderts war es erreicht. Und sollte lange Dauer haben. Die Hanse war jetzt eine Großmacht des Nordens geworden.

Einziger Wermutstropfen: Eigens der Westfalen wegen hatte Lübeck ja den Hansetag von 1367 nach Köln verlegt. Aber sie kamen weder nach Köln noch 1370 nach Stralsund. Als Binnenstädte der Mitte lehnten sie weiterhin die Teilnahme an den politischen Ambitionen samt den Seekriegen der

Urkunde des Friedens von Stralsund, der im Rathaus der Ostseestadt besiegelt wurde. Urkunde: Archiv der Stadt Stalsund.

Hanse ab. Wozu sicher auch beitrug, daß der westfälische Handel sich inzwischen mehr auf Köln und das Rheinland, ganz besonders aber auf die Niederlande und – zu Teilen – auf die Nordsee bezog.

Lübeck jedoch trauerte: Der Nachfolger von Johann Wittenborg im Amt des Bürgermeisters, Brun Warendorp, war bei einem Streifzug auf Schonen ums Leben gekommen. Er erhielt ein feierliches Begräbnis.

Der Triumph aber überragte die Trauer. Denn – rufen wir uns das ins Gedächtnis – all diese Hansestädte waren im staatsrechtlichen Sinne nicht souverän, unterstanden nominell jeweils einem Landesfürsten. Nur Lübeck war 1226 durch den Stauferkaiser Friedrich II. zu einer freien Reichsstadt erhoben worden. Und doch waren die Städte im Bund der Hanse zu einer Macht avanciert, die ihre Interessen auch mit Gewalt durchsetzen konnte und die sogar bei der Besetzung von Fürstenthronen im nordischen Raum ein Mitspracherecht hatte. Wie sehr, das sollte das Jahr 1375 beweisen.

Die Hanse und Westfalen

Das Reich, die Hanse und die Fürsten

Lübeck, 20. Oktober 1375: Die Vormacht des niederdeutschen Bürgertums, die Hanse, erhält hohen Besuch. Es naht Kaiser Karl IV. mit großem Gefolge: dem Erzbischof von Köln, dem Markgrafen von Wettin, dem Herzog von Mecklenburg und den Grafen von Holstein und Schauenburg. Er begrüßt die Lübecker Ratsmänner ausdrücklich als „Herren". Untertänigst wenden sie ein, daß ihnen dies nicht zukomme. „Doch", erwidert der Kaiser, „Ihr seid Herren!"

Das mag – auf den ersten Blick jedenfalls – ein ganz normales Zusammentreffen gewesen sein. Hatten sich die Hansekaufleute doch noch bis weit in das 14. Jahrhundert hinein selbst als „ghemeene koeplude uten Roomischen rike van Alemanien" bezeichnet. Und ohne die tatkräftige Hilfe von Kaiser Lothar III. und die massive Unterstützung Heinrichs des Löwen – damals noch ganz und gar Interessenvertreter von Kaiser Friedrich I. Barbarossa für Norddeutschland – wäre die Hanse vielleicht gar nicht aus den Startlöchern gekommen. Und hatte nicht Kaiser Friedrich II. den Bürgern Lübecks 1226 ein Privileg erteilt, dem zufolge sie immer frei, stets zum Reich und keinem Fürsten Untertan sein sollten?

Der Eindruck täuscht. Seit dem Sturz Heinrichs des Löwen (1180) und dem Untergang der Staufer (1254) waren im Norden alle Mächte ins Wanken geraten und voll mit ihrer Selbstbehauptung beschäftigt. Und genau dies hatte es einer dichten Gruppe westfälischer Städte von Soest bis Lübeck ermöglicht, sich als eine neue politische Kraft zu etablieren. In ihrem Inneren wurde sie dabei zu Begründern und Anwälten der Bürgerfreiheit, nach außen zur Schutzmacht eines freien Handels und einer aufblühenden Marktwirtschaft.

Nur ein einziger Kaiser interessierte sich noch für die „Mercatores Imperii Romani": der Luxemburger Karl IV. Aber auch er hatte sich zuvor geweigert, die Hanse bei ihrem Kampf gegen Waldemar Atterdag zu unterstützen. Jetzt aber, nach ihrem Sieg gegen den Dänenkönig, war die Hanse zu einem anerkannten Faktor der Politik in Nordeuropa geworden. Jetzt kam der Kaiser persönlich für 10 Tage nach Lübeck, leitete die Sitzung der Hansekaufleute und hofierte sie als „Herren".

Aber keineswegs uneigennützig. Denn noch während des kaiserlichen Aufenthaltes in Lübeck verstarb, nicht unerwartet, in Dänemark Waldemar Atterdag. Ein Vorstoß der Schauenburger Grafen auf Jütland lag in greifbarer Nähe. Karl IV. protegierte den Herzog von Mecklenburg als neuen König von Schweden. Höflich hörten sich die Lübecker Ratsmannen den kaiserlichen Wunsch an, entschieden sich aber für die „norwegische Lösung": Margarete, die Tochter Walde-

Kaiser Karl IV. (1316-1378), Luxemburger Kaiser seit 1355, Sohn König Johanns von Böhmen, trieb eine den Norden Deutschlands einschließende Hausmachtpolitik. Er erwarb Schlesien und 1373 Brandenburg. Über seine Kinder zielten seine Ambitionen nach Ungarn und Polen. 1362 war ihm durch Heirat Pommern zugefallen. Der mächtige Herrscher umschmeichelte nach dem Sieg von Stralsund die „Herren" der Hanse.
Mit Karl IV. erreichte die Ära der Luxemburger Herrscher ihren Höhepunkt.

mar Atterdags, seit 1363 verheiratet mit Norwegens König Hakon VI. Magnusson, führte von nun an in Dänemark die Regierungsgeschäfte für ihren unmündigen Sohn Olaf.

Die bürgerliche Großmacht Hanse und die Feudalmächte der Ostsee: links von Lübeck die Holsteiner Grafen, rechts die Mecklenburger Herzöge, im Norden die Königreiche Dänemark, Schweden und Norwegen. Die ausgewogene Aufteilung der Macht zwischen diesen Fürstentümern war für die Hanse eine Überlebensfrage. Und daß sich dann tatsächlich auch der dänische Reichsrat – gegen den Willen des Kaisers – 1376 für die von Lübeck unterstützte Lösung aussprach, beweist die reale Aufteilung der Macht im Ostseebecken jener Tage.

Aber nicht nur das Reich und die Feudalherren der Ostsee waren politische Faktoren, mit denen sich die hansische Diplomatie auseinandersetzen mußte. Irgendwie standen alle Hansestädte im Banne einer geistlichen oder weltlichen Herrschaft, von der sie die wichtigsten Insignien ihrer Selbständigkeit wie Geleit-, Zoll-, Befestigungsrecht und Hochgerichtsbarkeit erwerben mußten. Das klappte, wie wir sahen, solange die Städte in der Lage waren, die Geldwünsche der Fürsten zu erfüllen. Aber 1388 schon griff der Erzbischof von Köln Dortmund an. 1444 bis 1447 versuchte

Transport auf dem Landweg. Ausschnitt aus einem Kupferstich von Jost Amann. Brüssel, Bibliothèque Royale, Cabinet des Estampes.

er, die Stadt Soest in seine Gewalt zu bringen. Kurzum, die militärische Macht und der wirtschaftliche Einfluß der Feudalherren wuchsen und schwächten die Kraft der Städte. Und das ließ für die Zukunft nichts gutes ahnen.

Jede Stadt ein kleiner Freistaat: Gründung und Organisation der Städtehanse

Im 13. Jahrhundert hatte die erschütterte Rechtsordnung die Städte in den Städtebündnissen zusammengeschweißt. Mit der Waffe in der Hand schützten sie einen freien Marktverkehr und ihre Interessen gegen einen niedergehenden Adel.

Weder die französischen noch die englischen, bis jetzt auch noch nicht die niederländischen Kaufleute, hatten sich über die Grenzen ihres eigenen Landes hinaus nach Osten, nach Norden und zum Westen hin ein solch dichtes Netz von Handelsplätzen und Städten geschaffen wie die Kaufleute der Deutschen Hanse. Die Erträge ihrer Handelsgeschäfte flossen vor allem den Städten zu, die dadurch im Zeichen eines allgemeinen Aufschwungs im 13. und mehr noch im 14. Jahrhundert zu Finanziers ihrer Herren wurden. Ihre Bewohner, das Bürgertum, erreichte jetzt einen nie wiederkehrenden Höhepunkt seiner Bedeutung. Jede größere Stadt wurde jetzt zu einem kleinen Freistaat, die Städte an Nord- und Ostsee aber wurden unter der Führung Lübecks zur Großmacht des Nordens.

Der Lübecker Hansetag von 1358 war als Gründungstag der Städtehanse in die Geschichte eingegangen.

Die Kölner Konföderation von 1367 wurde jetzt zum Vorbild und Maßstab der Organisation der Hanse. Ein „Mehr" im Sinne eines organisatorischen Zusammenschlusses wurde nie mehr erreicht.

- Die Kölner Konföderation wurde mehrfach erneuert, auf kürzere oder auf längere Zeit. Dadurch und durch den Erfolg der Kriegsziele wurden weit auseinanderliegende Städte mit oft divergierenden Interessen aufs Engste miteinander verbunden, auf eine Weise, wie dies sonst nie geschehen wäre;
- durch die dominierende Rolle, die die Ostseestädte samt Lübeck im Verlauf der Konföderation gespielt hatten, wuchsen sie nun verstärkt in die Führungsrolle der Hanse hinein. Sie beschlossen die Hansetage, entwarfen die Tagesordnung und bereiteten die Tagungen vor; Lübeck „hält das Wort", führte auf den Hansetagen den Vorsitz;
- wie in den Kölner Tagen waren in den Hansekollegien künftig praktisch nur Kaufleute vertreten.

Die wechselnd 180 bis 200 Hansestädte verteilten sich auf einen Raum im Norden zwischen der Ijssel und dem Niederrhein bis nach Preußen und von dort zum finnischen Meerbusen hoch. Im Süden von Köln über Erfurt, Halle/Saale, Frankfurt/Oder, Thorn, Dorpat, Breslau und nach Krakau. Viele Städte waren von Anfang an dabei und sind der Hanse immer treu geblieben. Manche – je nach ihrem Schicksal über Aufstieg und Niedergang hinweg – waren nur kurze Zeit Gäste dieser Schicksalsgemeinschaft.

Alle diese Städte einte, daß sie unter Ansporn und Ausnutzung einer günstigen Verkehrslage entstanden waren: an der Meeresmündung eines Flusses, an den Schnittpunkten von Flußläufen oder bedeutender Landstraßen mit weitem Hinterland. Die Gleichheit ihrer Schutzbedürfnisse führte zuerst die Kaufleute und dann die Ratsherren der Städte in Bündnissen zusammen.

Entgegen den süddeutschen Städtebündnissen hatte die Hanse keine politischen Ambitionen, sondern weitgehend ausschließlich wirtschaftliche Zielsetzungen. Ihre Organisation war locker. Es gab keine gemeinsame Verfassung, keinen

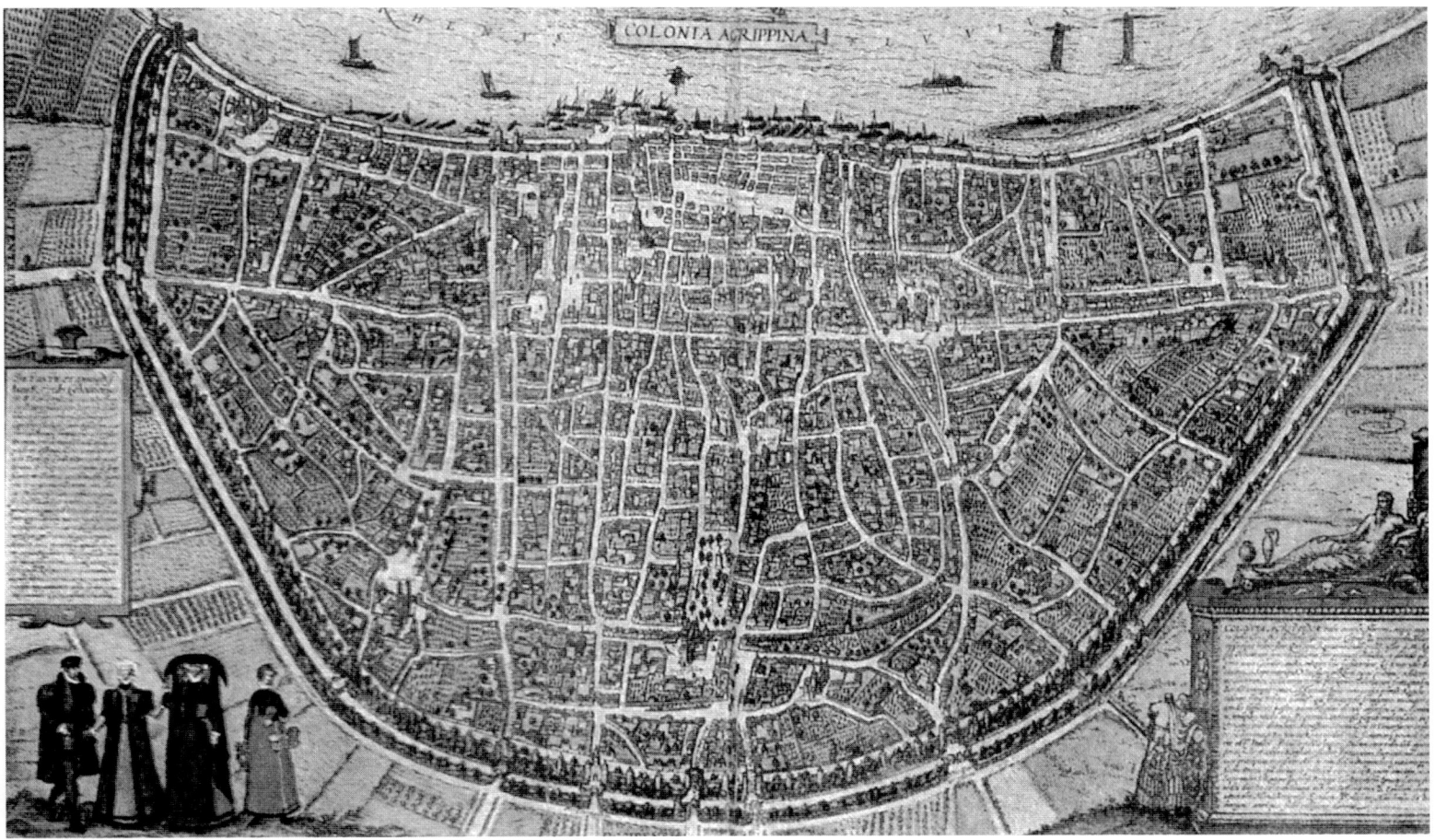

Jede Stadt, mit einer Mauer vom Umland abgetrennt, „ein kleiner Freistaat". Mit seinem 1180 angelegten dritten Mauergürtel von 5,5 km Länge hatte Köln die ausgedehnteste Stadtbefestigung in Deutschland. Kupferstich von Arnold Mercator, 1571.

Präsidenten, keine Exekutivorgane und auch keine feste Flotte. In der Tat ist die Hanse eines der seltsamsten Ereignisse der politischen und ökonomischen Weltgeschichte: „Ohne jede feste Ordnung, ohne eigene Gebietsherrschaft, ohne bindende Gewalt hat sie inmitten einer aus allen Kräften nach flächenhafter Staatsgewalt drängenden Fürsten- und Adelswelt so etwas wie eine bürgerliche Großmacht aufgerichtet, vor der alle Maßstäbe politischer Gliederung versagen …, und die doch voller Leben und Kraft sich entfaltet und Jahrhunderte überdauert hat" (Stoob, a.a.O., S. 2), einfach deshalb, weil sie im Stande war, den Warenaustausch zwischen den Rohstoffen und Nahrungsmitteln des Ostens und der gewerblichen Überschußproduktion des Westens zu gewährleisten.

Leitendes Organ des lockeren Bundes waren die institutionell nicht abgesicherten Hansetage als Vollversammlung der Mitglieder, bei denen aber nur die in Lübeck eingetragenen immatrikulierten Städte Sitz und Stimmrecht hatten.

Hanseinstitutionen waren neben den Kontoren alle jeweiligen Handelsniederlassungen (Faktoreien).

Hansekaufmann sollte in der Städtehanse nur noch der sein, der aus einer Stadt stammte, die von der Hanse als Hansestadt anerkannt wurde, die von der Hanse auf einen entsprechenden Antrag hin förmlich aufgenommen, d.h. immatrikuliert wurde oder die sich ihr ohne offiziellen Beschluß einfach anschloß. Das allerdings war nur kleinen Städten erlaubt. Das war im Vergleich zu den Zeiten der Kaufmannshanse eine deutliche, von den Interessen der Seestädte um

Lübeck diktierte Einschränkung der Hanseprivilegien, insbesondere der westfälischen Kaufmannshanse, die ganz wesentlich auf der Teilnahme von Kaufleuten auch aus den kleinsten Orten beruhte.

Verstärkt wurde dieser Versuch einer Einschränkung der Hanseprivilegien noch durch drei Beschlüsse auf den Lübecker Hansetagen von 1430 bzw. 1434, deren Folgen die Darstellung der Hansegeschichte der kleineren Städte, insbesondere der aus Westfalen, wie ein roter Faden durchziehen:

1. Jede Hansestadt wurde bei Verlust der Hansezugehörigkeit verpflichtet, an den alle drei Jahre einzuberufenden Hansetagen teilzunehmen (HR II 1 Nr. 321).

2. Kleinere Hansestädte, die aus finanzieller Schwäche – Geld war immer noch rar – nicht an den Hansetagen teilnehmen konnten, sollten bei Verlust der Hansezugehörigkeit ihren sie vertretenden benachbarten größeren Hansestädten einen Kostenbeitrag für die Hansefahrt übermitteln (HR II 1 Nr. 321).

3. Verschärft wurden diese Beschlüsse noch 1434 durch die Bestimmung, daß Kaufleute nur als hansisch zu betrachten und zu den Hansekontoren zugelassen seien … „he ensy borger in eyner henzestadt", wenn sie in einer Hansestadt geboren waren (1434 Lübeck HR II 1 Nr. 321 § 12).

Bei diesen Beschlüssen kollidierten die Interessen der besonders auf Auslandshandel unter Wahrnehmung der Hanseprivilegien in den Auslandskontoren spezialisierten Seestädte mit denen der binnenländischen Hansestädte, besonders derer aus Westfalen. Die Seestädte nämlich drängten auf die Einhaltung städtebündischer Organisationsformen, die Westfalen hingegen verstanden sich mehr als „Drehscheibe und Brücke zu den umliegenden Wirtschaftslandschaften" und als „ein Wirtschaftsraum, in den über die Vororte Dortmund, Soest, Münster und Osnabrück sowie die späteren Prinzipalstädte hinaus die gesamte Landschaft in den Handel eingebunden war" (Wilfried Ehbrecht, a.a.O., S. 256).

Diesen Interessen allerdings kam der territoriale und organisatorisch dezentrale Aufbau der Hanseorganisationen sehr entgegen.

Territorial war das Hansegebiet zunächst in sogenannte Viertel, ab 1554 in sogenannte Drittel aufgeteilt. Es waren dies zunächst:

Das wendisch-pommersche Viertel mit dem Vorort Lübeck; das rheinisch-westfälische Viertel mit dem Vorort Köln, das sächsische Viertel mit dem Vorort Braunschweig, das preußisch-livländische Viertel mit dem Vorort Danzig.

Die meist in Lübeck abgehaltenen Hansetage entschieden als oberste Instanz mit Stimmenmehrheit alle Hansefragen von grundlegender Bedeutung. Abstimmungsberechtigt waren nur die Ratsherren, Botschafter und Delegierten der in Lübeck immatrikulierten Hansestädte. Dabei gab es strenge Regeln und – je nach Rang – eine feste Sitzordnung, die oft eifersüchtig umkämpft war.

Entschieden wurde durch Rezesse, auf Pergament festgehaltene Beschlüsse. Die Gesandten der Städte erhielten eine Abschrift. Zurückgekehrt überreichten sie ihren jeweiligen Beistädten ein Duplikat der Lübecker Rezesse.

Reisen war teuer in jener Zeit. Daher waren unterhalb der Lübecker Hansetage, insbesondere für die kleineren Städte, die Drittels- bzw. Regionaltage von hoher Bedeutung. Für das rheinisch-westfälische Quartier veranstaltete Köln die Drittelstage meist in Wesel. Die Regionaltage wurden einvernehmlich einberufen durch die Stadträte benachbarter Städte. Wie in Lübeck wurde auch in Wesel bzw. auf den Regionaltagen durch die Mehrheit der erschienenen Ratsvertreter Beschluß gefaßt. Von unten nach oben ergab sich also folgende Hierarchie der Städtehanse: Rat der Stadt: Regionaltag, Hauptversammlung des Viertels bzw. Drittels: Viertels- oder Drittelstag, Hauptversammlung der Hansestädte: Hansetag.

Die politische Gliederung Westfalens am Ende der Hansezeit. Aus Teske, a.a.O., S. 14. Auffällig ist, daß der geballten Masse kirchlicher Territorien nur eine weltliche Herrschaft gegenüberstand. Aus dem Fürstbistum Minden ist hier schon ein Fürstentum geworden. Die Bischöfe von Minden, auf der Flucht vor den Mindenern, hatten von 1307 bis 1649 in Petershagen ihr „Avignon" gefunden.

Eine harte Herrlichkeit: Westfalens mittelalterliche Wirtschaftslandschaft

Mittelalterliches Essen: In der Stadt regieren Fürstäbtissinnen, ganz in der Nähe, am idyllischen Baldeneysee in Werden Fürstäbte. Von hier aus, vom westlichen Westfalen, dem Land zwischen Ruhr, Rhein und Lippe, überblicken wir am besten Westfalen, weil es auch Mitte ist. Von hier aus gelangen wir südlich ins „Land der tausend Berge", ins Sauerland und nördlich in die Region der Wasserburgen mit Wildpferden im Merdinger Bruch, ins Münsterland also. Von hier aus, von „Rureordt", von Ruhrort (Duisburg) her kommend, verläuft der Hellweg durch Westfalens Mitte.

Land zwischen Rhein und Weser: „Als eine vom Schicksal zusammengehämmerte Erlebnisgemeinschaft ist die Größe Westfalen ins Leben getreten" (Aubin, a.a.O., S. 29). Doch nie fand es zu einer einheitlichen herzoglichen Führung. Statt dessen unterstand es rivalisierenden Kirchvogteien und Grafen. In Norden, vom Rhein her, dem riesigen Erzbistum Münster (von Attendorn im Süden bis, hoch im Norden, nach Friesoythe reichend) und den Bistümern Osnabrück und Minden und im Südosten dem Bistum Paderborn. Einer „geballten Masse geistlicher Territorien stand nur eine große weltliche Herrschaft gegenüber, die mehrere Territorien in einer Hand vereinigte: die Herzogtümer Jülich, Kleve und Berg, die Grafschaften Mark und Ravensberg" (Teske, a.a.O., S. 15). Und dazwischen nur zwei freie Reichsstädte: Dortmund und Herford.

Eine markante Stelle im Norden Westfalens ist die Porta Westfalica zwischen Weser- und Wiehengebirge, hier von Minden aus gesehen. Der Weserdurchfluß wurde schon im frühen Mittelalter benutzt, um von Süden in die norddeutsche Tiefebene zu gelangen. Dort, wo heute Minden liegt, konnte man den Fluß an einer bequemen Stelle überqueren, zudem schnitten sich hier vielgenutzte Fernstraßen in west-östlicher und nord-südlicher Richtung. Mindener Museum für Geschichte, Landes- und Volkskunde.

Neben den Hellwegstädten Soest und Paderborn gab es im mittelalterlichen Westfalen kaum größere Städte. Münster hatte 10.000 Einwohner, Osnabrück kam ihm fast gleich; Dortmund hatte etwa 7.000 Einwohner; in der Nordhälfte Westfalens gab es ausgangs des Mittelalters mit Bielefeld, Coesfeld, Dorsten, Herford, Höxter, Lemgo, Lippstadt, Minden, Recklinghausen und Warendorf immerhin Städte mit etwa 3.000 bis 3.500 Bürgern in ihren Mauern.

Westfalens Handelsverbindungen: Belegt ist, daß die Westfalen schon in vorhansischer Zeit über Bremen mit den skandinavischen Ländern und über Gotland in Rußland Handel getrieben haben. Zur gleichen Zeit standen sie in einem regen Warenaustausch mit den Rhein- und den Niederlanden. Über den Hellweg strebten sie in Sachsen nach Braunschweig und Magdeburg. All diese Beziehungen, insbesondere zu den Niederlanden und nach Flandern hin, wurden in der Hansezeit noch ausgebaut. Aber auch die Anbindung des rohstoffreichen Südwestteils Westfalens über Dortmund an

den Handel nach Norden, über Soest nach Osten und über Essen, Mülheim/Ruhr, Duisburg und Köln nach Westen darf hier nicht unerwähnt bleiben.

Es ist überliefert, daß schon in früher Zeit Kaufleute aus ganz kleinen Städten weit über Westfalen hinaus Handel getrieben haben und dabei in den Kontoren (zum Beispiel in Erbschaftssachen!) den Fernhändlern der übrigen Hansestädte gleichgestellt waren. Vielfach genügte schon die Angabe „aus Westfalen" zur Teilhabe an der ganzen Fülle der Privilegien auf den Auslandsmärkten.

So wie die Hanse in Europa in mehrfacher Hinsicht eine Mittlerrolle wahrnahm, war auch Westfalen im innerhansischen Bereich eine wichtige Brückenlandschaft: Brücke zwischen den Rheinlanden und dem Ostseeraum, über den Hellweg nach Sachsen, aber ebenso Brücke zu den Nordseeküstenländern, den Niederlanden und Ostfriesland (Ehbrecht, a.a.O., S. 274).

Schon weit vor der Gründung der meisten westfälischen Städte waren von frühen Kaufmannssiedlungen aus einzelne Kaufleute auf den Märkten des Nord- und des Ostseeufers, in Dänemark, Schweden, Norwegen, am Memel- und am Dünaufer anzutreffen, von wo aus sie Korn, Hopfen, Talg und Fische in ihre Heimat brachten.

Als Binnenland aber war Westfalen auch eine wichtige Produktionsbasis für Handelswaren, dabei waren Woll- und Leinenerzeugnisse zunächst bis zum 15. Jahrhundert die bei weitem wichtigsten Produkte der Westfalen. Das Saatgut für Leinen und Flachs brachten die Kaufleute aus Ostpreußen. Die Ordensritter wiederum ließen sich – ganz besonders von den Ostwestfalen – mit Tuchen, Leinwand und Leingarn beliefern.

Im einzelnen ergab sich folgende Aufteilung der westfälischen Produktionslandschaften:

Der Norden Westfalens

Von der Weser her bis hinüber zum Münsterland war der Norden überwiegend von der Landwirtschaft geprägt. Vom Fürstentum Minden über die Grafschaften Lippe und Ravensberg bis zum Bistum Osnabrück war alles von der Leineweberei bestimmt: Minden war dabei ein wichtiger Verkehrsknotenpunkt, über den die Waren nach Bremen und von dort nach England und Skandinavien gebracht wurden. Überall in diesen nördlichen Regionen wurde Flachs angebaut, zuweilen so viel, daß das Getreide knapp wurde. Vom Lande her kam der Flachs in die Verarbeitungsbetriebe der Städte. Markkötter und Heuerlinge, verarmte Bauern und besitzlose Landarbeiter schufen sich mit der Flachsspinnerei und der Leineweberei

Heute nur noch eine Erinnerung: die Leineweberei im Norden Westfalens. Links: Leineweberdenkmal in Bielefeld. Rechts: Leineweberdenkmal in Herford.

ganz frühes Zentrum der Weberei, besaß mit der Legge ein in ganz Europa berühmtes Prüfzentrum für Qualitätsleinen.

Auch der Nordwesten Westfalens, das Münsterland, war von der Landwirtschaft geprägt und wurde schon damals zu einem Lieferanten hochwertiger Fleischprodukte („Münsterländer Schinken"!).

Münster, Warendorf, Telgte, Dülmen und Rheine waren vor allem schon früh Zentren der Baumwoll- und Juteverarbeitung. Flachs und Wolle bezogen sie von den Bauern in den Heidegebieten nördlich der Ems. Teltger Bürger hatten um 1540 eine erste Walkmühle zum Färben ihrer Tuche; Dülmener Wolltuchmacher benutzten dazu um 1550 eine „Teichsmühle" ihres Stadtherren.

Die Mitte Westfalens

Mitten durch Westfalen verlief der Hellweg („hallweg" = Salzweg), jene alte Durchgangsstraße von Flandern und vom Rheinland nach Sachsen und zur Ostsee hin. Aber auch umgekehrt verlief der Handel des Ostseeraums bis nach Italien über diesen alten Verkehrsweg. Von Westen her brachten die Kaufleute Tuche, Südfrüchte, Wein und Spezereien des Vorderen Orients, von Osten her kamen sie mit Getreide, Pelzen, Hanf, Kupfer, Talg und Wachs. Haupthandelsgut auf diesem schon von Karl dem Großen ausgebauten Handelsweg war natürlich als Konservierungsmittel des Mittelalters das Salz.

Oben: *Ackerbürgerhäuser in Wiedenbrück.*

Links: *Backsteinhaus Markt 15 in Warendorf. Foto: Verkehrsverein Warendorf.*

Der Süden Westfalens

Ganz unten im rohstoffreichen Südwesten, in der Grafschaft Wittgenstein und im Fürstentum Nassau, lebten die Menschen neben der Landwirtschaft von ei-

ein zusätzliches Einkommen; Herfords und Vlothos gröbere Gewebe aus Flachs und Leinen, das Löwend, vor allem für Segeltücher verwandt, fand Abnehmer auf den Messen ganz Europas; Lemgo wurde durch das lippische Leinen bekannt; Bielefeld verdankte dem Leinengewerbe, mehr noch dem Leinenhandel, seinen Aufstieg ganz und gar; Osnabrück, ein

ner ersten Eisenproduktion, insbesondere an den Flüsschen und Bächen des Siegerlandes von Kreuztal über Weidenau und Siegen bis Niederschelden. Die Hütten waren für die Erzschmelze und die Weiterverarbeitung des Rohmaterials, zur Befeuerung der Schmelzöfen und die Ingangsetzung der Gebläse bzw. der Hämmer auf Holzkohle und Wasserkraft

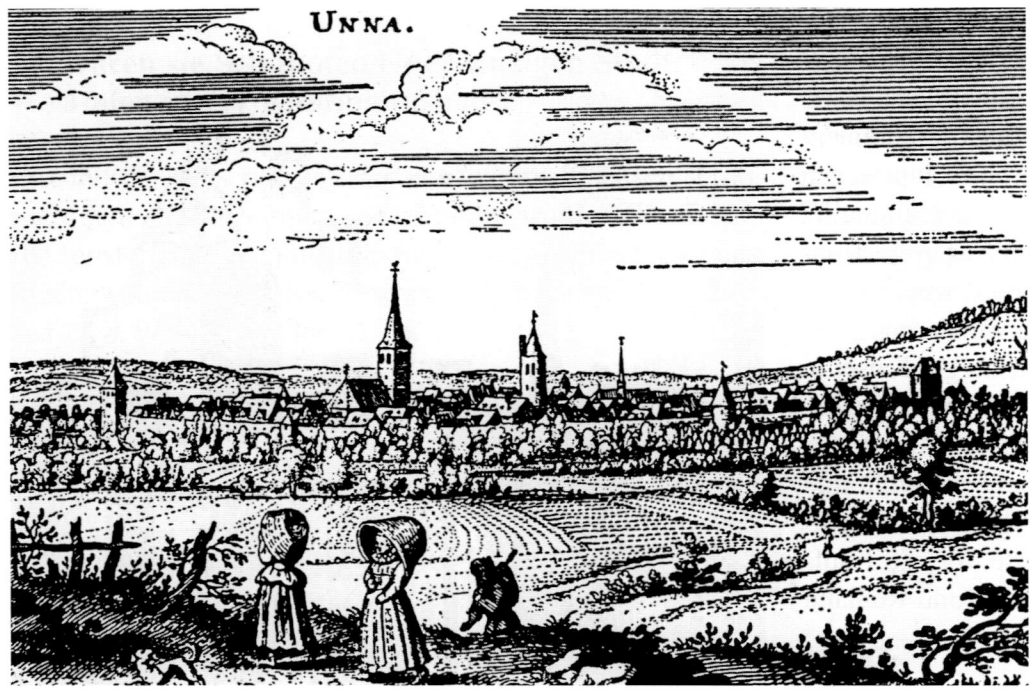

Kupferstich der Stadt Unna aus dem Jahr 1645.

trieben im Westen bis nach Essen und Hattingen hin sowie südlich in den Tälern von Ruhr, Hönne, Volme, Ennepe, dem mittleren Lennetal und seinen Seitenflüssen bis zur Wupper hin zu verzichten.

Im Lennegebirge zwischen Iserlohn, Lüdenscheid und Plettenberg wurde ab dem 12. Jahrhundert nach Eisenerz, Blei, Zink und Kupfer gegraben. In Schmiede- und Hammerwerken wurde das Rohmaterial verarbeitet.

Iserlohn, Altena und Lüdenscheid standen sogar schon in einem Verbund: Grober Draht z.B. aus Iserlohn wurde in Altena veredelt und in Iserlohn zu Kleinmetallgeräten verarbeitet. Schwerte und Essen waren schon früh Zentren der Waffenherstellung.

Der Hellweg in Geseke von Westen.

„Wer sein Geld einem seiner Mitbürger gibt, um in Datia (Dänemark) oder in Rucia (Rußland) Geschäfte zu machen ... ", so beginnt der Text des berühmten „Medebacher Geschäfts", das als frühe Form eines deutschen Gesellschaftsvertrages weltberühmt geworden ist. Gleichzeitig beweist die Urkunde des Jahres 1144, die 1165 vom Kölner Erzbischof bestätigt wurde, die frühe Teilnahme Medebacher Bürger am Handelsverkehr der Hanse.
Hier: Das einzige im 30-jährigen Krieg nicht zerstörte Gebäude Medebachs, die Andreaskapelle von 1293.

angewiesen. Deshalb standen sie auch inmitten der Waldgebiete, unmittelbar an den Flußläufen. Das Rohmaterial wurde im Austausch gegen Holzkohle zur Weiterverarbeitung in das Wittgensteiner und in das Sauerland durch Pferdetransporte gebracht.

Auch im Sauerland war das Hüttenwesen weit verbreitet. Bei Arnsberg, Brilon, Hundem, Marsberg und in Olpe wurden Eisen und Kupfer abgebaut. Medebach hatte einen Kupfer- und Goldabbau bei Goddelsheim, in zahlreichen Schmieden widmete man sich der Eisenverarbeitung; durch Holz- und Waldreichtum war Olpe sowohl für die Eisenverhüttung als auch für die Metallverarbeitung gut vorbereitet. Ab dem 15. Jahrhundert gelang hier durch die Einführung des schwedischen „Osemund" eine Verbesserung der Eisenverarbeitung und der Stahlerzeugung.

Nie in der Hansegeschichte war Dortmund bereit, auf die feste Verbindung mit den eisenverarbeitenden Gewerbebe-

Im äußersten Südosten Westfalens war Paderborn der zentrale Vertriebsmarkt für die Getreideüberschüsse des östlichen Hellwegs, des Sintfelds, des südlichen Teils von Lippe sowie vor allem der Warburger Börde. Daneben exportierte man Holz, Bier und Salz. Bei Horn gab es einen Silberbergbau mit Blei- und Silbererzförderung; bei Nieheim, Brakel und Driburg ermöglichten die Waldbestände die Ansiedlung von Glashütten samt Glasveredelungswerkstätten.

Meisterwerke westfälischer Malerei im 15. Jahrhundert

Meisterwerke westfälischer Malerei im 15. Jahrhundert
Der aus Münster stammende Meister Johann Koerbecke zählt durch seinen Altar für das im Kreis Gütersloh gelegene Zisterzienserkloster Marienfeld zu den bedeutendsten deutschen Malern des 15. Jahrhunderts. Links: Tempelgang Mariens, Ausschnitt aus dem Marienfelder Altar, um 1453. Krakau, Museum Narodove. Rechts: Verkündung aus dem Marienfelder Altar, um 1453. Chicago, Art Institute.

In Schöppingen, nordwestlich von Münster gelegen, schuf der wahrscheinlich aus Coesfeld stammende Dietrich zur Wayge zwischen 1453 und 1457 einen seiner schönsten Altäre. Hier im Ausschnitt die Darstellung eines Fanfarenbläsers.

Westfalens große Maler

Die Wirtschaftsblüte des 15. Jahrhunderts sorgte in den Hansestädten für die Entfaltung eines vielschichtigen kulturellen Schaffens von höchster Qualität. Zuerst zogen erstrangige Maler von Hamburg nach Lübeck, sodann von Lübeck nach Rostock und von dort nach Stralsund. So sind denn auch mit der Hansestadt Hamburg um 1400 Namen von Malern von europäischer Geltung verbunden wie Meister Francke (um 1380 bis etwa 1430, „Englandfahreraltar") und der des aus Minden stammenden Meisters Bertram (um 1340-1415), der zwischen 1379 und 1383 den weltberühmten Grabower Altar geschaffen hat.

Meisterwerke westfälischer Malerei im 15. Jahrhundert
Höhepunkt der westfälischen Tafelmalerei des 15. Jahrhunderts ist
das Werk des zwischen 1394 und 1420 in Dortmund lebenden Ma-
lers Conrad von Soest. Der Altar der Marienkirche in Dortmund
gilt als ein klassisches Meisterwerk. Hier: Geburt Christi, Aus-
schnitt aus dem Altar der Marienkiche in Dortmund, um 1420.

Meisterwerke westfälischer Malerei im 15. Jahrhundert
Geht es nach den pächtigen Flügelaltären, mit denen die Kirchen
ausgestattet wurden, dann war das 15. Jahrhundert mit Abstand
die größte Zeit der Hanse in Westfalen. Denn damals schmückten
die Bürger in Amelsbüren, Billerbeck, Freckenhorst, Herzebrock,
Langenhorst, Liesborn, Lippborg, Lünen, Münster, Sassenberg,
Soest, Vinnenberg und Werne ihre Kirchen mit herrlichen Altären.
Der Warendorfer Hochaltar ist vom künstlerischen Wert her dem
Schaffen eines Konrad von Soest, eines Johann Koerbeckes und
auch des Liesborner Meisters gleichzusetzen. Hier: Warendorfer
Altar (1414), Kreuzestod Christi auf dem Klavarienberg. Foto:
Rudolf Wakonigg.

Die Altarwerkstätten des Mittelalters waren in besonderer Weise auf das Zusammenwirken von Malern, Holzschnitzern und Tischlern angewiesen. Westfalens aufblühende Hansestädte müssen seit der Wende vom 14. zum 15. Jahrhundert ihren Künstlern hier gute Bedingungen und ein fruchtbares Kunstklima geboten haben, so daß sie hier ihre eigene künstlerische Individualität früh entwickeln konnten.

Der berühmteste Maler Westfalens in dieser Zeit wurde der um 1370 in Dortmund geborene Conrad von Soest (1370-1430). Bis 1422 darf von seinem Wirken in Dortmund ausgegangen werden. Aber auch später noch – bis zur Mitte etwa des 15. Jahrhunderts – ist sein Einfluß in Westfalen, aber auch in Lüneburg, Köln, Lübeck und Wismar nachweisbar. Ein Meisterwerk seiner Kunst ist der um 1420 angefertigte Marienaltar in der Dortmunder Marienkirche. „Schwebende Töne voller Innigkeit, zarte Gemütsregungen und eine Sprache voller Wärme und märchenhaftem Zauber", so würdigen Rosemarie und Nikolaus Zaske (a.a.O., S. 182) die Malkunst dieses großen Sohnes Westfalens.

Aber auch andere bedeutende westfälische Maler profitierten von den damals durch den Handel mit Flandern, Burgund und Italien nach Westfalen gelangten künstlerischen Einflüssen:

Johann Koerbeckes Altar im Zisterzienserkloster Marienfeld (um 1450) gehört zu den eindrucksvollsten Werken der Malerei dieses Jahrhunderts. Dietrich zur Wayge, wahrscheinlich in Coesfeld lebend, verwirklichte in seinen Altären in Köln, Schöppingen und Soest eindrucksvolle Impressionen der Leidensgeschichte Christi. Der Meister von Liesborn (um 1470) malte beseelte Heiligenbilder von sanfter Kraft und feiner Anmut. Der Meister von Warendorf schließlich schuf um 1414 mit sensibler Empfindsamkeit einen Flügelaltar mit einer empfindsam zarten Stimmung.

Gemeinsam mit den Mönchen ins zweite Jahrtausend

1989 erschien die deutsche Ausgabe des Weltbestsellers „The Rise and Fall of the great Powers" des britischen Wissenschaftlers Paul Kennedy. In einer vergleichenden Analyse stellt er die Stärken und Schwächen der „Machtzentren" der Welt um 1500 nebeneinander: das China der Ming-Dynastie, das Osmanische Reich und seinen moslemischen Ableger in Indien, das Mogulreich, den Moskauer Staat, Tokugawa-Japan und schließlich Westzentraleuropa, genau die Reihe europäischer Regionen, denen wir in diesem Buch unsere Aufmerksamkeit gewidmet haben.

Zisterzienser bei der Ankunft in einer ostwestfälischen Siedlung. Wandgemälde im Paderborner Raum.

Dabei stellt Kennedy angesichts des um 1500 immer noch gegebenen technologischen Rückstandes Westzentraleuropas, besonders China gegenüber, die Frage: „Wie kam es, daß unter den verstreuten und relativ unkultivierten Völkern, die die eurasische Landmasse bewohnten, ein unaufhaltsamer Prozeß in Gang kam, der Europa nach und nach zur kommerziellen und militärischen Führungsmacht der Welt macht?" Und bezeichnet kurz danach diesen Vorgang unter Verwendung eines Buchtitels seines britischen Kollegen Jones als ein „Europäisches Wunder".

Wann begann dieses Wunder? Und was gab den Menschen den Mut und die Kraft, immer wieder zu neuen Ufern aufzubrechen und gegen grimmige Gegner, wilde See, tückische Landschaften und unwirtliches Klima buchstäblich Kopf und Kragen zu riskieren?

Waren es Abenteuerlust, Rivalität und zuweilen auch Habgier? Das mag durchaus sein.

Aber Dirk Schümer (a.a.O., Nr. 73, S. I) berichtet über die Epoche von 1100 bis 1348: „In den Jahren bis zur großen Pest von 1348 bewegten *die Menschen*, die in nahezu jedem Dorf zwischen Schweden und Sizilien feste Kirchen hochzogen und überall Städte gründeten, mehr Steine als die alten Ägypter in fünftausend Jahren." Das führt uns weg von den heroischen Taten einzelner Männer und meint doch wohl eine flächendeckende Erhebung, die die Menschen des ganzen Kontinents damals erfaßte.

Eine beispiellose Zuwendung zum Menschen

Hatten die Menschen in ganz Europa um das Jahrtausend nicht noch lethargisch den Untergang der Welt erwartet? Und nun, hundert Jahre danach, vom Jahr 1100 etwa ab, werden sie als Mitgestalter einer Kulturrevolution Wegbereiter des Aufstiegs des Kontinents zu einem „Europäischen Wunder" und „eines großen Aufschwungs der abendländischen Christenheit, dessen Strom alles erfaßte, das wirtschaftliche, soziale, religiöse, intellektuelle, kulturelle und politische Leben" (Le Goff, a.a.O., N. 73, S. III).

Halten wir hier einmal inne und denken nach: Hängt nicht jeder von uns in hohem Maße von dem Bild ab, das er sich von sich selbst macht? Und wenn dieses Bild (von außen) erhöht wird, beflügelt es uns dann nicht?

Lesen wir hier doch einmal in den Schriften der Kirchenväter und erspüren die Wucht der Zuwendung zum Menschen in diesen Meisterwerken der Seelsorge. Welch mitreißende Interpretation der Gott-Mensch-Beziehung:

„Dann wird der Herr … seinen feierlichen Einzug im himmlischen Jerusalem halten. Dann werden die Kleinen, von denen der Erlöser bei Isaias spricht ‚Siehe, ich und die Kinder, die mir der Herr gegeben hat', die Siegespalmen in die Höhe hebend und wie aus einem Munde singend: ‚Hosanna in der Höhe! Hochgelobt sei der da kommt im Namen des Herrn. Hosanna in der Höhe!'" (Hieronymus, a.a.O., S. 86)

Welch ein Bild vom Menschen und seiner ihm von der Kirche zugedachten Bestimmung, in der Einheit mit Gott ins Unendliche zu wachsen: „Erkenne, wer es dir gegeben hat, daß du bist, daß du atmest, daß du denkst, daß du – was das Höchste ist – Gott erkennst, daß du das himmlische Reich, die Gleichstellung mit den Engeln erhoffst, welches jetzt noch in Spiegeln und Rätseln erfolgt, dereinst aber vollkommener und reiner sein wird. Erkenne, wer es dir gegeben hat, daß du Gottes Sohn, Erbe Christi und – um ein kühnes Wort zu gebrauchen – Gott selber bist!" (von Nazianz, a.a.O., S. 51)

Das sind Worte wie Felsendome, die uns schon die Kathedralen ahnen lassen, und die „in dem alten Europa, das im 11. Jahrhundert in eine neue Zukunft aufbrach, die wichtigste Potenz freisetzten, die seine Zukunft bestimmten sollte: das unfaßliche Individuum" (Straub, a.a.O., Nr. 49, S. III).

Wie ein Lichtstrahl in die Dunkelheit wirkte die frohe Botschaft der Prediger auf die Seele von Menschen, deren Leben bis jetzt eine einzige Mühsal war. Worte, die ein jenseitiges Glück verhießen und doch ein Welttheater entfesselten: bunt, grell und laut; blutig und grausam; und dann doch voll zärtlicher Hingabe – und Opferbereitschaft.

Ja, das Christentum war es, das zu Beginn des zweiten Jahrtausends Mensch und Welt erneuerte.

Der ganze Körper leidet ... Bericht aus dem Scriptorium. Das Schreiben war oft qualvoll. Der Mönch rechts hält mit der rechten Hand die Schreibfeder, mit der linken das Tintenfaß. Zeichnung von Veronika Wypior.

Die „peregrinatio propter Christum": Das Morgenlicht Europas

530 hatte Benedikt von Nursia südöstlich von Rom auf dem Monte Cassino sein Kloster gegründet. 540 verfaßte er dort eine Klosterregel, die den Aufschwung des mittelalterlichen Mönchtums begleiten sollte.

Der Zusammenbruch der antiken Welt öffnete damals die Herzen vieler Menschen für die Ideale klösterlichen Lebens. Abseits der großen Heerstraßen ließen sich alsbald in England und Irland keltische Christen in Klöstern nieder. Aus antiken Wurzeln, keltischen Überlieferungen und christlichem Gedankengut formten sie dort die Grundideen einer eigenständigen abendländischen Kultur.

Im Auftrag von Papst Gregor II. begaben sie sich auf dem europäischen Festland und besonders in Deutschland unter Führung des hl. Bonifatius (673-754) auf die „peregrinatio propter Christum", die Wanderschaft um Christi willen. Und genau in der Zeit vom 6. bis 9. Jahrhundert, in der die Menschen wegen der Überfälle der Wikinger (Normannen) und Araber (Sarazenen) die Uferbereiche von Nordsee, Atlantik und Mittelmeer fluchtartig räumten und in der in Deutschland undurchdringliche Urwälder, Moore und Sümpfe von Uren, Bären, Elchen und Wölfen durchstreift wurden, wurden die Mönche von ihren Klöstern aus für die Landbewohner zu Pionieren des Fortschritts.

Die überragende Bedeutung der Klöster und Mönche für die ökonomische Entwicklung Deutschlands und Europas wurde eingangs ausführlich geschildert. Stellen wir jetzt daneben – in jenen schwierigen Zeiten – die erwiesene Gast-freundschaft der Klöster sowie ihre Krankenhäuser, Sterbehospize, Altersheime und Abteien.

Hohes Mittelalter, um das Jahr 1000: Nur noch 150 Jahre trennen uns von der Empfindungswelt der Kathedralenbauer, in deren Bann ganze Städte sich beim Bau von Gotteshäusern versammeln und sie gemeinsam finanzieren werden, was nach heutigem Geldwert Milliarden verschlingen würde. Jetzt spätestens entsteht diese geistig-seelische Erlebniswelt in den „Waffenkammern" der Bibliotheken der gleich Festungen hochgebauten Klöster, deren Einrichtung Benedikt seinen Mitbrüdern zur strengsten Pflicht gemacht hatte. Wissen war Pflicht! Es weiterzugeben an die Jugend ebenso.

„O wie schwer ist das Schreiben: es treibt die Augen, quetscht die Nieren und bringt zugleich allen Gliedern Qual. Drei Finger schreiben, der ganze Körper leidet", seufzte einer der Schreiber-Mönche in seiner Klosterzelle: Es gab über Jahrhunderte hinweg kaum eine europäische Benediktinerabtei, in der die Mönche nicht als fleißige Skriptoren und Illuminatoren auf damals sündhaft teurem Pergament die Bücher der Heiligen Schrift, die Werke der Kirchenväter, aber auch die Werke des klassischen Altertums für ihre Gegenwart und für die Zukunft sorgfältig gerettet haben.

Elemente einer beginnenden
seelischen Erhebung von den Klöstern aus

„Kunst und Religion geben der Menschheit die Sicherheiten, die sie zum Leben braucht …" (Rodin, a.a.O., S. 35): Betrachten wir die Bewunderung heischenden heiligen Gefäße und Reliquiare, die anmutige Eleganz der Gewänder für den Gottesdienst und die Elfenbeinreliefs mit kostbaren Edelsteinen in den Abteikirchen!

Welch reinstes Gefühl seelischer Wonne: die gregorianischen Choräle der Mönche und die musica sacra der klösterlichen Sängerschulen!

„Dem Rollen des Donners vergleichbar und an Lieblichkeit dem Schalle der Leier" (ein Mönch von St. Gallen): die majestätischen Klänge des Orgelspiels!

Zwischen zwei Jahrtausenden: Nach den Invasionen des 9. Jahrhunderts und dem Zusammenbruch des Reichs Karls des Großen erlebten die vier Generationen am Endes des ersten und am Anfang des zweiten Jahrtausends zunächst eine Zeit der Mißernten, der Epidemien und großer Not. So vollzog sich die Kulturleistung der Mönche anfangs im Stillen.

In ihrer Not aber wandten sich die Menschen in ihrem Überlebenskampf den Mönchen zu, die ihre Klöster sorgfältig in vorwiegend einsamen Gegenden errichtet hatten. Für die Menschen des Jahres 1000 waren sie der einzige Halt und eine große Hoffnung.

„Wir sind die Zeit, wir prägen sie!"

Die Ordensmänner machten sie auch bald mit den umwälzenden Neuerungen in der Landwirtschaft und mit Anfangstechniken des Handels vertraut. Ab etwa 1100 ereignete sich dann fast überall in Europa, besonders aber in Frankreich und Deutschland, jener ökonomische, politische, soziale und kulturelle Aufschwung, dem wir am Anfang dieses Berichts in Form von Erdwällen und Palisaden, Burgen, ummauerten Städten, dem Erblühen von Handwerk und Handel sowie des Entstehens gewaltiger Kirchen, zunächst im romanischen Stil, begegnet sind.

Wortgewaltig begeisterten die Mönche die Menschen für ein neues Leben. Entsprechend der Losung des hl. Augustinus „Nos sumus tempora" (Wir sind die Zeit, wir prägen sie) entfachten sie in den Herzen der Menschen eine Aufbruchstimmung und die Bereitschaft, Welt und Erde neu zu gestalten. Nach 1050, nach dem Ende der normannischen, ungarischen und maurischen Einfälle, festigte sich die Lage in

Die Winter waren hart. Um sie überstehen zu können, bedurfte es großer Holzvorräte: „Ich wil scheyter hawen also vil / Seit der winter kommen wil / mit seiner kelten also seren / Daz ich mich vor dem Frost müg erweren." Aus dem Novemberblatt in Johann Bäumlers Buchkalender, Augsburg 1483.

den rückständigen Agrarlandschaften Deutschlands und Nordwesteuropas endgültig. Mehr noch: *Wie von einer Wunderhand geführt wurde das 12. Jahrhundert zur Epoche einer schicksalhaften Wende in der Geschichte Europas:*

• Statt vor den Naturkräften zu resignieren, rodeten die Menschen die Wälder, rangen dem Meer Land ab und bauten unzählige Brücken über die Flüsse: Aus den deutschen Mittelgebirgen, aus Flußauen und Tälern wurden bewußt gestaltete Kulturlandschaften, die Elbmarschen bei Hamburg wurden entwässert, Alpenwege ausgebaut und verbreitert.

• Statt in Fronarbeit frühzeitig dahinzuwelken, brachen die Landarbeiter in die neuen Städte auf, mehr als jemals danach.

• Die mutigsten der Stadtbewohner, die Fernhändler, brachen auf, schlossen sich an festen Plätzen zusammen und eroberten ferne Märkte und Messen und verknüpften ganz Europa mit einem Geflecht gegenseitiger Bedürfnisbefriedigung.

• Nicht nur die Kaufleute, sondern auch die Mönche und Geistlichen, die Künstler und Gaukler, die Handwerker und Pilger begannen – wie selbstverständlich – durch ganz Westzentraleuropa zu ziehen.

• Die Schulen von Chartres, Paris, Oxford und die großen Benediktinerklöster wurden zu Stätten einer schwärmerischen Renaissance antiken Geistes, nachdem die Mönche Anfang des 12. Jahrhunderts in Toledo und Sizilien die philosophischen und naturwissenschaftlichen Werke der großen Griechen und Araber ins Lateinische übersetzt hatten. Begeistert schrieb Peter von Blois (Le Goff, a.a.O., S. 14): „Man kann nach der Finsternis der Unwissenheit das Licht der Erkenntnis nur erlangen, wenn man mit wachsender Liebe die Werke der Antike wieder und wieder liest. Die Hunde mögen bellen und die Schweine grunzen! Dies wird mich nicht davon abhalten, ein leidenschaftlicher Anhänger der Alten zu bleiben."

Ganz nah beieinander:
Die Europäer des 12. Jahrhunderts

Am Anfang des 11. Jahrhunderts waren sie sich noch fremd, die Bewohner Europas. Jetzt, vom Beginn bis zum Ende des 12. Jahrhunderts, kam alles in Bewegung.

Wohin auch immer die Kaufleute der Hanse jetzt aufbrachen, begegneten sie hoffnungsvollen Gesellschaften, die in ständigem gegenseitigen Austausch miteinander emporstrebten und im 13. Jahrhundert ihre Blüte erleben sollten: Nie-

Der Gesichtskreis der westfälisch/norddeutschen Hansekaufleute umfaßte einen Großteil der „damaligen" Welt. Die „Wanderschaft" hinaus: Die Menschen der Hansestädte reisten mit Hingabe und Leidenschaft, das Reisen wurde für sie geradezu zu einem geistigen Anliegen. Aber auch den Bauern sagt man eine geradezu nomadische Wanderlust nach. Hier: Reisewagen des 14. Jahrhunderts. Federzeichnung aus der Stuttgarter colorierten Handschrift aus der Weltchronik des Rudolf von Ems, 1383.

mand stand allein, sondern gehörte zu einer Familie, einem Haus oder einer Sippschaft; der König hatte sein Lehen von Gott, dafür war er der Beschützer der Kirche; diese wiederum entgalt ihm dies durch ihre Dienste für seine Herrschaft; kein Herr ohne Vasall, kein Vasall ohne Herr; alle waren miteinander verbunden durch ein Netzwerk gegenseitiger Verpflichtungen und Eide; nicht nur in Deutschland, sondern auch in England, den Niederlanden, in Frankreich und Italien waren die Handwerker in Zünften, die Kaufleute in Gilden vereinigt; und überall in Europa standen die Armen, Waisen und Enterbten als „Kinder Gottes" unter dem Schutz der Kirche.

Die Spanier begannen die „Reconquista", die Wiedereroberung ihres Landes gegen den Islam; die Kapetinger-Könige festigten die französische Monarchie; Ungarn wurde zu einem christlichen Königreich; Polen, Böhmen und Rußland formierten sich; 1066 holte der Normannenherzog Wilhelm gewaltsam England zum europäischen Festland zurück.

Gegen Ende des 11. Jahrhunderts schon formierte sich Europas Staatenwelt. Deutsche, Franzosen, Engländer und Italiener entwickelten ihre „nationalen" Eigenheiten und waren sich dennoch ihrer kulturellen Zusammengehörigkeit bewußt. An der Schwelle vom 11. zum 12. Jahrhundert wurden die Kreuzzüge zum erhellendsten Beweis dieses Vorgangs; denn nicht einzeln, nach „Nationen" getrennt, sondern gemeinsam brachen die Europäer auf zu ihren Kreuzzügen ins Heilige Land.

Zu Symbolfiguren für die um 1100 beginnende abendländische Kulturrevolution mit der Verwandlung ganzer Landstriche zu aufstrebenden Agrarregionen mit steinernen Dorfkirchen und romanischen Domen von Sizilien bis hinauf nach Schweden wurden die schwarz gekleideten Mönche der Ordensgemeinschaft von Cluny in Burgund. Die Baumeister-Patres und ihre Steinmetzen „ließen die romanischen Dome zu einer wundervollen Offenbarung des erwachenden und aufblühenden Abendlandes werden" (Minne-Séve, a.a.O., S. 7), das Mittelschiff ihrer um 1130 fertiggestellten monumentalen Abteikirche in Cluny gilt als „Wiege der abendländischen Monumentalskulptur, die den Menschen in den Mittelpunkt der Kunst stellte" (Straub, a.a.O., S. I).

Pilgerfahrten als eine riesige europäische Völkerwanderung: Unablässig warben die Mönche von Cluny für die Pilgerfahrten zum Grab des Apostels Jakobus im spanischen Santiago de Compostela. Dabei wurden sie Patrone des goldenen Zeitalters der Pilgerfahrten Hunderttausender Europäer, die um das Jahr 1000 begannen, neben Santiago vor allem nach Rom und Jerusalem zu wandern und Keimzelle eines umfangreichen Handels mit Reliquien in kostbaren Goldschmiedekästchen wurden.

Der Schöpfer des Zisterzienserordens, der hl. Bernhard von Clairvaux, umarmt den gekreuzigten Christus. Auf dem Boden seine charakteristischen Kennzeichen: Abtsmitra und Bibel. Im Hintergrund ein Zisterziensermönch als „stummer Beobachter". Vorne rechts das Familienwappen der burgundischen Abstammung Bernhards. Andachtsbild in Pergament aus der deutschen Meßauslegung eines unbekannten Autors von 1471.

Symbolfiguren aber für die umwälzenden Änderungen des Raumes im Hansebereich, für die gewaltigen Rodungen der Wälder, für die Eindeichung der sumpfigen Elbauen bei Hamburg, für den Bau von Schleusen, ohne die die späteren Kreuzzüge gegen die slawischen Stämme in Ostelbien gar nicht möglich gewesen wären, wurden die weiß gekleideten Mönche des Zisterzienserordens. Sie vor allem waren es, die durch Mut, Ausdauer und Einfallsreichtum, durch Erschließung von Neuland und durch Ackerbau die landwirtschaftlichen Fortschritte des 11. und 12. Jahrhunderts ermöglicht haben.

Der Geist der Hanse: Verhandeln statt Streiten

Die technologische Revolution des Mittelalters: Dem bereits erwähnten „Domesday Book", in dem König Wilhelm der Eroberer gegen Ende des 11. Jahrhunderts eine Bestandsaufnahme des damaligen Englands vornehmen ließ, verdanken wir genaue Zahlen über die Wasserkraftnutzung: Für eine Gesamtzahl von 1,4 Millionen Menschen waren 5.624 Mühlen in Betrieb. Auf den Ländereien der Abtei Saint-Germain-des-Pres vor den Toren von Paris verrichteten 59 Wassermühlen ihren Dienst.

Niemand aber begeisterte sich so sehr für die Mechanisierung der mittelalterlichen Wirtschaft und tat so viel für ihre Perfektionierung wie die im 13. Jahrhundert bestehenden 742 Klöster des Zisterzienserordens. Von Portugal bis Schweden und England, von Frankreich über Deutschland nach Ungarn waren alle Werkstätten der weiß gekleideten Patres „nach dem gleichen Muster errichtet und besaßen auch das gleiche System der Wassernutzung" (Gimpel, a.a.O., S. 10). Kein Wunder also, daß die Mönche des Zisterzienserordens auch zu Symbolfiguren der technologischen Revolution des Mittelalters avanciert sind.

Der früheste Sammelpunkt westfälischer Kaufleute war die Stadt Soest. Im 11. und 12. Jahrhundert nahm sie einen gewaltigen Aufschwung. Ende des 12. Jahrhunderts hatte sie eine Ausdehnung von über 100 Hektar, das entsprach der Größe von Münster und Osnabrück und übertraf das Areal des mittelalterlichen Dortmunds um 20 Hektar.

Kurz nach 1100 regelten die Bürger von Soest ihr Zusammenleben, das stark von den Bedürfnissen ihrer Fernkaufleute bestimmt wurde, in 120 Paragrafen, die auf einer Kuhhaut festgehalten wurden. An die Stelle der Unwägbarkeit von Gottesurteilen trat nun ein Strafenkatalog, nach dem die Schwurgemeinde der Stadt zu entscheiden hatte.

1159, nachdem ein weitgehend westfälisches Konsortium von Hansekaufleuten die planmäßige Neugründung von Lübeck durch Heinrich den Löwen finanziell abgesichert hatte, wurde das Soester Stadtrecht von den Bürgern Lübecks übernommen. Als Kern des Lübecker Rechts, das von vielen Städten Nordosteuropas übernommen wurde, kam das Soester Recht alsbald zu europaweiter Bedeutung.

Als sich 100 Jahre nach dem Friedensschluß mit dem besiegten Dänemark in Stralsund im Jahr 1370 die Stimmen mehrten, den Engländern mit Waffen entgegenzutreten, sagte Lübecks Bürgermeister Heinrich Castorp: „Lasset uns tagfahrten (zur Verhandlung fahren), gar leicht ist das Fähnlein (zum Kampf) aufgezogen, aber nur schwer in Ehren herabgeholt."

Die innerstädtischen Sozialbeziehungen durch für jedermann einsichtige Rechtsnormen abzusichern, die Handelsexpansion in fremde Länder, wann immer nur möglich, durch Verträge zu regeln. Von dieser Zielsetzung der westfälischen Kaufleute zeugen heute noch die Gründung der vor allem von Westfalen betriebenen Gotländischen Genossenschaft (1160),

die Gründung von Wisby auf Gotland unter Führung von Kaufleuten aus Soest, Dortmund und Münster (1161) sowie der vor allem von Westfalen unterzeichnete Handelsvertrag mit den Fürsten von Smolensk, Witebsk und Polozk (1229).

Saatgut der Vernunft in einer aufgewühlten Seelenlandschaft

Nach 1050, nach dem Ende der Überfälle der Wikinger, Ungarn und Sarazenen „festigte sich die armselige Kultur des lateinischen Christentums" (Schümer, a.a.O., Nr. 73, S I). Um 1100 schon entstanden die Zeugnisse und Wirkungsmächte einer faszinierenden Zeitenwende: Ummauerte Städte, Burgen, steinerne Dorfkirchen, überwältigende Dome der Romanik, glanzvolle Inszenierungen des höfischen und ritterlichen Lebens, der europaweite Aufbruch, besonders der Gebildeten, sowie die Überzeugung der Europäer von einer sie verbindenden gemeinsamen Kultur.

Abseits des blutrünstigen Alltags der Schlachten mit Tausenden von sterbenden Kriegern sammelten und übersetzten die Mönche in ihren Abteien die verehrungswürdigsten Gedanken und naturwissenschaftlichen Forschungen der griechischen und arabischen Welt und begeisterten sich für den technologischen Fortschritt. Kaufleute begannen, die Sozialbeziehungen der Menschen durch rechtliche Normen zu regeln: In ganz Europa entstanden im hohen Mittelalter bereits Schneisen einer geistigen, sozialen und technischen Rationalität, die seine Zukunft mehr prägen sollten als alle Manifestationen nackter Gewalt.

Stolz zeigt ein Fernhändler auf die von ihm vertriebenen Waren. Mit der linken Hand weist er auf seine Geldbörse, die an seinem Gürtel befestigt ist. Mindener Museum für Geschichte, Landes- und Volkskunde.

Mit den Kaufleuten zu den Anfängen bürgerlicher Bildung und zur Städtefreiheit

Könige und Fürsten bauten im 12. und 13. Jahrhundert im Norden Europas Hunderte von Städten. Auf den Märkten innerhalb der Stadtmauern, bei den Messen vor den Toren der Stadt, die die Stadtherren organisierten, fanden sich Händler ein, die aus anderen Handelszentren abgeworben worden waren oder die ihre kaufmännischen Fähigkeiten jetzt erst gewannen. Wo kamen sie her? Sprößlinge welcher Familien waren sie?

Meist waren sie Kinder armer Leute, zuweilen auch jüngere Nachkommen des Adels, die kein eigenes Land erhalten hatten. Nach Henri Pirenne (zit. v. Swaan, a.a.O., S. 23) stammten sie aus „dem Nomadenvolk, das durch das Land zog, zur Erntezeit gegen Tageslohn arbeitete, von der Hand

Lesen, schreiben, rechnen lernen! Unentwegt feuerten die älteren Hansekaufleute ihre Söhne, Nachfolger und Mitarbeiter an, diese Kulturtechniken zu erlernen. Seit dem 13. Jahrhundert gab es in den Hansestädten städtische Schulen. Zuvor vermittelten nur die Klosterschulen Chancen für einen sozialen Aufstieg.
Bild oben: Mittelalterliche Schulstube unter städtischer Führung. Die schwarzen Raben und die weißen Tauben auf den Köpfen der Stadtschüler sind als synonyme Wertungen – wie zum Beispiel unser „schwarzes Schaf" – zu verstehen. Aus einem Druck von Johannes Otmar, Reutlingen, um 1490.

in den Mund lebte". Diese „Händler-Abenteurer" ließen sich an günstigen Orten nieder. Zu ihnen gesellten sich wiederum andere Kaufleute und bald auch Handwerker in der Hoffnung auf einen dauernden Gewinn.

Das ist bestritten. Doch spricht dafür die größere Freiheit, die die Fernhändler in den Städten von Anfang an anderen Berufsgruppen gegenüber hatten. Im Vergleich zu den Handwerkern und auch den Kleinkaufleuten zeichnete sie in den Städten eine weitaus größere Selbständigkeit aus. Andererseits unterlagen sie von der Wiege bis zur Bahre ganz anderen Zwängen und Einschränkungen. Das fing in den Lehr-

jahren an, in denen die jungen Männer auf ihren aufopferungsvollen Beruf zu einer durch und durch methodischen Lebensführung hin erzogen wurden. In den Städten und in der Fremde waren sie strengen Verordnungen über persönliches Verhalten, Angebot und Nachfrage, über Kauf und Verkauf unterworfen. Auf den Fahrten über die Meere hin unterlagen sie der Gerichtsbarkeit der Schiffskapitäne, in den Kontoren dem strengen Regiment der Äldermänner.

Gewinnstreben, Rechenhaftigkeit des Vorgehens samt Rationalität standen im Mittelpunkt ihres beruflichen Lebens. Tag und Nacht sollten die jungen Männer emsig sein in der Buchführung. Und besonders großen Wert sollten sie auf das Schreiben von Briefen legen. „Mit dem Schreiben von Briefen darf man nicht warten", meinte der Florentiner Kaufmann Corti in seinen Ratschlägen für einen 30jährigen Kaufmann: „Das Schreiben und auf Briefe antworten ist eine schöne Praxis, besonders wenn man zu diktieren versteht."

Jahrhundertelang hatten die Mönche in Europa praktisch ein Bildungsmonopol, hatten es als einzige gelernt, ihre jeweiligen Zielsetzungen methodisch und rational anzugehen und waren in den Kanzleien der Mächtigen seit den Karolingern unersetzliche Hilfs- und Spitzenbeamte, schon allein deshalb, weil nur sie lesen und schreiben konnten.

Max Weber (a.a.O., S. 371) zitiert zu dem Geschehen im deutschen Protestantismus nach der Reformation einen sehr erhellenden Satz des Täufer-Predigers Sebastian Franck (1499-1542) zum Sinn der Reformation: „Du meinst, Du seist dem Kloster entronnen: Es muß jetzt jeder ein Mönch sein". Einem Gesinnungsfreund, der bis dahin im Kloster gewesen war, wollte er damit sagen, daß er von nun an innerhalb der Welt mit der gleichen Hingabe sein Werk zu verrichten habe, da nur der die Welt verbessern kann, der sich selbst verbessern und nur der ein großes Werk erschaffen kann, der imstande ist, mit *ihm* zu leben.

Das Pathos des Franckschen Satzes führt uns auch zum Kern des Berufsbewußtseins der mittelalterlichen Fernkaufleute, das sich schon früh, seit Beginn des 12. Jahrhunderts, herauszukristallisieren begann: Zum ersten Mal versuchten damals mit den Kaufleuten die Mitglieder einer in sich geschlossenen und materiell unabhängigen Berufsgruppe jenseits der Kirche, auf dem Boden eines verweltlichten klösterlichen Modells mit methodischen und rationalen Mitteln, im Wege innerweltlicher Askese also, dem Idealbild einer in sich geschlossenen ethischen Persönlichkeit nahe zu kommen. Dabei ist von Bedeutung, daß diese Pfadfinder einer ersten aufkommenden Marktwirtschaft – jenseits aller Bemühungen um eine persönliche Heilsgewinnung – davon ausgingen, daß auch das in der Wirtschaft entstehende Geflecht von mehr oder weniger kurzfristigen Vertragsbeziehungen keine Dauer haben kann, wenn das Vertrauen, das jeder Vertrag voraussetzt, nicht auf einer breiten Grundlage sittlicher Festigkeit aller Beteiligten ruht.

Auch der wirtschaftliche Erfolg war nach ihrer Überzeugung von einer zuverlässigen durchschnittlichen Integrität der Beteiligten abhängig. Nirgendwo wird das deutlicher sichtbar als in dem schriftlichen Erbe der Hanseaten und der Kaufleute der großen süddeutschen und italienischen Handelsgesellschaften vom 12. bis zum 15. Jahrhundert.

Denn mit einem „heiligen" Ernst widmeten sich die Kaufleute nicht nur dem Erlernen der Spielregeln von Angebot und Nachfrage. Von einem Standesgenossen verlangt der Florentiner Kaufmann Corti im 13. Jahrhundert in seinen „Consiglia sulla mercatura di un animo trecentista", „daß er wissen müsse, sich zu beherrschen" (Maschke, a.a.O., S. 309); vom senno, von der praktischen Vernunft, von der menschlichen Erfahrung und kluger Menschenbehandlung, berichtet der größte Teil der „Pratica della Mercatura" des Florentiner Kaufmanns Francesco Balducci Pegolotti anfangs des 14. Jahrhunderts. Es sei ein großer Irrtum, schreibt Corti, die Kaufmannschaft „per oppenione" zu gestalten, sie müsse vielmehr „per ragione", von den Erfahrungen der Praxis her, betrieben werden. Neben der Frömmigkeit spielten „Redlichkeit, Ehre im Sinne von Ansehen und Ehrbarkeit im Bewußtsein der mittelalterlichen Kaufleute eine beträchtliche Rolle; Kölner Kaufleute zählten zu ihren Verpflichtungen den ehrbaren Kaufmannsglauben" (Maschke, a.a.O., S. 312 u. 330).

Daß all dies ganz ernsthaft wahrhaftig und wirklich gewollt war, dafür gibt es keinen besseren und überzeugenderen Beweis als die unendlich strenge Erziehung und Ausbildung, die die jungen Kaufleute während des ganzen Mittelalters hindurch erfuhren. Bis zu zehn Jahre lang wurden die jungen Westfalen durch die Ausbildung in dem – jedenfalls für das Empfinden der mittelalterlichen Menschen – tristen Areal der Bergener Fjordlandschaft geprägt. Wobei sie – als ausdrückliches Erziehungsziel – jenes Maß an Härte und an Festigkeit des Charakters gewinnen sollten, das es ihnen später ermöglichen würde, dem hohen Risiko ihres Berufs gewachsen zu sein.

So wie die Kirche über Jahrhunderte hinweg bisher begabten Außenseitern einzigartige Aufstiegschancen eröffnet hatte, gelang dies nunmehr den Kaufleuten. Buchstäblich aus dem Nichts gesellschaftlicher Bedeutung heraus schaffte es nun so mancher „homo novus", auf der Grundlage der strengen Ausbildung des kaufmännischen Nachwuchses einen kometenhaften Aufstieg zu schaffen.

Während des 13. Jahrhunderts ereignete sich eine folgenreiche Wende. Kaufleute und Handwerker – das Bürgertum also – übernahmen Patronate über die Schulen und sorgten für Lehrpläne, die den Anforderungen ihrer Berufsstände gerecht wurden. Denn unter dem Zwang des Fernhandels mußten die Kaufleute jetzt lesen, schreiben und rechnen lernen.

Jetzt – unter dem zunehmenden Zwang der Schriftlichkeit des Handelsverkehrs von den Kontoren aus – gelang es dem kaufmännischen Bürgertum, das Bildungsmonopol der Kirche endgültig zu brechen. Das private Handlungsbuch des Fernhändlers wurde nun zum zentralen, alles entscheidenden Mittelpunkt des Unternehmens. Groß und erfolgreich wurde jetzt nur noch der, der es verstand, von seinem Kontor aus

mit seinen Kaufmannsbriefen virtuos und weitblickend über seine Agenten und Angestellten in London, Brügge oder Bergen gewinnbringende Geschäfte abzuwickeln. So mancher Geistliche des niederen Klerus fand dadurch Arbeit und Brot in der Schreibkammer eines Kaufmanns. Und so mancher Fernhändler, der wohl ein wagemutiger Seefahrer gewesen war, dem aber die Umstellung auf diese „bürokratische" Abwicklung des Handels nicht gelang, war bald ein ruinierter Mann und landete im Schuldturm!

Kaufmann mit Rechenbrett. Anonymer Holzschnitt aus dem 14. Jahrhundert.

Die Aufhebung des Bildungsmonopols der Kirche durch die Kaufmannschaft war aber nur ein Punkt. Fast wichtiger für die innergesellschaftliche Entwicklung in den Hansestädten wurde hinfort, daß eine wichtige Gruppierung nun zusehends die Möglichkeit hatte, sich gefahrlos von den Regeln kirchlicher Orthodoxie zu lösen. Die durch Kapitalbesitz abgefederte Weltläufigkeit, die Übernahme der politischen Macht in den Städten, das offene Hantieren mit den Frühformen kapitalistischer Geld- und Kreditwirtschaft – zum Teil im Konflikt mit den kirchlichen Autoritäten – waren erste Stationen eines Weges, auf dem ab jetzt ein wichtiger Teil der städtischen Gesellschaft seine persönliche, soziale und ökonomische Existenz in eigener Verantwortung gestalten konnte.

Hauschroniken und Handlungsbücher Italiens, Oberdeutschlands und des Hanseraumes ab dem 14. Jahrhundert zeigen, wie die Kaufleute von nun an ständig bemüht waren, sich selbst Rechenschaft zu geben „über sich selbst und ihr häusliches und öffentliches Wirken. Das ‚Ich' des Bürgers wird zum öffentlichsten Zeichen des Jahrhunderts" (von Müller, a.a.O., S. II). So wie die Kaufleute bei ihrer doppelten Buchführung die Techniken der Kontoparität erlernt hatten, rangen sie jetzt um ihre innere Balance zwischen Welt und Jenseits, oder – wie Petrarca es bezeichnete – zwischen „dem Leben und der anderen Seite des Lebens".

Und um Balance ging es ihnen auch bei ihren Bemühungen um den Ausgleich der Interessen und der Gerechtigkeit in den Städten. Während Kaiser und Papst, Könige und Territorialherren sich aufrieben in Kämpfen und Kriegen, wurden die Städte nun zu einer neuen politischen Macht, in denen die seßhaft gewordenen Kaufleute bald auch die Führung übernahmen. Jetzt erst, nach 1268, in der „kaiserlosen, der schrecklichen Zeit" nach dem Untergang der Staufer, begann in den Hansestädten und anderswo „der wunderbare Aufschwung des deutschen Städtewesens, die Fortbildung des Marktverkehrs, der Geldwirtschaft und des Zunftwesens, jene reiche Beweglichkeit einer persönlich freien Bevölkerung, die sich ausdrückte in der einheitlichen Leitung durch den die Gesamtheit vertretenden Rat und den vom Rate gesoldeten Ratschreiber" (Schnabel, a.a.O., S. 84).

Die Buchführung des Kaufmanns. Ausschnitt aus einem Holzschnitt zur „Allegorie des Handels" von Jost Amann, 1585. Brüssel, Bibliothèque Royal, Cabinet des Estampes.

Noch einmal bewährten sich dabei Männer der Kirche als helfende geistige Kraft, indem vor allem Dominikanermönche die städtische Existenz gegen Teile des Klerus theologisch absicherten als eine Möglichkeit des Menschen, seiner sozialen Bestimmung in der Natur gerecht zu werden. So, theoretisch abgesichert zur Kirche hin und finanziell den Territorialherren gegenüber immer mehr in der Rolle des Geldgebers für ihre kostspieligen Militäraktionen, gelang es den meist von Kaufleuten geführten Städten gegen Ende des 13. Jahrhunderts zusehends, ihre völlige Unabhängigkeit zu erreichen. Und nur als ein Bund freier Städte konnte die Deutsche Hanse alsbald zu einer Großmacht des Nordens aufsteigen.

Navigatoren auf dem Meere des Marktes: Die Fernkaufleute werden Unternehmer

Welt des Spätmittelalters, 11. bis 13. Jahrhundert: Die Bevölkerung in Westzentraleuropa verdoppelte sich von 25 auf 50 Millionen. Nie mehr in Europas Geschichte sollten wieder so viele Städte gebaut werden wie in dieser Zeit. Den Aufstieg der Städte beschleunigte der rasante Aufstieg von Handwerk und Handel. Westfalen wurde immer mehr zu einer Heimstätte des Leinen- und Tuchgewerbes.

Von der Dorfkirche über den Dom zur Kathedrale: der alles überragende Mittelpunkt aller menschlicher Ansiedlungen wurde das jeweilige Hauptkirchengebäude.

Welch ein Irrtum des 19. Jahrhunderts: In seiner romantisierenden Geschichtsbetrachtung wurden die Kirchen und Kathedralen des Spätmittelalters zu stillen gruftartigen Zufluchtsstätten. Hätte es dann je eine Hanse oder Europa gegeben? Es ist zu bezweifeln.

Die Kathedralen, das wissen wir heute, sind Manifestation einer Stück um Stück gewachsenen, faszinierenden machtvollen und die Menschen fesselnden geistigen Ideenwelt, und sie dienten den Menschen als Versammlungsraum, den Kaufleuten auch als verschwiegener Ort für Geschäftsgespräche, ja sogar für Feiern privater Art.

Niemand war so exzellent vorbereitet für die städtebauliche Herausforderung des hohen und späten Mittelalters wie die Kirche. Die entscheidenen Ideen hatte schon Augustinus (354-430) in seinem Werk „De civitate Dei" (Über die Stadt Gottes) entwickelt: „Von Kain nun steht geschrieben, daß er eine Stadt gründete, Abel aber als Fremdling tat dies nicht. Denn droben ist die Stadt der Heiligen, wenn sie auch hienieden Bürger erzeugt, in denen sie dahinpilgert, bis die Zeit ihres Reiches herbeikommt" (Andresen, a.a.O., S. 214). Oben die Stadt der Gottesbürger, unten die Stadt der „irdischen Bürgerschaft der Selbstliebe", zwei Weisen also der irdischen Stadt, „sie dient durch ihr Dasein als Hinweis auf die himmlische Stadt" (Andresen, a.a.O., S. 214/215). Nach Augustinus ließ sich ein Christ, der Gott sucht, wie bei einem unendlichen Weg durch einen dunklen Tunnel, an dessen Ende einen das Licht überflutet, auf eine lebenslange Suche ein. Und will uns damit sagen: „Der Christ, der seinen Augen folgt" – und damit meint er das Gewissen – „findet Gott" (Sennett, a.a.O., S. 22).

Erfüllt von dem Gedanken, daß der Christ auf seinem irdischen Weg zum Heil einer eigens für diesen Zweck geschaffenen Heimstätte bedürfe, entwarf der hl. Isidor von Sevilla (560-636) in Aufnahme dieser Ideenwelt die Pläne für eine christliche Stadt: Die Kirche als eine Gemeinschaft von Bauenden. Ein ganzes Netz von Kirchen erhob sich alsbald in Spanien.

„Der Christ, der seinen Augen folgt, findet Gott": Genau in der Mitte der Gesamtanlage erbauten die Baumeister und Handwerker, scharf abgegrenzt von der säkularen Stadt der Bürger mit ihren Marktstraßen, die sakrale Stadt des Wortes Gottes. Das alles überragende Zentrum wurden die mit ihren riesigen Dimensionen ins Gigantische strebenden Kirchengebäude, in denen der Gläubige Gott als überwältigende Gegenwart erleben konnte.

Der Christ erfährt auf seiner Wanderschaft den Schutz Gottes: Entsprechend dieser Verheißung des hl. Augustinus waren der Vorhof der Kirchen, das Gebäudeensemble, das eine Kathedrale umgab und bei Städten, die auf eine Klostergründung zurückgingen (z.B. Magdeburg, Hameln, Herford, Essen und St. Gallen), die unmittelbare Umgebung der Klosterkirche Schutzzonen, „Freistätten", in denen die Bedürftigen, Kranken und Aussätzigen Anspruch auf Hilfe und Asyl hatten.

Die Stadt als Stätte der Erneuerung: Die Kirche hatte genaue Vorstellungen von der spirituellen Bedeutung der Architektur einer christlichen Stadt und von den Empfindungen, Gepflogenheiten und Ideen, die in ihr Vollendung finden sollten. Und sie hatte auch das Personal an Baumeistern, Zimmerleuten, Steinmetzen und sonstigen Bauhandwerkern, die alles in die Tat umsetzten.

Und natürlich ihre Prediger! Unentwegt ermutigten sie ihre Mitbürger in ihrem schwierigen Alltag – mit durchschlagendem Erfolg. Denn die erste Stufe einer Ökonomie der Selbstversorgung bewältigten sie problemlos.

Eine weitere ökonomische Expansion aber war nun Aufgabe von Handwerk und Handel. Rasch zeigte sich dabei, daß

„Der Christ, der seinen Augen folgt, findet Gott."
Träumerisch verloren wirkt die Hingabe des hl. Patroklus auf der Westseite des Paradieses im Dom zu Münster (Foto: Anni Borgas). Mit diesem und den sie umgebenden drei anderen Standbildern des 13. Jahrhunderts erreichte die westfälische Bildhauerei die absolute künstlerische Höhe der Zeit, vorgegeben von der Plastik in Chartres, Reims, Straßburg und Naumburg.

das innerstädtische Handwerk und seine Zünfte dieser Herausforderung nur in beschränkter Form gewachsen waren; denn sie produzierten nur mit herkömmlicher – d.h. manueller – Technik und nur für einen lokalen Kundenkreis. Dabei regelten die Zünfte, darauf bedacht, den Kleinstbetrieb und die gleichen Produktionschancen für alle zu erhalten, die Produktionshöhe jedes Unternehmens; sie bestimmten die Qualität und den Preis aller Waren; sie setzten fest, welche Techniken und Erfindungen angewandt werden durften; sie diktierten die Anzahl der Betriebe, der Meister und Gesellen; sie verboten die Aufnahme von Krediten bei Kapitalgebern.

Deutschland im 9., 10. und 11. Jahrhundert: Die Härte der Wildnis war fast überall gleich. Etwa 5 Millionen Menschen lebten in den deutschen Gauen. Ihre irdische Verweildauer war kurz. Wohin das Auge blickte, Urwälder und nach Norden hin Sümpfe, Moore und Bruch. Baumriese stand neben Baumriese, am Boden dornenbehaftete Hecken und Unter-

„Der Christ erfährt auf seiner Wanderschaft den Schutz Gottes."
Arme und kranke Einwohner der Hansestädte fanden Aufnahme in den Hospitälern zum Heiligen Geist und Speisung auf den Vorhöfen der Kirchen. Speisung der Armen, Holzschnitt von Michael Wohlgemut. Jakobus de Voargine, Goldenes Legendenbuch. Winterteil, Nürnberg 1488, Bl. 276. Von St. Wuboldt. Jena, Universitätsbibliothek.

holz, in der Höhe ein dichtes Geflecht von Zweigen und Blättern, so daß nur selten ein Sonnenstrahl zur Erde drang: Finster und dunkel war es in diesen Wäldern, in denen noch wilde Tiere hausten.

Dazwischen Brachland, versteppte Wiesen und Lichtungen mit unbefestigten menschlichen Siedlungen mit „Häusern" aus Holz, Lehm und Stroh. Männer und Frauen trugen langärmelige Hemden, Kittel, Umhang und Lederschuhe, Männer oft anliegende Hosen.

Das Leben der Menschen war eine einzige Mühsal. Es gab keine Wege und Straßen. Selbst die „Straßen des Königs" waren nur Feldwege, Regen verwandelte sie in Fährten des Schlamms. Mit Axt und Feuer begannen die Menschen im 10. Jahrhundert mit den Rodungen in den Niederungen, im 12. und 13. Jahrhundert auf den Höhenzügen.

In der Phase des Kampfes um die innerstädtische Machterringung war die eindeutig gegen die Landhandwerker und Landbewohner gerichtete Politik erfolgreich, weil der Zunftzwang darauf abzielte, möglichst viele Mitglieder zu gewinnen. In dieser Epoche – vom

„Die Stadt als Stätte der Erneuerung".
Unentwegt ermutigten die Prediger der Kirche ihre Mitbürger und bestärkten sie in ihrem Glauben. Ein Priester spricht von der Kanzel aus zu seiner Gemeinde. Aus „der selen wurczgart", gedruckt von Konrad Dinckmut, Ulm, 1483.

12. bis zum 14. Jahrhundert – erreichten die Handwerkszünfte in den Städten den Höhepunkt ihrer politischen und ökonomischen Bedeutung. Danach aber, als sie versuchten, mit ihrer Macht die Konkurrenz zu beseitigen, indem sie oft trickreich die Zahl der Betriebe, der Meister, der Gesellen und Lehrlinge einengten und verminderten, wurden sie zu einer Gefahr. Und dies nicht nur für den ökonomischen Fortschritt.

Genau das aber führte zur großen Stunde der kapitalkräftigen Kaufleute. Tatkräftig organisierten sie in den Wohnvierteln am Rande der Städte und in den Dörfern des Umlandes die Arbeitskraftreserven eines blühenden Heimgewerbes. Ein wichtiger Teil ihres Erfolges beruhte somit auf der Zusammenarbeit mit den nicht in Zünften organisierten Werkstätten des flachen Landes. Dazu zählten zum Beispiel die Betriebe des erstrangigen deutschen Berg- und Hüttenwesens, für die eine Ansiedlung in den Städten wegen ihres Bedarfs an Wasserkraft, Kohle, Brennholz und der Feuergefahr gar nicht in Frage kam.

Auf dem flachen Lande also begann durch Einführung der Arbeitsteilung und des Verlagssystems der Aufstieg der Kaufleute zu Unternehmern – in Flandern schon ab dem 13. Jahrhundert, in Florenz, England und in Deutschland nur wenig später. Die aufstrebenden Betriebe der Berg- und Hüttenwerke, und in gleicher Weise des Textil- und des Holzgewerbes zum Beispiel, verstanden sich zwar auf die erforderlichen Techniken, die sie ja teilweise selbst entwickelt hatten, aber sie bedurften des Kapitals, der Rohstoffe sowie der Absatzmärkte, die ihre Produkte aufnahmen.

All dies boten ihnen jetzt die Kaufleute. Sie besorgten den Rad- und Hammermeistern des Berg- und Hüttenwesens das Kapital, mit dem sie ihre Betriebe aufbauen und ein hohes Produktionsniveau ansteuern konnten. Das von ihnen erzeugte Roheisen, ihr Kupfer, Zink und Blei aber lieferten sie an die Kleinbetriebe auf dem Lande. Und deren Endprodukte gehörten zu den frühen Trumpfkarten der Hansekaufleute auf den Messen und Märkten ganz Europas bis nach Italien hin.

Die Zahl der Betriebe nahm zu. Die neuen Techniken erlaubten eine enorme Ausweitung der Produktion. Dem aber standen jetzt die strengen Normen der Zünfte in den Städten entgegen. Die Kaufleute aber fanden einen Weg, dies zu umgehen. Mit ihrer einzigartigen Kenntnis der Rohstoff- und Absatzmärkte und ihrer Kapitalkraft wuchsen sie nun in die Rolle von Wirtschaftskapitänen hinein und wurden die ersten Unternehmer Deutschlands.

Die Kaufleute wurden die ersten Unternehmer Deutschlands. Als Arbeitgeber auf dem Land und zu Wasser kümmerten sie sich auch um die soziale Sicherheit ihrer Mitarbeiter. Mit der Gründung ihres Heilig-Geist-Spitals in Lübeck leisteten die Hansekaufleute Pionierarbeit. Hier: Fabrikbesitzer und Arbeiter auf dem Marktplatz. Miniatur aus dem 15. Jahrhundert, Paris, Bibliothèque Nationale.

Die ländliche Ansiedlung der Hüttenwerke ermöglichte es ihnen, von dort aus die städtischen Zünfte auszumanövrieren. Hier entwickelten sie erstmals das System eines „nichtzünftischen ländlichen Großgewerbes in der Organisation des Verlagswesens" (Horst Rabe, a.a.O., S. 34 ff.) Sie rollten die Wirtschaftslandschaft sozusagen von unten her, vom flachen Lande aus, auf. Die einzelnen Handwerker brauchten sich ihr Rohmaterial nicht mehr selbst zu besorgen, sondern es wurde ihnen von dem Verleger-Unternehmer „vorgelegt". Der wiederum – ganz allein – besorgte auch den Absatz des Endproduktes. Tausende von Landbewohnern fanden so Arbeit und Lohn – und keine Zunft konnte dies hindern. Das südliche und westliche Westfalen tendierte

schon früh zu diesem „Verlagswesen". Mehr aber als das Berg-, Hütten- und das Metallgewerbe profitierte zum Beispiel die aufstrebende Textilindustrie – von der der Norden Westfalens fast ganz und gar abhing – von dem aufkommenden Unternehmergeist der Kaufleute.

Aber nicht nur Westfalen, sondern auch das angrenzende Niedersachsen und Hessen, sowie die Regionen am Mittelrhein und Oberschwaben, entwickelten sich damals zu Zentren der Leineweberei bzw. der Wolltuchmacherei. Da reichte es nicht, wenn sich das ganze Ravensberger Land der Flachsherstellung widmete. Aus Osteuropa und dem Baltikum besorgten die Hansekaufleute den Flachs und aus England und Spanien die Wolle.

Ging es um die Produktion von Massenware für ferne Märkte, organisierten die neuen Unternehmer das Geschäft nach den Regeln des Verlagswesens. War daran aber kein Bedarf – wie zum Beispiel bei der ländlichen Flachsspinnerei und Leineweberei in Ravensberg und Lippe – dann war man dennoch zur Stelle: Zum Spinnen brauchten die Bauern Flachs. Es war ihnen erlaubt, diesen bei ihren Webern in der Stadt einzukaufen. Damit aber hatten sie Probleme, weil sie oft weit entfernt von diesen wohnten. Bielefelds Kaufleute halfen, indem sie sonntags ihre Gehilfen in die Kirchdörfer schickten, „wo sie mit den zum Gottesdienst sich treffenden Spinnern und Bauern Verabredungen treffen konnten". Und sie bemühten sich auch, „das auf dem Lande gesponnene Garn aufzukaufen und nach Elberfeld weiterzuliefern, denn dort und in Barmen waren die einzigen Bleichplätze für die jülich-klevischen Länder" (Vogelsang, a.a.O., S. 167).

Der Hansekaufmann als Unternehmer, welch ein Aufstieg aus ärmsten Anfängen und welch ein Durchbruch der freien Persönlichkeit! Erst nach der Durchsetzung der Schriftlichkeit des Handelsverkehrs begann die eigentliche Zeit der Anhäufung großer Vermögen. Jetzt erst – von ihren Kontoren aus – lernten die Kaufleute, in großem Stil Wahrscheinlichkeiten gegeneinander abzuwägen. Jetzt erst wurden sie „Kapitänen vergleichbar, deren Hauptaufgabe die Navigation auf dem Meere des Marktes mit seinen Unwägbarkeiten ist" (Röpke, a.a.O., S. 124).

Seit 1423 stand auf einer Inschrift am Hauptportal des Londoner Stalhofs, des berühmtesten Auslandskontors der Deutschen Hanse, der Satz „Gold ist der Vater der Lust und des Kummers Sohn". Im Spannungsfeld dieses Satzes standen auch die anderen dynamischen, rastlos tätigen Kaufleute, die damals in ganz großem Stil zu Unternehmern heranreiften, die Großkaufleute aus Hamburg, Bremen, Lübeck und Danzig, die Textilindustriellen der flämischen Tuchstädte, die Fuggers und Welsers in Augsburg, die Imhofs und Tuchers in Nürnberg, die Medicis in Italien und ein kaufmännisches Genie wie Jacques Coeur in Paris.

All diese zwischen 1400 und 1600 „Emporgekommenen", diese Handelsfürsten aus ganz Europa, wurden zu Mäzenen ihrer Herrscher und zu großzügigen Förderern der Wissenschaften und der Künste und erbrachten damit schon früh den Beweis, daß der ökonomische Erfolg einer Gesellschaft eine grundlegende Voraussetzung für die Entfaltungsmöglichkeit geistigen und künstlerischen Lebens ist.

„Triumpf des Reichtums und der Armut", unter diesem Titel portraitierte Hans Holbein d.J. 1532 führende Kaufleute des Londoner Stalhofs. Zwischen diesen beiden Polen steht der stolze Satz des Lübecker Hansekaufmanns westfälischer Herkunft, Bertold Rucenberg: „Von meinen Eltern habe ich nichts empfangen, weswegen ich irgend jemand verpflichtet wäre …Was ich an Gütern besitze, habe ich mir von Jugend an mit eigner, mühevoller Arbeit erworben" (Pagel, a.a.O., S. 124).

Welch ein Aufstieg: Das Wunder Europa!

Anno Domini 1035. Der burgundische Mönch Rudolfus Glaber berichtet über den Tag mit der „magischen Zahl", den Weltuntergang mit dem Beginn des Jahres 1000: „Die Angst der Menschen war so groß wie nie zuvor: Blutrote Kometen drohten am Himmel, Hungersnöte quälten die Armen, und der Regen fiel wie bei der Sintflut. Manch einer glaubte sogar, Heere von Teufeln in den Wolken erspäht zu haben. Weil sich zu dieser Zeit die Geburt und der Tod unseres Herrn Jesus Christus am Kreuz zum tausendsten Male gejährt hatte, wurden all diese Erscheinungen als Zeichen für den nahen Untergang der Welt genommen. Überall füllten verstörte Christen die Kirchen, verkauften Hab und Gut, bereuten ihre Sünden." (Stern-Millenium, Heft 1, S. 3).

Aber der Weltuntergang blieb aus, die Erde fiel nicht in Trümmer, und der findige Mönch verlegte ihn flugs ins Jahr 2000. Stellte dann selbst die Frage: „Stehen wir jetzt am Anfang einer Friedenszeit?" und antwortete: „Ja, sage ich und noch mal ja!"

Etwas von der Euphorie des burgundischen Mönches muß sich auf unsere Vorfahren übertragen haben. Denn aus dem Dunkel der Vergangenheit betraten sie plötzlich die Bühne der Weltgeschichte und wurden zu Mitgestaltern eines beispiellosen Ereignisses: Der im Weltvergleich kulturell eher rückständige und kleinste Kontinent der Erde, Europa, machte sich auf einen Weg, auf dem er 1914, im Zenit also, 86 Prozent der Erdoberfläche unter Kontrolle haben sollte!

Überall treffen wir in dieser Epoche auf „eine anhaltende Bereitschaft, zu neuen Ufern aufzubrechen, die in anderen Gesellschaften nicht vorhanden war" (Kennedy, a.a.O., S. 59):
- Melancholie wich der Lust am Leben;
- Stillstand verwandelte sich in Dynamik;
- Verzagtheit entschwand hinter dem Mut zum Wagnis;
- der säkulare Umbruch in der Landwirtschaft, verbunden mit einem gewaltigen Bevölkerungswachstum, mündete in eine – zunächst – innerstädtische gewerbliche Überschußproduktion;
- die scheinbar hinter ihren Mauern verlorenen Städte blickten über den Horizont hinaus und suchten Verbündete;
- durch ihre Sendboten, die Kaufleute, entstanden Verbindungen von Markt zu Markt, von Stadt zu Stadt und von Region zu Region;
- die Aktivitäten vieler, vieler Einzelner mündeten in eine erste Marktwirtschaft auf dem Boden Europas.

Diese erste Marktwirtschaft entstand ab dem Ende des 11. Jahrhunderts in einem Rechteck zwischen Nowgorod und Bergen mit Ausstrahlungen nach London im Norden und im Süden auf einer Linie von Lissabon bis nach Alexandria. Sie hatte zwei marginale Sauerstoffquellen:

Im Norden war dies eine erste aufstrebende Gewerbelandschaft vom südlichen Westfalen ins Rheinland hinein und von den Niederlanden über Flandern bis zum Pariser Becken hin. Im Süden entsprach dem – angetrieben von der Begegnung mit dem Vorderen Orient – die Handels- und Finanzmacht der Mittelmeerregionen, allen voran Genua, Venedig und Florenz. Der Norden Europas, der Ost- und Nordseebereich, wurde mit diesen beiden Wirtschaftsregionen von Anfang an durch die Hanse verzahnt.

Vom 11. bis zum 15. Jahrhundert dauerte die Aufbauphase, der „säkulare Aufwärtstrend" dieses Wirtschaftsraumes, das Wachsen der Adern für den „Blutkreislauf im Herzen Europas" (Braudel). Ein erstes Fanal für den Waren- und Güteraustausch dieser beiden unter Überhitzung stehenden Wirtschaftsräume setzten ab dem 12. Jahrhundert die Messen der Champagne. Nachdem 1277 zuerst die Genuesen, 1314 die Venezianer mit ihren Galeeren Brügge angelaufen hatten, rückte diese Stadt zur Zentrale eines Handelsnetzes auf, das die deutschen Hansestädte samt dem Rheinland, England, Portugal und den ganzen Mittelmeerraum umfaßte. Der Warenaustausch auf dieser Nord-Süd-Achse wurde in dieser Darstellung ausführlich beschrieben.

Die Stunde der Männer mit Willensenergie, Wagemut und Überzeugungskraft, die das Glück zu zwingen wußten, nahte mit dem Übergang von vorwiegend naturalem Wirtschaftsverkehr zum geldwirtschaftlichen Denken und Handeln ab Mitte des 13. Jahrhunderts.

Die gesellschaftspolitische Brisanz dieses Vorgangs hat Werner Sombart (Wagenführ, a.a.O., S. 21) eindrucksvoll so zusammengefaßt: „Was bist du? – fragte man früher. Ein Mächtiger? Also bist du reich! – Was bist du? fragt man jetzt. Ein Reicher? Also bist du mächtig!"

War es Zufall, daß in diesem Augenblick die Turmuhren in den italienischen Städten und in Nürnberg entstanden? Zeit und Geld traten jetzt jedenfalls in eine innige Beziehung. Wer beide geschickt zu nutzen verstand, dem gehörte der Sieg. Alles begann um das Bargeld zu kreisen, das Ansehen und Macht bedeutete, ganz besonders dann, wenn es in Silber und Gold ansehbar wurde.

- Jede größere Hansestadt konnte sich jetzt von ihrem fürstlichen Ortsherrn durch Pfändung von kommenden Einkünften oder Kauf von Rechten lösen.
- Geldmacht ersetzte die patriarchalische Herrschaft. Politik und Kapital wurden zu Geschwistern und Verbündeten:
- Der Kaufmannsvirtuose Jacques Coeur in Paris lieh König Karl VII. um 1445 gerade mal eben 200.000 Ecus für seinen Feldzug zur Befreiung der Normandie von den Engländern.
- Die Kaufmannsfamilie Bardi in Florenz übergab Robert dem Weisen in Neapel 1325 34.000 Unzen Gold als Anleihe; schon 1321 erhielt der Johanniterorden auf Rhodos von den Florentiner Geldunternehmern 545.000 Gulden gegen Verpfändung sämtlicher Ordensgüter; König Eduard II. von England lieh sich 1330 bei den Bardis 150.000 Pfund Sterling für seinen Krieg gegen Schottland.

- Der Augsburger Jacob Fugger, „der Stolz Deutschlands", half Kaiser Maximilian zwischen 1507 und 1510 mit 231.000 Gulden aus der Klemme; für die Kaiserwahl von Karl V. stellte er den Habsburgern im Juni 1519 543.585 Gulden zur Verfügung.

Banken gaben den Kaufleuten jetzt Kredite. Die Zinsgewinne blühten, und die Kirche mußte einlenken. Börsen entstanden bereits 1293 in Lissabon, in Deutschland später, 1558 in Hamburg und 1592 in Köln. Kaufmännische Unternehmer oder unternehmerische Kaufleute, die Geldunternehmer also, wurden jetzt endgültig die Großen ihrer Zeit.

Ende des 15. Jahrhunderts, am 12.10.1492, entdeckte Kolumbus Amerika; 1498 nach der Entdeckung des Seeweges um Afrika herum nach Indien brachte Vasco da Gama auf der Rückfahrt bereits kostbare Früchte nach Portugal. Zeitnah zu diesen Ereignissen, im April 1492, verstarb in Florenz Lorenzo de Medici (1449-1492), auch Il Magnifico, „der Prächtige", genannt. Als Staatsmann hatte er die Metropole der Banken und der Tuchweberei zur höchsten Blüte geführt. Als Mäzen von Leonardo da Vinci, Sandro Botticelli und Michelangelo förderte er ein künstlerisches Schaffen, das nicht nur die Geburt der Renaissance bedeutete, sondern den Vorstoß in bildnerische und psychologische Ausdrucksformen, die bisher unbekannt waren.

Das Ende des 15. Jahrhunderts: Spanier und Portugiesen entdeckten neue Kontinente, die Künstler Italiens befreiten sich von den Bindungen der Überlieferung und schafften genialische Vorstöße in neue künstlerische Ausdrucksformen. Die Menschen standen – jenseits der kirchlichen Orthodoxie – vor Teilstücken eines neuen Weltbildes. Fast unbemerkt vom Rest der Welt hatte sich Europa, diese vorgeschobene kleine Halbinsel des euro-asiatischen Kontinents, vom 11. bis zum 15. Jahrhundert eine großartige Ausgangsposition für die Zukunft geschaffen. Und obwohl es von Ungarn und Normannen, von Persern, Türken und Mongolen an den Abgrund gedrängt worden war und zu Teilen immer wieder in dessen Nähe gebracht werden sollte, und obwohl innerhalb Europas pausenlos Kämpfe und Kriege tobten, schritt es nun unaufhörlich auf seine – vorübergehende – Weltherrschaft zu.

Im Mittelalter – als Abendland – umfaßte es alle Länder mit christlicher Religion. Und in diesem Sinne schloß es sogar Amerika und Russland mit ein. Was machte nun dieses Europa der übrigen Welt gegenüber hinfort so überlegen? Was machte die kolonisatorischen Expeditionen der Europäer so unwiderstehlich?

Da waren einmal die Fortschritte in der Kriegstechnik, besonders im Bereich der Kämpfe zur See: 1321 kam es zur Erfindung der Mörsermühle. Ab 1327 gab es Kanonen, ab 1341 Kanonenkugeln aus Eisen und ab etwa 1430 Kanonen mit Visier. 1450 in Formigny und 1453 in Castillon wurden englische Armeen von französischen Kanonen hinweggefegt. Nicht die leichteren Schiffe des Südens, sondern die anfangs vielleicht belächelten breitwandigen und hochbordigen Hansekoggen und die ihnen nachempfundenen Karavellen wurden militärisch zum Maß aller Dinge. Im 13. Jahrhundert hatten sie einen einzigen Mast, der ein viereckiges Segel trug. Um 1450 entwickelten die deutschen Werften Segelschiffe mit mindestens drei Masten. Nur dieser Schiffstyp war in der Lage, auf einem Mast und an den Bordwänden die schweren Geschütze und Kanonen zu tragen, ohne zu kippen. Von nun an enterten die europäischen Schiffe nicht mehr die Fahrzeuge ihrer Gegner, sondern sie schossen sie in Schutt und Asche.

Wie ein gewaltiger Blasebalg für den Aufstieg Europas wirkte auch das Aufkommen einer ersten Marktwirtschaft. Was mit dem Ausgreifen einzelner Händlergruppen begonnen hatte, war längst zu einem großen Ganzen ineinandergreifender kommunizierender Ströme geworden. So entstand ab dem 12. Jahrhundert auf dem Boden Europas von den Städten aus eine Weltwirtschaft, die zunächst von der Champagne, dann von Venedig, Antwerpen, Genua, und Amsterdam beherrscht werden sollte.

Dem Gelingen einer Marktwirtschaft in Europa – und eben nicht in einem anderen Großreich jener Epoche – kam zugute:

- Daß sich kein Regime der damaligen Zeit ihr entgegenstellte bzw. die Unternehmer, Großkaufleute und Gewerbebesitzer systematisch ausplünderte;
- daß die Machthaber erkannten, daß „wenig sonst benötigt wird, um einen Staat von der tiefsten Barbarei zum höchsten Reichtum zu führen, als Friede, geringe Besteuerung und eine erträgliche Rechtsprechung" (Jones, a.a.O., S. 235);
- daß die meisten europäischen Herrscher alsbald „eine symbiotische Beziehung mit der Marktwirtschaft eingingen, ihr eine nationale Ordnung und ein nicht auf Willkür beruhendes Rechtssystem (selbst für Ausländer) gaben und über die Steuern Anteil am wachsenden Profit des Handels hatten" (Kennedy, a.a.O., S. 53).

Das wahrscheinlich wichtigste Ereignis für den – weltgeschichtlich unbestritten einzigartigen – Aufstieg der Völker Europas aber war, daß die Städte – angefangen mit den Hansestädten im Norden Europas über den ganzen Kontinent hinweg – vom ausgehenden 13. Jahrhundert an Inseln der Freiheit und in Aufnahme des Erbes von Athen und der republikanischen Tradition von Rom Heimstätten einer Kultur des Miteinanders wurden.

In Freiheit miteinander reden und diskutieren. Diszipliniert miteinander überlegen und entscheiden. In Freiheit die Geschichte befragen und miteinander Perspektiven der Zukunft entwerfen: Quellen der überlegenen Diplomatie der Hanse unter Führung Lübecks. In Freiheit die Gesetze der Natur zu ergründen und die Frage nach der Wahrheit zu stellen – und dies losgelöst von einzelnen Fragestellungen – als unbegrenztes Erfahrenwollen alles Erfahrbaren: der Anfang der Wissenschaft.

Die Städte: Inseln der Freiheit und einer Kultur des Miteinanders.
Jean le Tavernier. Stadttor und Straßenszene im 15. Jahrhundert. Miniatur aus „Chroniques et conchêtes de Charlemagne". Audenarde, 1458-1460. Brüssel, Bibliothèque Royale, Ms 9066, fol. 11.

Von den Städten aus wurde Europa jetzt – und Europa allein – zu einem Hort mit Leidenschaft betriebener universaler Wissenschaft. Einer Wissenschaft, die sich allen Dingen der Schöpfung zuwandte und nichts ausklammerte. Und die dabei in ihren Anfängen von den Kaufleuten (siehe Rostock 1419 und Greifswald 1456) von den Kaufleuten angeregt und gefördert wurde.

Frühes, hohes und spätes Mittelalter: Von 500 bis zum Jahr 1500 dauerten diese Epochen. Nicht rückständig und finster war diese Zeit, wie manche geurteilt haben, sondern vielmehr vorwärts gerichtet und bewunderungswürdig dynamisch. Spätestens seit Beginn des 13. Jahrhunderts nahm auf dem Boden eines nun endgültigen wirtschaftlichen Aufschwungs alles das seinen Lauf, was wir heute das moderne Europa und westliche Zivilisation nennen. Im Guten wie im Bösen machten die Menschen schon damals Europa zu einem Laboratorium irdischer Möglichkeiten und wurden dabei – in jener Zeit schon – zu Pionieren des europäischen Aufstiegs.

Von den Städten aus sicherten die Matadore und sozialen Aufsteiger dieser Epoche, die Fernkaufleute, den von ihnen geschaffenen ersten Kapitalismus global ab:

Auf den Karawanenwegen der Seidenstraße Chinas und Zentralasiens brachten sie Seide, Gold und Edelmetalle, aber auch Kulturpflanzen sowie Ideen und Religionen an die Küsten des Schwarzen Meeres und des Mittelmeeres. Genuas und Venedigs Händler brachten sie zu den Messen Mittel- und Zentraleuropas. Über 12.000 Kilometer hinweg gelangten die Gewürze der Molukken-Inseln nach Schottland. Die Hansekaufleute beförderten die Pelze Rußlands, Bernstein und die Naturprodukte des Ostseeufers, nach Spanien und Portugal.

Die Menschen waren erstaunlich weltoffen und beweglich: Polen, Engländer, Italiener, Spanier und Deutsche studierten in Paris Theologie und Kathedralbau. Zisterziensermönche schufen Dome und Kirchen in Deutschland bis hinauf zum Ostseeufer. Flämische Weber gründeten nicht nur in Manchester die englische Tuchindustrie. Deutsche Färber verdingten sich in Florenz und Mailand. Venedig gründete eine Vielzahl von Kaufmannskontoren in Konstantinopel und an der Levante.

Immer bedeutender wurden die Gewinne der Fernkaufleute, weil sie immer größer Warenmengen beförderten:

Zwischen 1310 und 1313 übernahm die Hanse 54% des Londoner Wollexports. Die Weinhändler von Bordeaux verkauften 1308 mehr als 100.000 Fässer Wein, Hamburgs Brauereien später 200.000 Fässer Bier pro Jahr. Venedig bezog jährlich 10.000 Tonnen Pretiosen und Luxuserzeugnisse aus der Levante. Hansekaufleute brachten auf einem Schiff bis zu 200.000 Pelze nach Brügge und Spanien. In Schonen fingen die Deutschen pro Jahr etwa 300.000 Heringe und verkauften davon etwa 150.000 Fässer in den wendischen Städten, vor allem in Lübeck: Der Reichtum der Kaufleute steigerte sich – und sie zeigten ihn auch:

Immer üppiger und ausgelassener wurden die Tafelrunden der Artusjünger in Danzig, immer erlesener die genossenen Gaumenfreuden. Immer kostbarer wurde das Warenangebot: Chinesische Seide, englische Wolltücher, Saphire aus Indien, Gold aus dem Süden Afrikas, samt goldener Brokatfäden aus Persien lagerten in den Kontoren. Die Frau des Florentiner Händlers Francesco Datini (1335-1410) trug „Mäntel aus arabischem Kamelhaar und den besten Damast aus Bagdad, Smaragde und Rubine aus Golconda schmückten ihre Finger." (Kucklick, a.a.O., S. 33).

Schatten auf den schönen Bildern

Um 1500: Herbst des Mittelalters: Den hoffnungsfrohen Ereignissen standen in den Gesellschaften Westzentraleuropas aber auch Ereignisse und Entwicklungen gegenüber, die für Deutschland und die Deutsche Hanse in der Langzeitwirkung verhängnisvolle Folgen entfalten sollten.

In den einzelnen Völkern verlor das Pathos der schönen Bilder und der strahlenden Gestalten mehr und mehr an Bedeutung und wich zunehmend einer Stimmung von Trauer und Enttäuschung. Die langsam chronisch werdenden kriegerischen Auseinandersetzungen, die unzuverlässige unberechenbare Gerichtsbarkeit, die – als Folge des obsiegenden Geldverkehrs – steigende Habsucht und vieles andere bedrückten nicht nur die Kleinen und Armen, sondern auch Adel und städtisches Patriziat. Die Statik der gesellschaftlichen Ordnung, die keine Reform verhärteter Strukturen oder überholter politischer Auffassungen zuließ, entfaltete eine verhängnisvolle Wirkung: „Nichts hat zu der Stimmung von Lebensangst und Verzweiflung über kommende Zeiten so stark beigetragen wie diese Abwesenheit eines festen Willens aller, die Welt selbst besser und glücklicher zu machen." (Huizinga, a.a.O., S. 35).

Das alte Weltbild wankt: Von den ersten Anfängen der Christianisierung an war die Kirche die Lehrmeisterin der germanischen und romanischen Völker Europas gewesen. Jahrhundertelang hatte die Kirche ein absolutes Bildungsmonopol und besaß die Macht an allen gesellschaftlichen Schaltstellen von Bedeutung. Nun aber bedrohten viele Feuerstellen das Gebäude der kirchlichen Dogmatik:

- Innerkirchliche Reformbewegungen trachteten danach, die katholische Glaubensgemeinschaft aus ihren weltlichen Verstrickungen zu lösen und sie auf ihre geistlichen Aufgaben zu beschränken.
- Im Bereich der Hanse gelang es dem Bürgertum, finanziell von den Kaufleuten unterstützt, mit eigenen, weltlichen Schulen und Universitäten das Bildungsmonopol der Kirche zu brechen.
- Auf den Spuren des Peter Abaelard errang an den Universitäten die spätmittelalterliche theologische Richtung der Nominalisten Zug und Zug die Mehrheit. Sie bestand auf

Herbst des Mittelalters – Das alte Weltbild wankt.
Dämonen greifen eine Gruppe Mönche an. Miniatur aus „Miracles de Notre Dame" von
Jean Mièlot. Paris Bibliothèque Nationale. Ms. fr. 9199, fol. 6.

Erinnerung an einen strahlenden Morgen: Die Perlenkette der Kathedralen und Dome

Bruchstücke für morgen aus einem Museum des Grauens – Blätter im Wind: Gleich zu Beginn des Heiligen Jahres 1600 erlebte die Christenheit ein böses Fanal der dunklen Mächte, die sich inzwischen der Römischen Kirche bemächtigt hatten. Der Dominikaner Giordano Bruno (1548-1600) hatte an Universitäten in England, Frankreich und Deutschland gelehrt. Seine in Helmstedt verfaßten Lehrgedichte sollten in Deutschland große Wirkung auf Herder, Goethe, Schelling und Leibniz haben. Bruno betrachtete die Materie als Basis des zyklischen Prozesses von Weltentstehung und Weltvergehen. In seiner metaphysischen Kosmologie war Gott wegen seiner Unendlichkeit der Schöpfer der Unendlichkeit des Universums und der Mensch in ihm ein Mikrokosmos. Seine faszinierenden Gedanken empörten die Heilige Inquisition so sehr, daß sie ihn nach schrecklichen Jahren der Folter am 17. Februar 1600 in Rom auf dem Campo di Fiori öffentlich verbrannte.

Der Paderborner Theologe und Psychotherapeut Eugen Drewermann hat 1972 eine bewegende und einfühlsame Biografie dieses genialen Denkers verfaßt, in der er ihn, bevor er auf 300 Blättern seine letzten Gedanken niederschreibt, folgende Sätze sagen läßt: „O, ich möchte sprechen mit den Menschen, die in 800 Jahren sind, oder wenigstens mit denen, die in 400 Jahren leben werden – im Jahre 2000, wenn ein neues Millenium anbricht. Wer werden sie sein? So wenig wie die Seele eines Menschen, so wenig vergeht, was je Geist war. Ich war Geist. Und ich bin Seele."

Angesichts des Geschehens des Jahres 1600 auf dem Campo di Fiori in Rom lohnt es sich, wenn wir uns auf den Spuren der Kaufleute noch einmal dem Christentum der Kathedralenbauer zwischen 1100 und 1350 nähern. Sie haben zwar – im Gegensatz zu Bruno – keine schriftliche Botschaft für uns verfaßt, dafür aber hinterließen sie uns steinerne Zeugnisse ihres Geistes und ihrer Seele, die auch heute noch zu uns sprechen.

Die Geburt der Lichterstädte: Bei ihren Aufbrüchen von Stadt zu Stadt und bald zu den Märkten und Messen Europas wurden die Kaufleute der Deutschen Hanse zu einer festen Größe inmitten einer gesamtgesellschaftlichen Dynamik, die den Kontinent „auf die Mitte der Weltbühne zubewegte" (Kennedy, a.a.O., S. 68). Darüber hinaus wurden sie Mitver-

einer strengen Trennung von Vernunft und Offenbarungsglauben und ebnete damit die Wege für eine Trennung der Wissenschaften von der Theologie und ermöglichte damit den Siegeszug der empirischen Wissenschaften. Gegen denn blinden Glauben setzten Männer wie Kopernikus (1473-1543), Tycho Brahe (1546-1601) und später Galilei auf das wissenschaftliche Denken und brachten das alte Weltbild zum wanken.

- Im Zeitalter der Renaissance von 1350 bis ins 16. Jahrhundert hinein, bis zur Frühphase der Reformation in Deutschland ab 1517, vollzog sich von Florenz aus der Aufstieg der ökonomischen Moderne samt der frühkapitalistischen Kreditwirtschaft mit der Ausstellung von Krediten, Kautionen, Anleihen und Wechseln – meist in offenem Konflikt und gegen den Willen der Kirche!

- Die alsbald folgende Glaubensspaltung und die daraus resultierenden blutigen Kämpfe zwischen Katholiken und Protestanten sollten die mittleren und kleineren Hansestädte politisch, kulurell und ökonomisch zutiefst erschüttern. Einige von ihnen verloren 40 Prozent ihrer Bevölkerung und sanken auf den Rang von Ackerbürgerstädten herab. Kein Wunder, daß das 16. und 17. Jahrhundert – jedenfalls was Deutschland betrifft – ein düsteres Gepräge erhielt.

ursacher und Schöpfer eines geistigen Aufschwungs, der in dem wachsenden Wohlstand und dem Emporstreben der Städte seine Wurzeln hatte.

Der französische Historiker Benoist-Mechin hat diese Aufbruchsphase Europas vom 11. bis zur Mitte des 14. Jahrhunderts (a.a.O., S. 15) so beschrieben: „Man kann sich heute kaum vorstellen, wie reich diese geschichtliche Epoche an Überschwang, Erfindungsgeist und schöpferischer Energie war. Die Phantasie überflügelte die kühle Vernunft; Ausgewogenheit trat an die Stelle der Symmetrie. Es war die Zeit, in der die Heldenepen und höfischen Romane verbreitet wurden und sich Europa mit dem ‚weißen Mantel der Kathedralen‘ bedeckte."

Die ganze Bevölkerung der Städte, die meist zwischen zwei- und fünftausend Einwohner hatten, beteiligte sich am Bau dieser Meisterwerke. Mit Schiffen, wenn es ging, sonst mit Ochsenkarren wurde der damals sehr teure Transport der gewaltigen Mengen von Holz und Steinen für den Bau der Großkirchen bewältigt, die nicht nur das Haus Gottes, des Schöpfers des Universums und des Patronatsheiligen, sondern auch – allerdings nur in Teilbereichen – das erste Gemeinschaftshaus der Stadtgesellschaft vom einfachsten Bürger bis zum höchsten Fürsten werden sollten. Denn die großen Kirchen waren zunächst religiöser *und* gesellschaftlicher Treffpunkt der Stadtgemeinde.

Wie konnten diese vergleichsweise wenigen Menschen inmitten einer Gesellschaft, die etwa das Niveau eines heutigen Entwicklungslandes hatte, mit vergleichsweise primitiver Technik Meisterwerke der Baukunst schaffen, die über Jahrhunderte hinweg heute zum Weltkulturerbe zählen?

Nein, vorstellen können wir uns das heute nicht mehr. Aber ahnen können wir es, wenn wir uns einzufühlen versuchen in die geistige Vorstellungswelt der Baumeister – vornehmlich des gotischen Baustils – die auf dem Boden eines menschlichen, für die Schönheit der Schöpfung noch offenen Katholizismus, fast überall in Europa ab 1150 kulturprägend wurde.

Franz Schnabel (a.a.O., S. 15/16) schreibt über die großen Kathedralen: „Ein Individualismus wirkt sich aus im schöpferischen Gestalten, aber er ist eingebettet in die Dämme der Zucht … Erdhafte Derbheit und fromme Gottesfurcht suchen gemeinsam nach Ausdruck seelischen Lebens. Eine geistige Unruhe zaubert immer neue Bilder hervor und erfüllt den Raum mit hohen luftigen Wölbungen, mit vielen Ecken, Gestalten und Farben, mit traumhaften Vorstellungen überirdischer Helligkeit, während die strenge Einheit des Ganzen von der in sich ruhenden Sicherheit und Gewißheit des Glaubens zeugt." Im Sinne dieser Interpretation hinterließen uns die Meister der Bauhütten, die überall in Europa aus dem romanischen den gotischen Baustil entwickelten, in den Kathedralkirchen nicht nur Demonstrationen ihres technischen Könnens, sondern auch Spiegelbilder des Geistes ihrer Epoche sowie ihrer ganz persönlichen Ideen und Träume.

Die Halle, ein Weg, den Himmelsraum auszuweiten: Die wandernden Mönche und Handwerksgesellen, vor allem aber auch die Kaufleute der Messen der Champagne, die Besucher Brügges und der staufische Kaiserhof sorgten dafür, daß sich die Gotik vom Gebiet zwischen Seine und Loire aus bald über ganz Europa ausbreitete. Dort, wo sie zögerlicher aufgenommen wurde, etwa bei dem Zwischenereignis der westfälischen Hallenkirchen, erblicken wir in den Hansestädten Westfalens unterhalb trutziger Türme in eindrucksvollen Gebäuden einen Hallenraum aus mehreren Schiffen, in dem wuchtige Strebepfeiler wie in Sehnsucht nach dem Unendlichen zu mächtig ansteigenden Kuppelgewölben emporsteigen. So zum Beispiel in Balve, Beckum, Bielefeld, Billerbeck, Brilon und Bocholt, in Coesfeld, Ennigerloh, Eversberg und Grevenstein, in Hamm, Herford, Lemgo und Lippstadt, in Minden, Münster, Osnabrück und Paderborn, in Rheine, Rüthen, Siegen und Soest, in Warburg, Warstein und in Wiedenbrück.

Die Kirche als „das himmlische Jerusalem", ein mystischer Bedeutungsraum: Die Halle als ein Weg, den Himmelsraum auszuweiten … Dies alles wahrhaft zu verkörpern in einem einzigen Bau, war nur möglich durch Baumeister, die schwierigsten geometrischen Problemstellungen gewachsen waren, deren Lösung damals vor allem in Chartres gelehrt wurde. Und in der Tat besteht seit Ludwig Dehio Einigkeit darüber, daß die ostwestfälischen Hallenkirchen unter Einfluß, vielleicht aber auch direkt unter Leitung französischer Zisterziensermönche aus Süd- oder Nordostfrankreich erbaut worden sind.

Wohl keine Großkirche in Deutschland vom 12. bis zum 15. Jahrhundert wurde ohne französischen Einfluß bzw. Hilfe erbaut. Und wenn die Marienkirche in Lübeck in Dimension und Baustil den Kathedralen von Notre Dame in Paris und Soissons ähnelt, wenn die spätromanischen Hallenkirchen Ostwestfalens mutmaßlich von französischen Zisterzienserbaumeistern konzipiert wurden, dann wird klar, was Frankreich damals für Westfalen und die Hanse bedeutete und wie fest verbunden Westfalen und die Hanse damals mit Westeuropa waren.

Bernhard II., Edelherr zur Lippe, war in jener Epoche für eine wichtige Zeit der mächtigste Mann Ostwestfalens. Gewiß nicht ohne seine Rückendeckung – der 82jährige (!), inzwischen Bischof von Semgalen, war nachweislich zwischen zwei eiligen Reisen von Livland nach Ostwestfalen und zurück 1222 in Herford – wagte es seine Tochter, die Herforder Äbtissin Gertrud II. (1217-1238), im Jahr 1220 die vollständig intakte Herforder Klosterkirche abreißen zu lassen und an ihrer Stelle den ersten Großbau einer Hallenkirche in Westfalen, das Herforder Münster, erbauen zu lassen, zu dem Paul-Otto Meuß (a.a.O., S. 92) anmerkt: „Die Münsterkirche atmet zisterziensischen Geist." Und in bezug auf die Gestaltung des Chorabschlusses der im gleichen Zeitraum (ca. 1220-1260) erbauten Stiftskirchen in Freckenhorst und Geseke sowie der Johanniskirche in Osnabrück bestätigt

Oben links: *Innenraum des Osnabrücker Doms: Blick nach Osten (Foto: Hartmut Strenger, Osnabrück)*; oben rechts: *St. Marien Stift Berg in Herford: Blick in den Ostchor (Foto: Dieter Ernstmeier, Herford)*; unten links: *Innenraum des Paderborner Doms: Blick nach Osten (Foto: Dr. Heinz Bauer, Borchen)*; unten rechts: *Innenraum von St. Marien in Lemgo: Blick nach Osten (Foto: Achim Werner, Sehnde)*.

Dieter Ernstmeier (a.a.O., S. 111) neben der Bedeutung lokaler Tradition Einwirkungen „der im übrigen auch sehr einflußreichen Zisterzienserarchitektur".

Gertruds Bruder, der Paderborner Bischof Bernhard IV. (1228-1247), veranlaßte den Bau des mächtigen Langhauses des Paderborner Domes in seiner heutigen Form. Wie Meuß und Ernstmeier für andere westfälische Sakralbauten, so bestätigt Uwe Lobbedey (a.a.O., S. 23) für diesen „Schwesterbau des Herforder Münsters" den „direkten französischen Einfluß". Und stellt fest: „Paderborn wurde zum Vorbild für das Langhaus des Mindener Doms und gab damit über die Lemgoer Marienkirche, die Herforder Stiftskirche auf dem Berge bis hin zur Wiesenkirche in Soest der westfälischen Baukunst ein großes Thema: die Verbindung der bergenden Macht kuppeliger Gewölbe mit der räumlichen Weite und Lichtfülle der gotischen Halle."

Romanik und Gotik: Hier in Westfalen – und zeitgleich im Süden und Nordosten Frankreichs – gelang es, in einer spannungsvollen Übergangszeit die beiden gegeneinander konzipierten Kunststile doch noch einmal zusammenzubinden. Welt und Erde sind noch nicht aus dem Bauwerk ausgegliedert. Und dennoch erfüllt die Hallenkirche bereits eine Aufgabe, die Abt Suger für Saint-Denis so beschrieben hat: nämlich „die Himmelsstadt, die spirituelle Gemeinschaft Gottes und der Kirche, als der Gemeinschaft der Verstorbenen, Lebenden und Auferstehenden, der Vergangenen, Gegenwärtigen und Zukünftigen zu sein" (Meuß, a.a.O., S. 89).

Die Backsteingotik – Erinnerung an die kulturschaffende Kraft der Hanse: Aus dem Wohlstand der Städte und auf der Grundlage ihres gemeinschaftsstiftenden Glaubens geboren, prägen die mittelalterlichen Backsteinbauten auch heute noch die Ostseeregionen von Lübeck über das deutsche Ostseeufer bis nach Polen über das ganze Baltikum.

Welch großartige Zeugnisse eines kühnen Willens sind die mächtigen Kirchen der Backsteingotik in den Ostseestädten, im Anspruch und in Ausmaßen von Kathedralen. „Die hohen Türme waren den Bürgern Sinnbild der Freiheit, des Reichtums und der Macht ihrer Stadt", schreibt Karl Pagel (a.a.O., S. 194). Und schildert dann, wie die ganze Bürgerschaft sich mit Hingabe an der Ausstattung und am Gelingen des Werkes beteiligte; wie die Kirchengemeinden außerhalb jeglicher Vernunft in der Arbeit an den gewaltigen Bauwerken miteinander wetteiferten; wie die wache Sorge der Bürger um ihr Seelenheil zu frommen Stiftungen von einzelnen, aber auch der Zünfte und Gilden führte: „Bereitwillig wurden Gut und Geld gespendet. Freiwillig übernahm jedermann Hand- und Spanndienste für die Bauhütten – ‚Tagsüber trugen die Armen, nachts die Reichen', heißt es in einer Stralsunder Chronik."

Die Baugesinnung, eine mächtig wirkende Zaubermacht: Gewiß gab es Puritaner und Ketzer, die den Bau einer Kirche ablehnten. Wir wissen heute, daß dem Bau der Kathedralen, zum Beispiel in Reims, oft heftige gesellschaftliche Auseinandersetzungen vorausgingen. Das vermindert aber keineswegs die Aussagekraft der Berichte über die religiöse Inbrunst ihrer Erbauer in Chroniken jener Tage – Szenen mit der Macht eines Schauspiels:

Robert von Mont-Saint-Michel berichtet 1144: „In diesem Jahr zum ersten Mal sah man zu Chartres die Gläubigen sich vor die Karren spannen, die mit Steinen, Holz, Getreide und wessen man sonst bei den Arbeiten an der Kathedrale bedurfte, beladen waren. Wie durch Zaubermacht wuchsen ihre Türme in die Höhe. So geschah es auch andernorts … Männer und Frauen sah man schwere Lasten mitten durch Sümpfe schleppen und unter Gesängen die Wunder Gottes preisen, die er vor ihren Augen verrichtete".

Abt Haimon von St. Pierre-sur-Dive beschreibt den Bau der Kirche Sainte-Marie-du Port: „Wer hat jemals Ähnliches gesehen und gehört, daß mächtige Herren und Fürsten der Welt, aufgebläht von Reichtum und Ehren, daß selbst Frauen von edler Geburt ihre stolzen Häupter gebeugt und gleich Zugtieren sich an Karren gespannt haben, um Wein, Getreide, Öl, Kalk, Stein und Holz den Werkleuten einer Kirche zuzuführen? Und ob vielmehr als tausend Köpfe zusammen sind, herrscht doch tiefes Schweigen, man hört kein Wort, nicht einmal ein Flüstern. Wenn sie dahinziehen unter Posaunenschall und unter geweihten Bannern, kann nichts sie aufhalten, weder Berg noch Wasser … Sind die Pilger an der Kirche angelangt, bei deren Bau sie helfen wollen, so machen sie eine Wagenburg und wachen die ganze Nacht und singen Psalmen."

Die Kultur, der Patriarch der Weltgeschichte: Diese Fundstellen aus alten Chroniken (zit. von Jantzen, a.a.O., S. 8) beschreiben das Verhalten von Menschen im Banne des mittelalterlichen Christentums, eine inzwischen untergegangene geistige Welt. Ihre steinernen Schöpfungen aber leben in der Mitte unserer Städte weiter und erinnern uns an das, was Fernand Braudel (a.a.O., S. 67) so formuliert hat: „Die Kultur ist der Alte, der Patriarch der Weltgeschichte." Und: „Rom geht im 5. Jahrhundert unter, die Römische Kirche aber bewahrt ihr Erbe bis in unsere Tage."

Ja, in der Tat: Die politischen Schöpfungen gingen unter, Wirtschaftssysteme und Gesellschaftsformen veränderten sich. Aber die religiös-geistigen Überzeugungen, die diese Kultur hervorbrachten, wirken bei aller Zersplitterung und evolutionären Fortentwicklung in ihrer Substanz bis heute fort. In diesem Sinne sind die romanischen, mehr aber noch die gotischen Kirchen Manifestationen einer langen, langen Dauer, einer wachsenden kulturellen Einheit des Abendlandes, die schon in der Epoche der Kaufmannshanse – in der Stauferzeit also – besiegelt wurde.

Zugleich sind sie Zeugen eines großen sozialökonomischen Aufstiegs Europas vom beginnenden 11. Jahrhundert an. Die Städte, fast immer an den Schnittpunkten bedeutender Verkehrswege gelegen, profitierten am meisten von den Gewinnen eines blühenden Fernhandels. Von den Städten aus kam es damals auf dem Boden Europas zum ersten Aufbruch einer Weltwirtschaft in der Geschichte der Menschheit. Das

Das Universum ein leuchtender Quell: Abt Suger wollte, daß seine ganze Kirche von Licht durchflutet wurde als ein Zeichen für die lichtstrahlende Wirkung des Glaubens. Blick in das Innere der Kathedrale von Palma mit Fensterrosen. (Foto: Wim Swaan)

Stolz der „homines novi", von sozialen Aufsteigern also. In einer singulären wirtschafts- und geistesgeschichtlichen Situation entstand das „atemberaubende Erbe" (Albig, a.a.O., S. 105) gotischer Kathedralen, Rathäuser, Paläste und Bürgerhäuser.

Eine wunderbare Idee wahren Christentums beflügelte die Menschen. Nicht mehr einem – wie früher – finsteren und rächenden Gott näherten sich die Menschen, sondern einem gütigen Schöpfer, den die bedeutendsten Denker dieser Zeit mit dem Licht gleichsetzten. Georges Duby (a.a.O., S. 174) hat die geistig seelische Erlebniswelt dieser Epoche so zusammengefaßt: „Gott ist Licht. An diesem ursprünglichen, diesem unerschaffenen und schöpferischen Licht hat jede Kreatur teil ... Hervorgegangen aus einem Strahlenmeer ist das Universum ein leuchtender Quell, der in Kaskaden herabstürzt, und das Licht, das vom höchsten Wesen ausgeht, beruft jedes einzelne erschaffene Wesen an seinen unveränderlichen Platz. Zugleich aber vereinigt es sie alle. Als Band der Liebe durchflutet es die ganze Welt."

Alle Herrlichkeit ist innerlich: Die gotischen Kathedralen mit ihrer Magie von Licht und Schatten Heimstätten einer freudigen Begegnung von Gott und Welt, Erfahrungsorte eines gütigen, am Schicksal der Menschen teilnehmenden Gottes und eines durch ihn inspirierten Weltchristentums der tätigen und helfenden Liebe. Was den Hanseraum betrifft, hat diesem trostreichen

zeigt uns, daß der Aufstieg Europas, „dieses ungeheuerlichen Werkzeugs der Weltgeschichte" (Braudel), nicht – wie Kennedy es andeutet – um 1500 begann, sondern bereits 400 Jahre früher. Allem anderen vorgeordnet aber sind die Kathedralen, Dome und Großkirchen des Mittelalters und der Hansezeit Erinnerungen an einen strahlenden Morgen Europas, an dem die Menschen einem guten und hilfreichen Gott dankten, den sie weithin mit dem Licht gleichsetzten, weil er nach ihrer Empfindung „unaufhörlich seine Liebe über die Welt ergoß" (Benoist-Mechin, a.a.O., S. 16).

Jenseits von Angebot und Nachfrage beginnt der ökonomische Erfolg: Von 1100 bis 1350, Aufstiegsjahre der Hanse und Epoche der Kathedralenbauer. Eine geistige Erhebung überwölbte den Aufstieg der Städte und ihren ökonomischen Erfolg. Opferbereite Frömmigkeit verband sich mit dem

Glauben, der über eine lange Zeit hin eine Gesellschaft von den Ärmsten der Armen bis hinauf zu den Privilegierten zusammenhielt, der Augustinermönch Thomas von Kempen um 1420 mit seiner „Nachfolge Christi" ein zeitloses, für die Ewigkeit bestimmtes Denkmal gesetzt; denn sie ist mit unzähligen Auflagen in allen Kultursprachen bis heute bei den Christen der ganzen Welt lebendig geblieben:

„Das Lied der Liebe möchte ich singen lernen", schreibt er (Buch 3, Kap. 5, Nr. 6). Und: „Die echte Liebe strebt zur Höhe und läßt sich durch nichts Niederes aufhalten" ... „Es gibt nichts Lieblicheres, nichts Mächtigeres, nichts Vollkommeneres und Edleres im Himmel und auf Erden als die Liebe" (Buch 3, Kap. 5, Nr. 3). „Ich" läßt er Christus zu den Menschen sagen, „kenne den ersten und den letzten; ich umfasse sie alle in unschätzbarer Liebe, ... da ich sie alle so herrlich erhoben … habe. Wer also einen von den Kleinen verachtet, der ehrt auch den Großen nicht; denn ich habe den Kleinen wie den Großen gemacht … Alle sind eins durch das Band der Liebe, eins ist ihr Fühlen und Wollen …" (Buch 3, Kap. 58, Nr. 4).

Herr verbinde uns mit dem Baum, dem wir entstammen: Der französische Jesuit, Naturwissenschaftler und Philosoph, Pierre Teilhard de Chardin (1881-1955) widmete in Anknüpfung an die Ideenwelt des Giordano Bruno sein Lebenswerk dem Versuch, auch im Christentum unserer Zeit durch einen Brückenschlag zwischen Glauben und modernem Wissen Wege zu einer freudigen Begegnung zwischen Gott und Welt zu ebnen.

„Ein Gefühl, das überwunden werden muß", schrieb er, „ist die Hoffnungslosigkeit … Ein neuer Bereich psychischer Expansion, das ist es, was uns fehlt, und doch steht er dicht vor uns, wenn wir nur die Augen öffnen" (Der Mensch im Kosmos, S. 260/261).

„Ich will eine wirkliche Entwicklung" (Tagebücher 3, S. 392), ist sein Anruf an Kirche und Welt.

Schöpferischer Gestaltungswillen, Lebenslust und Lebensverlangen sind nach Teilhard das wahrhafte evolutionäre Geschenk in der Seele des Menschen. „Versucht doch, ‚lebensüberdrüssige' Arbeiter, Ingenieure oder Gelehrte fruchtbare Arbeit leisten zu lassen", schrieb er 1947 und wollte damit sagen, daß es ohne das göttliche Geschenk der Lebenslust keinen evolutionären Aufstieg unter Mithilfe des Menschen geben kann.

„Es macht den Wert und das Glück des Lebens aus, in etwas Größerem aufzugehen, als man selbst ist."
Auguste Rodin schrieb über diese Skulpturen an der Kathedrale zu Chartres: „Die Linien der Architektur sind dieselben wie die der Skulpturen. Mit genialem Instinkt haben die Künstler dieser Kathedrale gefühlt, daß der menschliche Körper … ebenso wie Gebirge und Bäume ein Urbild der Architektur ist." Stark, Rodin, a.a.O., S. 87.

Was die Welt in Bewegung setzt – von der Bewegung der Atome an – ist die Leidenschaft vereint zu leben, das Liebesverlangen. „Nur die Liebe", notiert er (Tagebücher 3, S. 273), „vermag durch Vereinigung die Wesen als solche zu vollenden – das ist eine Tatsache der täglichen Erfahrung; nur sie erfaßt ja die Wesen im Tiefsten ihrer selbst."

„Unser endgültiges Wesen, der Gipfel unserer Einzigartigkeit, ist nicht unsere Individualität, sondern unsere Person. Doch diese können wir, da die Evolution die Struktur der Welt bestimmt, nur in der Vereinigung finden. Kein Geist ohne Synthese, von oben bis unten durchwegs dasselbe Gesetz" (Tagebücher 3, S. 271).

Das Rauschen des Wassers unter dem Kiel ihrer Schiffe, das Schlagen der Fluten gegen deren Flanken … Weit, weit vom Meer her erblickten die Hansekaufleute plötzlich auf dem Land, dem sie entgegensegelten, die hohen Türme ihrer backsteingotischen Kirchen und hatten jetzt endlich die Gewißheit der Rückkehr zu allem, was ihnen lieb und teuer war.

Das ist ein schönes Bild für den Satz, mit dem Teilhard seine Ideenwelt zusammengefaßt hat und auch für das, was uns die Menschen der Hansezeit heute noch zu sagen haben:

„Es macht den Wert und das Glück des Lebens aus, in etwas Größerem aufzugehen, als man selbst ist"
(zit. v. Marie Schlei, a.a.O., S. 95).

Schon im Mittelalter waren Karl der Große und Widukind zu Legendengestalten geworden. Kaiser- und Königshäuser führten ihre Stammbäume auf diese beiden mythischen Gestalten zurück, insbesondere das sächsische Kaiserhaus durch die Verbindung von Heinrich mit Mathilde. Der Holzschnitt aus Conrad Bothos 1492 gedruckten „Chronecken der Sassen" (Sachsenchronik) zeigt rechts den als jugendlichen Helden dargestellten Widukind, der Karl dem Großen seine „Borch" (Burg) Minden übergibt. Links der von Karl eingesetzte Stadtherr Bischof Erkanbert. Der Vorgang ist historisch eher unwahrscheinlich. Tatsächlich hielt Karl der Große 798 in Minden eine Reichsversammlung ab.

Die Hanse und Westfalen:
Ein Aufbruch nach Europa

Die Hanse und Westfalen: Sachsen, jahrhundertelang eine königlose Gesellschaft, zersplittert in Grafschaften: im Westen der Westfalen vom Rhein bis zur Weser, im Osten der Ostfalen von der Weser zur Elbe hin, inmitten der beiden der Gau der Angarier, im Süden an Franken grenzend und im Norden ans Meer. Nie waren die sächsischen Stämme einig gewesen, außer in der Epoche ihrer verzweifelten Abwehrkämpfe gegen Karl den Großen unter dem legendären Sachsenherzog Widukind.

Knapp 100 Jahre nach dem Tod Karls des Großen, des Erneuerers des Kaisertums im abendländischen Westen, zeigte

* 1984 erschien im Stuttgart-Herforder Seewald Verlag die von der großen Sozialdemokratin Marie Schlei angeregte Trilogie „Frauen in der Politik", die erste Gesamtdarstellung des Beitrags der Frauen zum Aufbau der Demokratie in Deutschland. Auf dem Sterbebett schrieb sie für dieses Buchprojekt die letzten Zeilen ihres Lebens nieder, einen Bericht über ihren Aufstieg nach 1945 vom Kind einer armen Arbeiterfamilie aus Hinterpommern samt Flüchtlingselend zur Staatssekretärin an der Seite von Bundeskanzler Helmut Schmidt. Sie stellte ihren Text unter dieses Zitat von Pierre Teilhard de Chardin.

eine der sensationellsten politischen Kehrtwendungen des deutschen Mittelalters, wie stark der Name des Westfalen Widukind inzwischen zu einem mit der sächsisch-westfälischen Identität verwobenen Mythos geworden war:

Der letzte Erbe der Karolinger im Ostfrankenreich, König Konrad I. von Franken, hatte zusammen mit Herzog Otto I. von (Ost)Sachsen beschlossen, daß dessen Sohn Heinrich sein Nachfolger als König der zersplitterten Stämme der Deutschen werden solle. Aber, das wußten beide, das konnte er nur werden, wenn er am Tag der Entscheidung das ganze, vom Rhein bis zur Elbe hin einige Sachsen in die Waagschale werfen konnte.

Bei dem nun beginnenden politischen Spiel, 95 Jahre nach dem Tod Karls des Großen, wurde Mathilde, eine blutjunge Herforder Stiftsdame, eine Nachfahrin des Herzogs Widukind, zum Kronjuwel des sächsischen Fürstenhauses. Denn 909 heiratete der 34jährige Herzogssohn Heinrich die anmutige 14jährige Kind-Frau Mathilde. Ihn umwehte fortan der Mythos des Herzogs Widukind. Dieser aber, der ehemalige Todfeind der Franken, wurde nun – zum geschätzten Ahnherrn und zur Legitimationsfigur des neuen deutschen König- und Kaiserhauses: Denn im Dezember 918 – auf dem Sterbebett – designierte König Konrad I., der letzte Franke auf dem deutschen Königsthron, den Sachsenherzog Heinrich zu seinem Nachfolger. Im Mai 919 – in Fritzlar – wurde Heinrich dann von den Sachsen und Franken unter Huldigung durch die Schwaben zum König erhoben. Als solcher ging König Heinrich I. später als Gründer des Ersten Deutschen Reiches in die Geschichte ein.

Nur oberflächlich betrachtet war der Übergang des deutschen Regnums vom letzten König der Franken auf das sächsische Herrscherhaus ein sensationeller Vorgang. Von der Tiefendimension des Anliegens Karls des Großen her, in der Nachfolge des Römischen Reiches in Europa ein Regnum Christianum zu schaffen, war er ein Vorgang von tiefer innerer Logik:

Nie in ihrer Geschichte hatten es die Sachsen zu einer einheitlichen politischen oder gar militärischen Führung gebracht. Und nie hat es ein einheitliches West- und Ostfalen gegeben. Nur ein einziges Mal, in der Abwehrschlacht gegen einen übermächtigen Gegner von einmaliger imperialer Größe, Karl dem Großen, gelang es dem Westfalen Widukind im Jahre 782 Westfalen, Angarier und Ostfalen, zumindest Teile von ihnen, zu einem gemeinsamen Aufstand gegen die Franken zu vereinen. Und er allein vermochte es, sich als Kämpfer für die Freiheit Sachsens zu profilieren.

Erst die Frankenkriege führten zur territorialen Festsetzung der Gaue der West- und Ostfalen und Angarier und zur Festsetzung der Westfalen im ganzen Weststreifen Altsachsens in der Breite unterhalb des heutigen Niedersachsen vom Essen-Werdener Raum bis zum Bereich der Angarier (Ostwestfalen?) vor der Weser. Im Süden durch Gebirge, im Norden durch Moore begrenzt, im Westen abseits vom großen Binnenfluß Rhein, im Osten durch die Weser von den Angariern getrennt, so betrat Westfalen, das Kernland der späteren Landhanse, die Bühne der Geschichte.

Erst in dieser Verbindung wird die Heirat des ostfälischen Herzogs Heinrich mit der westfälischen Widukind-Nachfahrin Mathilde zu einem genialen politischen Schachzug. Denn:

In diesem riesigen westfälischen Bereich, der nie von einem einzigen Herrscherhaus geprägt wurde und in dem Küsten- und westgermanische Stämme, obsiegende Franken und besiegte Sachsen langsam zu einer Lebensgemeinschaft zusammenfanden, war die Verbindung mit dem von allen akzeptierten Mythos, dem des Freiheitshelden Widukind, ein Vorgang von höchster politischer Bedeutung.

Der Essener Dom und der Turm der Johanniskirche. Foto: Stadtbildstelle Essen.
Zwischen Rhein, Ruhr und Lippe gelegen, war Essen in der Hansezeit die westliche Pforte am Westrand Westfalens. 973 berichtete der maurische Gelehrte Ibrahim ibn Achmed al Tartuschi am Hof Kaiser Ottos des Großen über Essen: „Astinid ist eine feste Stadt, deren Häuser aus Stein erbaut sind. … Die Bewohner sind alle Christen und verehren Jesus – Friede sei mit ihm. Sie gewinnen ihren Lebensunterhalt durch Handwerk, Handel und Landwirtschaft."

Mit inniger Begeisterung übernahmen die Sachsen alsbald das ihnen aufgezwungene Christentum. Selbst die politische Unterordnung unter die Franken betrachteten sie als den Weg, „auf dem ihnen kraft des göttlichen Ratschlusses die Begnadigung durch den christlichen Glauben zuteil geworden war."

(Aubin, a.a.O., S. 30). Die Kirche mehr noch als der fränkische Machtapparat prägten die Charakteristika des beginnenden und sich bald erweiternden Westfalentums im Verlauf des 9. Jahrhunderts.

Engern ging auf in Westfalen. Westfalen, darüber herrscht Klarheit, war der westlichste Teilbereich von Großsachsen. Vom Rhein bis zur Weser in der Breite und von der Ruhr bis zur Hunte und Hase hin in die Höhe reichen die nachweisbaren Orte Westfalens in der fränkisch-sächsischen und in der sächsisch-salischen Zeit. Unter Kaiser Otto dem Großen (um 955) sprechen die Urkunden von einem „pagus Westfalon", einem Gau in Westfalen, der innerhalb des großsächsischen Aufgebotsverbandes mit einer eigenen „Heerschaft" vertreten war.

Westfalen – im Westen grenzend an Nordrhein und die Niederlande, im Norden und Nordosten an Niedersachsen, im Südwesten und Süden an Hessen. Es war – beginnend mit Soest und Dortmund – der Kernbereich der Binnenhanse. Aber dieses Anfangsrevier war bald durch einen ganzen Reigen von Hansestädten mit all diesen Grenzregionen fest verbunden.

Westfalen, geographisch ein großes Dreieck von Siegen im Süden, nordwestlich aufsteigend über Hattingen und den Essener Raum bis Bocholt, nordöstlich weiter bis zur Höhe von Rheine, östlich weiter über Osnabrück nach Minden, von hier aus südlich nach Paderborn und zur Warburger Förde, südwestlich über Bödefeld und Schmallenberg nach Siegen zurück: Die Männer aus diesem Bereich wurden – was Europa betrifft – im großsächsischen Heeresaufgebot noch vor der Hansezeit Mitgestalter eines grundlegenden Ereignisses. Denn die junge Herforder Stiftsdame Mathilde wurde zur Stammmutter von drei sächsischen Kaisern, die durch die Bindung des römischen Kaisertums an das regnum Germaniae die Vision Karls des Großen zu Teilen wiederbelebten.

Durch die Übertragung des römischen Kaisertums auf die Germanen in einem „Heiligen Römischen Reich" sicherten sie das Fortleben der abendländischen lateinischen Kultur und ermöglichten Europa über Jahrhunderte hinweg ein hohes Maß an religiösen, geistigen und kulturellen Gemeinsamkeiten. Später, als die westfälischen und norddeutschen Hansekaufleute aufbrachen zur ökonomischen Entdeckung und Entwicklung des Kontinents,

Ganz in der Nähe von Bocholt liegt die kleine Hansestadt Borken im Südwesten des Münsterlandes. Trotz schrecklicher Zerstörungen im Zweiten Weltkrieg bewahrte sie aus der Hansezeit noch größere Teile der Stadtmauer mit fünf Türmen.

erschienen sie – ganz in diesem Sinne – dann auch in den Urkunden der Fürsten Europas ausschließlich als „Mercatores Imperii Romani", als Kaufleute des Heiligen Römischen Reiches.

Erst spät, über hundert Jahre nach dem Ende der Deutschen Hanse, wurde den Westfalen bewußt, wieviel sie auch für das Zusammenwachsen Westfalens bedeutet hatte. Kaufleute aus Soest, Corvey, Hameln, Paderborn und Minden waren auf der Talschiffahrt über die Weser nach Bremen die westfälischen Pioniere der Hanse. Über Münster und Osnabrück brachten andere Westfalen ihre Leinen- und Töpfereiprodukte in den friesisch-sächsischen Handelsverkehr. Auf den Spuren der Kölner und Bremer Kaufleute fanden die Westfalen nach England.

Die Beschwörung des Gottesfriedens bei der Pax Gotlandia (1137) und deren Bestätigung (1161) vollzog sich

Schiffahrt auf dem Rhein im 17. Jahrhundert. Ganz links: Das Schiff von Jakob Bettenhauser ist auf den Felsen von Istein (in der Mitte des Bildes) aufgelaufen und sinkt. Im Fluß die umhertreibenden Waren. Aquarell. Basel, Staatsarchiv.

Ganz in diesem Sinne würdigte Otto von Bismarck das Land Westfalen und den Beitrag seiner Männer zum Erfolg der Deutschen Hanse in seiner „Rede an die Westfalen" (Jostmann, a.a.O., S. 10-15) mit folgenden Worten: „Meine Herren, ich bin in dieser Zeit – ich kann beinahe sagen – aus allen deutschen Gauen hoch geehrt worden durch Begrüßungen und Anerkennungen, und wenn Sie mir dieselben aus Ihrer engeren Heimat bringen, so können Sie sagen, daß sich in Westfalen gewissermaßen ein Mikrokosmos der deutschen Welt wiederholt, in kleinerem Maßstabe und in zum Teil tieferer Färbung wie in anderen Teilen der deutschen Heimat …

Schon von unserer frühesten Geschichte her spielt das Westfalenland eine hervorragende Rolle. Ich bin überzeugt, daß Hermann der Cherusker in westfälischem Dialekt gesprochen hat. Ich wüßte nicht, woraus man schließen könnte, daß er damals anders gelautet hat wie heut in Paderborn und dem Teutoburger Walde … fast alle unsere germanisierten wendischen Länder, meine Heimat Brandenburg, in erster Linie Mecklenburg, weiter hinaus Pommern, sind durch westfälische Pioniere germanisiert worden – so weit heute die plattdeutsche Sprache reicht, sie ist von Westfalen ausgegangen und bis nach den baltischen Provinzen nach Russland hin; in Livland, in Estland war die herrschende Klasse der Bürger und des Adels noch hauptsächlich westfälischen und plattdeutschen Ursprungs, und ich selbst habe in Estland gefunden, daß der Deutsche dort nicht Deutscher, sondern Sachse, ,Sachsenherr' genannt wurde, was also doch in der uralten Beziehung des Sachsentums auf Westfalen hindeutet …

Ich habe stets gefunden, daß der Westfale sich immer als solcher bekennt, während ich dasselbe von anderen deut-

Bismarck 1884: Oben im Lichte gleißend die weißen Pfauenfedern mit den Stichworten außenpolitischer Erfolge. Unten im Schatten die Innenpolitik. Reichskanzler Otto von Bismarck. 1884 gezeichnet von Wilhelm Scholz im „Kladderadatsch".

schen Stämmen nicht sagen kann … Westfalen ist ein Land, auf das Anwendung findet, was ich auf einer Reise in Schweden in einem Liede gefunden habe, was die Schweden von ihrem Lande sagen: ,Im Land sitzt Eisen, und auf dem Lande wohnen Männer', und das ist für Westfalen zutreffend: ganze Männer."

Die Hanse und Westfalen: Nach dem Wunsch Lübecks

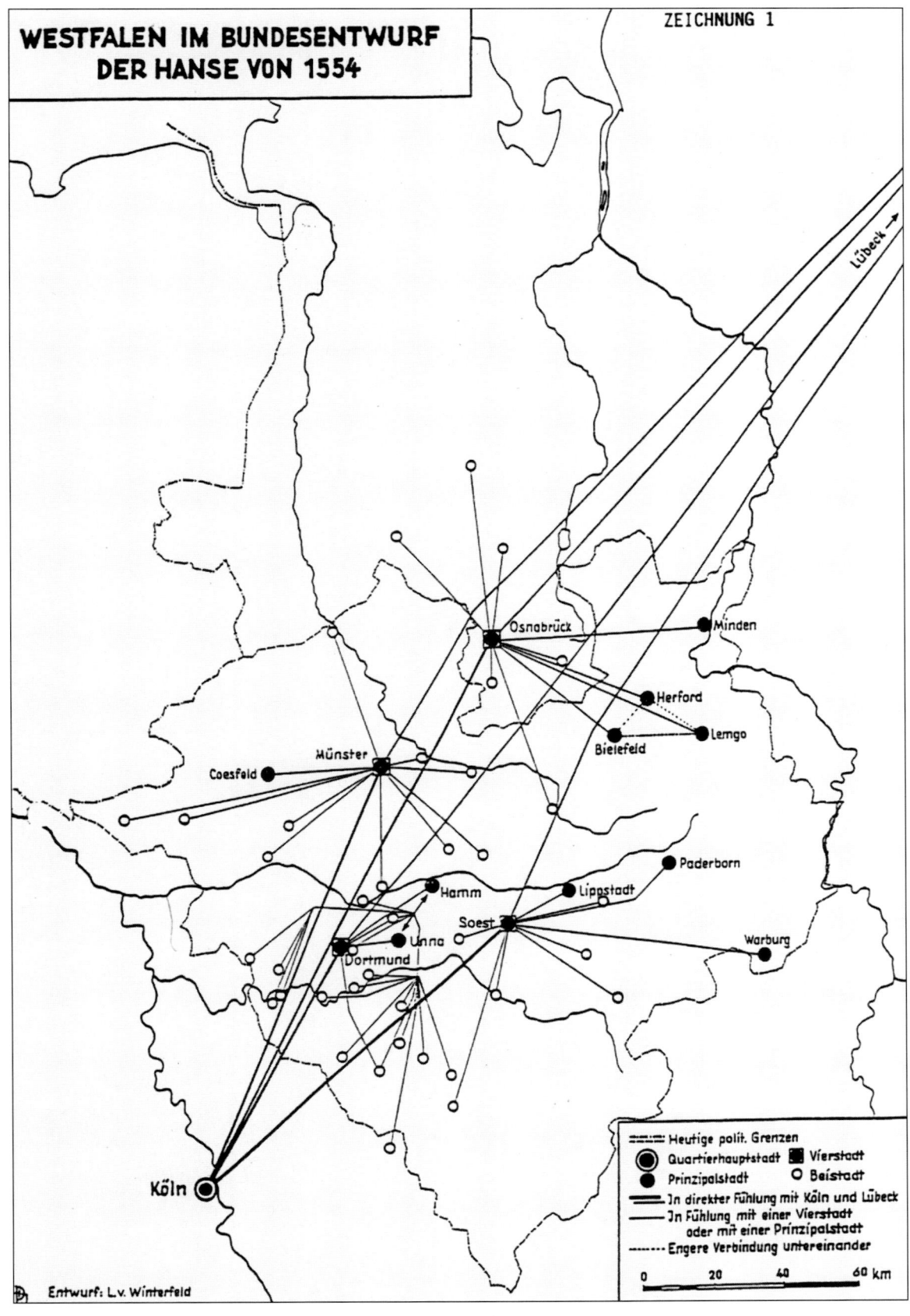

Aus: *Luise von Winterfeld, Das westfälische Hansequartier. In: Der Raum Westfalen, Bd. II, 1, Aschendorffsche Verlagsbuchhandlung, Münster 1955.*

Die Hanse und Westfalen: Westfälische Wirklichkeit

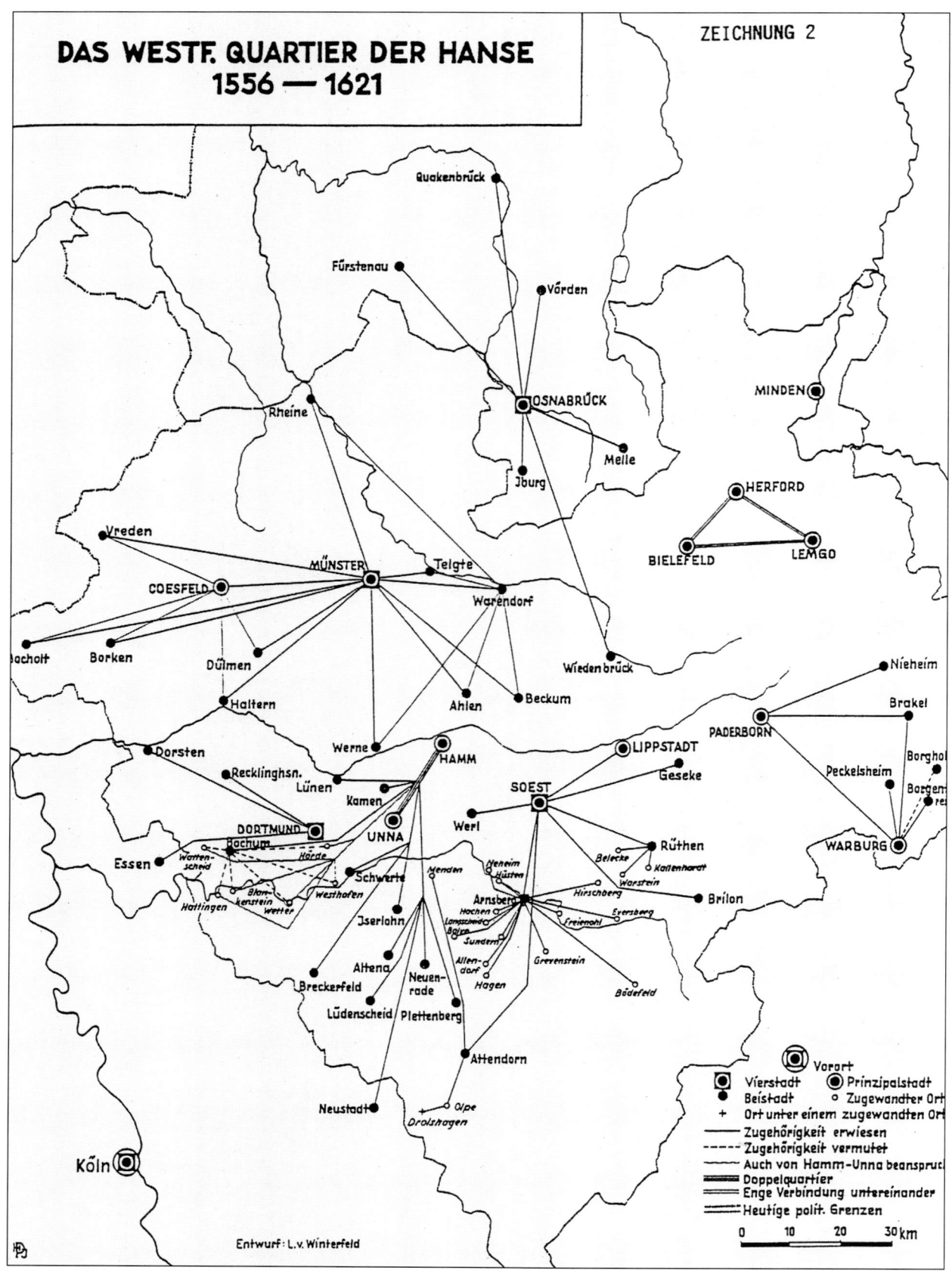

Aus: *Luise von Winterfeld, Das westfälische Hansequartier. In: Der Raum Westfalen, Bd. II, 1, Aschendorff-sche Verlagsbuchhandlung, Münster 1955.*

Die Hanse und Westfalen – Eine Zeittafel

Bis 1100   Vorhansische Zeit

Um 1000   Aufzeichnung der Soester Rechtsgrundsätze.

Um 1050   Soester Kaufleute in Kiew. Westfälische Kaufleute treiben Fernhandel in Dänemark, Schleswig, Gotland und Rußland.

1123   König Lothar III. (von Supplinburg) ernennt mit Konrad von Wettin, Adolf I. von Schauenburg und Albrecht dem Bär seine „Männer an der Grenze".

Ab 1130   Die Gotländer Kaufleutegemeinschaft

1134   Kaiser Lothar III. (von Supplinburg) vermittelt in Wisby einen Handelsfrieden zwischen Gotländern und Deutschen. Diese „Pax Gotlandia" gilt als Grundprivileg der Gotländischen Genossenschaft der deutschen Fernkaufleute. Beginn des Aufstiegs von Wisby.

1136, 1143 und 1150
Ausdehnung deutschen Gebietes nach Nordosten (Landnahme) und Gründung neuer Kaufmanns- und Hafenstädte im Ostseebereich markieren die Anfangsphasen der Hanse: Lothars „Männer an der Grenze" dehnen das deutsche Gebiet aus und rufen Sachsen (West- und Ostfalen), Flamen, Friesen, Holländer und Rheinländer als Siedler herbei. Konrad von Wettin ab 1136 in die Lausitz und in die Markgrafschaft Meißen. Albrecht der Bär ab 1150 in die Mark Brandenburg, ins Havelland und in die Priegnitz. Adolf I. von Schauenburg ab 1157 nach Holstein.

1147   Erfolgloser Kreuzzug sächsischer Adliger gegen heidnische Obotriten und Ranen (Slawen).

1157   Privilegien König Heinrichs II. für die Kölner Kaufleute in London.

Vor 1159   Mehrfache Gründungsversuche der Stadt Lübeck. Handel der Soester Bruderschaft der Schleswigfahrer in Haithabu/Schleswig.

1159   Gründung der Stadt Lübeck durch Herzog Heinrich den Löwen. Übernahme des Soester Rechts durch Lübeck. Starker Anteil der Westfalen vor allem am Patriziat der Stadt.

1160-1164   Heinrich der Löwe erobert Mecklenburg und Vorpommern. Als Siedler ruft er vor allem Sachsen (Ost- und Westfalen) ins Land. Die „Angarier" kamen im hansischen Sprachgebrauch nicht vor.

1161   Pax Gotlandia.
Geburtsjahr der Hanse.

Zwischen 1160 und 1260
Entstehen der deutschen Städte am südlichen Ostseeufer und in Meißen, Brandenburg, in Pommern, Hinterpommern und in den Pommerellen.

1180   Sturz Herzog Heinrichs des Löwen. Danach Auseinanderdriften von Westfalen und Ostfalen.

Ende 12. Jh.   Entstehen der deutschen Kaufmannsniederlassung in Nowgorod unter starker westfälischer Beteiligung.

1199-1229   Livland-Feldzug unter Führung von Bischof Albert von Bremen. Bernhard II., Edler Herr zur Lippe, wird Abt im Kloster Dünamünde (1212) und Bischof von Selburg (1217).

1201   Gründung von Riga. Überwältigender Anteil der Westfalen im Patriziat der Stadt.

1202   Beginn der hansischen „Schicksalsfrage" Dänemark: Dänemarks König Waldemar II., der Sieger, erobert Holstein und wird zum Herrscher über die Ostseeländer bis nach Estland.

Nach 1200   Die wendischen Städte am südlichen Ostseeufer (ab 1201) und die westfälischen Hansestädte (1214) erhalten Ratsverfassungen und werden zu sich selbstverwaltenden freien Stadtgemeinden.

1213   John Lackland bestätigt den Kölner Kaufleuten die Privilegien seines Bruders, König Richard Löwenherz, aus dem Jahre 1194.

1226	Reichsfreiheitsprivileg für die Stadt Lübeck.
1227	Schlacht bei Bornhöved in Holstein. Norddeutschlands Territorialstaaten samt Bürger besiegen König Waldemar II. und beenden die Ostseeherrschaft der Dänen.
1229	Handelsvertrag der Gotländischen Genossenschaft mit den Fürsten von Smolensk, Witebsk und Polozk.
1237	Englands König, Heinrich III., weist seine Beamten an, den „Mercatoren de Gotlandia" beim Freihandel in seinem Land in jeder Weise behilflich zu sein.
Um 1237	Der Höhepunkt der äußeren Machtentfaltung der gotländischen Genossenschaft ist erreicht.
1237-1300	Kreuzzug gegen die Preußen.
Um 1240	Entstehung der spätromanischen/frühgotischen Hallenkirchen in Westfalen.
Um 1250	Reichsregent Birger Jarl gründet mit Unterstützung der Hansekaufleute die Stadt Stockholm. Mehrheit der Deutschen im Rat der Stadt.

Ab 1250 Heranwachsen des hansischen Städtebundes

Ab 1250	Bau der Marienkirche in Lübeck. Vorbild der backsteingotischen Kirchen im Ostseebereich.
Ab Mitte des 13. Jh.	
	In der kaiserlosen schrecklichen Zeit schließen sich die Städte in Schutzbündnissen gegen die Vergewaltigung durch Fürsten und Ritter und zur Förderung des gegenseitigen Handelsverkehrs zusammen – Lübeck und Hamburg (1241) – Coesfeld, Herford, Minden, Münster und Osnabrück (Ladberger Bund von 1246) – Soest, Dortmund, Münster und Lippstadt (Werner Bund von 1253) – Wendischer Bund von Lübeck und Rostock (1283) – Landesfriedensbund von Rostock mit 40 Städten in Sachsen, Lauenburg und Pommern (1283)
1252-1253	Gräfin Margarethe erteilt den Hansekaufleuten Privilegien für Flandern.

1256-1264	Entstehung des Verbandes der wendischen Städte.
1281	Organisation des hansischen Kontors in London (Gildhalle und Stalhof).
1284-1285	Hansische Blockade Norwegens.
1293	Lübeck wird anstelle Wisbys Oberhof für Nowgorod und damit zur Vormacht der Hanse. Osnabrück, Soest und Münster lehnten dies ab. Dortmund antwortete ausweichend. Lippstadt, Paderborn, Herford, Lemgo, Minden und Höxter stimmten zu.
Um 1293	Die Führung des „westfälischen Kaufmanns" geht an Dortmund über. Daneben gelten für Lübeck Dortmund, Soest, Münster und Osnabrück als „westfälische Hauptstädte".
1302-1317, 1326-1340	
	Kriegerische Auseinandersetzungen mit Dänemarks Königen Erich VI. u. Christoph II. bzw. Gerhard dem Großen von Schleswig-Holstein.
1347	Gründung des Brügger Hansekontors.
Um 1350	Verheerender Pesteinfall in Norddeutschland und Westfalen.

1350-1494 Glanzzeit der Deutschen Hanse

1356	Erster allgemeiner Hansetag. Die Städtehanse beginnt zu entstehen.
1358	Gründungsjahr der Städtehanse.
1358-1360	Handelsboykott gegen Flandern.
1360	Köln bezeichnet das westfälische Drittel in Brügge als „sein" Drittel.
1361	Eroberung Wisbys durch Dänemarks König Waldemar IV. Atterdag.
1367-1385	Kölner Konföderation gegen Dänemark.
1370	Friede von Stralsund.
1375-1412	Königin Margarete von Dänemark, Regentin in Norwegen (ab 1380) und Schweden (ab 1389). Ab 1397 Kalmarer Union der drei mit der Hanse rivalisierenden Monarchien.

1390-1401	Seeräuberei der Vitalienbrüder in der Ost- und in der Nordsee.

1390-1401 Seeräuberei der Vitalienbrüder in der Ost- und in der Nordsee.

Seit 1418 Köln wird anstelle Dortmunds Vorort des westfälischen Hansedrittels im Kontor zu Brügge.

1419 Gründung der Universität Rostock.

Erste Hälfte des 15. Jh.
Westfalens große Malergeneration in Diensten der Hansestädte: u.a. Meister Bertram von Minden, Conrad von Soest, Johann Koerbecke, Dietrich zur Wayge, der Meister von Liesborn und der Meister von Warendorf.

1426-1435 Erneuter hansisch-dänischer Krieg wegen Schleswig. Friede von Wordingburg.

1447 Graf Christian von Oldenburg, Stammvater der noch heute in Dänemark bestehenden Dynastie, wird König von Dänemark.

1444-1449 Soester Fehde. Soest besiegt seinen Landesherren, den Erzbischof von Köln.

Ab 1450 Köln wird in der Hanse Vorort des größten Drittels, des rheinisch-westfälischen Drittels.

1451-1457 Letzte Handelssperre der Hanse gegen Flandern.

1469 Wegen Kölns Verhalten während des Seekrieges Lübecks mit England scheitert das Kölnische Hansedrittel.

1474 Beim Frieden zu Utrecht kommt es zu einer Versöhnung zwischen Lübeck und Köln.

Zweite Hälfte des 15. Jh.
Lübecks glanzvolle Kunstwerkstätten schmücken die Kirchen des nordischen Raums (1489: Bernt Notkes St. Georg)

1494 Schließung des Hansekontors in Nowgorod durch Zar Iwan II.

1494 Lübeck versucht, Münster zum Vorort über ganz Westfalen zu erheben. Protest von Soest und Dortmund.

1506 Lübeck schlägt fünf westfälische Führungsstädte vor – in folgender Rangfolge: Soest, Dortmund, Münster, Osnabrück und Paderborn.

Ab 1522 Ausdehnung des Luthertums auf ganz Westfalen.

1540 Beim Hansetag in Lübeck erscheint aus Westfalen nur noch Dortmund. Neutaxierung der Hansestädte.

1554 Köln – inzwischen mit Lübeck versöhnt – wird wieder Vorort des rheinisch-westfälischen Drittels.

Ab Mitte des 15. Jh.
Die Tendenz der westfälischen Städte, für die gemeinsame Sache der Hanse keine Opfer zu bringen, verstärkt sich. Doch aus dem Hansebund austreten wollten sie nicht.

1558 Dorpat und Narva von den Russen erobert.

1598 Schließung des Londoner Hansekontors durch Königin Elisabeth.

Um 1600 Die Attraktion der Hanse, die Auslandsprivilegien, waren erloschen. Nicht mehr in Flandern, dem bevorzugten Gebiet der Westfalen, sondern in Holland und England blühte die Tuchindustrie. Im Kölner Drittel wuchsen die Spannungen zwischen den protestantischen westfälischen Städten und der katholischen Drittelshauptstadt. Die westfälischen Hansestädte hielten praktisch nur noch Zusammenkünfte in Westfalen ab.

Seit 1614 Die westfälischen Städte versuchten jetzt, sich von Köln zu lösen. Die Führung der Westfalen übernahm jetzt Osnabrück.

Ende 16. Jh. bis zum Ende der Hanse 1567
mußten die Hansen im Frieden zu Hamburg ihren alten Rivalen, den Niederländern, in der Ostsee freie Fahrt zusichern. In allen erstarkenden Nationalstaaten erblühte das Wirtschaftsleben. Unter dem Druck der eigenen Kaufleute beendeten die Herrscher die Privilegien der Hanse. Seit der Reformation behinderten soziale und religiöse Spannungen das Wirtschaftsleben der westfälischen Städte. Die Macht der Landesherren den Städten gegenüber wuchs. Das Verhalten der westfälischen Städte der Hanse gegenüber wurde „zögernd und ablehnend" (Obermeyer, a.a.O., S. 11). Die Tendenz der Westfalen, zugunsten der Kriege in der Ostsee keine Hilfe zu leisten – obwohl durch die Schwächung Lübecks ja die Hanse als Ganzes beschädigt wurde – nahm zu.
Deutlich wird dies am Beispiel der sogenannten „Dreistädte" (Obermeyer) Lemgo, Herford

und Bielefeld, die in der Hanse „nach Art eines Unterquartiers" (von Winterfeld) von 1509 bis zum Ende der Organisation ein eigenbrötlerisches Sonderleben führten.

1509, 1522, 1531, 1558 und 1615
verweigerten sie den Seestädten bzw. Braunschweig Hilfe bei kriegerischen Auseinandersetzungen.

1496 und 1509
klagten sie über konkurrierende Händler von den Dörfern und kleinen Weilern aus und baten Lübeck um Abhilfe.

1554, 1603, 1613 und 1614
führten sie einen Zollstreit mit Bremen bzw. Hamburg und forderten freie Schiffahrt auf der Weser.
Mehrfach im letzten Drittel des 16. Jh. – der Geldbedarf der Hanse stieg nun unaufhörlich – weigerten sich die von Köln bzw. Lübeck angeschriebenen „getreuen Konföderaten", die ihnen auferlegte Hansetaxe zu zahlen.

Dennoch: Die unzufriedenen Dreistädte blieben der Hanse treu. Wohl weil ihr Handel besser lief als die Klagen vermuten lassen. Mehr aber noch, weil sie nach wie vor stolz waren, Hansestädte und – mehr noch! – Hansekaufleute zu sein.

1618
Zerfall des Kölner Hansedrittels in zwei Teile.

1618-1648
Dreißigjähriger Krieg

1621
Im Auftrag Lübecks fordert Münster bei den westfälischen Städten die Jahresbeiträge ein: Münster 40 Taler, Dortmund, Osnabrück, Minden 30 Taler, Unna und Paderborn 20 Taler, Warburg, Herford und Lemgo 15 Taler, Bielefeld und Lippstadt 10 Taler (Ansetzung je nach geschätzter Wirtschaftskraft!).

1669
Letzter Hansetag. „Bis zum letzten Atemzug der Hanse haben vier westfälische Städte dem alten Bund ihrer Vorväter die Treue gehalten: Osnabrück, Minden, Soest und Dortmund." (von Winterfeld, a.a.O., S. 336).

Ortsverzeichnis

Literaturverzeichnis

Aubin, Hermann, Ursprung und ältester Begriff von Westfalen. In: Der Raum Westfalen, Bd. I: Untersuchungen zu seiner Geschichte und Kultur, S. 1-35, Münster 1955

Barz, Paul, Heinrich der Löwe. Eine Welfe bewegt die Geschichte, Bonn 1997

Becker, Friedrich, Der Mathildenpfad. Weg zum Anfang deutscher Geschichte, Leopoldshöhe 1997

Beilner, Helmut, Von der mittelalterlichen Reichsidee zum souveränen Staat, München 1976

Benoist-Mechin, Jacques, Friedrich II. von Hohenstaufen, Frankfurt 1982

Blanke, Lore, Bündnis im Wandel: Die Hansestadt Herford im 15. Jahrhundert. In: Freie und Hansestadt Herford, Bd. 13, 1996, S. 104-111

Borst, Arno, Lebensformen im Mittelalter, Frankfurt/Main, Berlin und Wien 1977

Borst, Otto, Alltagsleben im Mittelalter, Insel Taschenbuch Nr. 513, 1983

Braudel, Fernand, Die Dynamik des Kapitalismus, 3. Aufl., Stuttgart 1977

Braudel, Fernand, Aufbruch zur Weltwirtschaft, München 1986

Brehm, Christiane, Paderborner Königsbote, Paderborn 1999

Brockhaus Enzyklopädie in 24 Bänden, 19. Auflage, Mannheim, 1991

Bühler, Johannes, Die Kultur des Mittelalters, Stuttgart 1946

Diwald, Hellmut, Heinrich der Erste. Die Gründung des Deutschen Reiches, Bergisch Gladbach 1987

Dollinger, Philippe, Die Hanse, Stuttgart 1966

Dollinger, Philippe, Die mächtigen Zeiten der Hanse. In: D'Haenens, Albert, Die Welt der Hanse, Genf 1984

Drewermann, Eugen, Giordano Bruno oder Der Spiegel des Unendlichen, München 1992

Duby, Georges, Die Zeit der Kathedralen, Frankfurt/Main 1980

Ehbrecht, Wilfried, Luise von Winterfelds Untersuchung „Das westfälische Hansequartier" im Lichte der Forschung mit Berücksichtigung der kleinen Städte. In: Der Raum Westfalen, Bd. 1: Untersuchungen zu seiner Geschichte und Kultur, S. 251-276, Münster 1955

Elbin, Günther, An Rhein, Ruhr und Lippe. Die Geschichte des westlichen Ruhrgebiets, Düsseldorf 1992

Endrei, W., L'Evolution des techniques du filage et dutissage due Moyen Age à la revolution industrielle, Paris 1968

Ernstmeier, Dieter, Der Chorbau der Marienkirche in Herford, in: Lebendiges Zeugnis, Herford 1989, S. 107 ff.

Frankfurter Allgemeine Zeitung, Das Jahrtausend (11., 12., 13., 14., 15., 16. und 17. Jahrhundert): Johannes Fried, Den Drachen und die Schlange greifen – Eberhard Straub, Alles gerät in Bewegung (Nr. 49 vom 27.02.1999); Dirk Schümer, Kreuzfahrer, Kaufleute, Kolonisten – Le Goff, Jacques, In den Burgen des freien Denkens – Michael Rothmann, Ein Leben in Soll und Haben (Nr. 73 vom 27.03.1999); Achatz von Müller, Das Gnadenkonto ist gesperrt – Klaus Bergdolt, Auf der Flucht vor dem schwarzen Tod (Nr. 122 vom 29.05.1999); Kurt Flasch, Unter der Riesenkuppel – Heinz Schilling, Zeit der Bekenntnisse (Nr. 175 vom 31.07.1999)

Gall, Lothar, Jürgens, Karl-Heinz, Bismarck. Lebensbilder, Bergisch-Gladbach 1990

GEO EPOCHE, Das Mittelalter. Ein neuer Blick auf 1000 rätselhafte Jahre: Cay Rademacher, Auf der Suche nach einer verlorenen Zeit – Christoph Kucklick, Die Erfinder der Globalisierung – Jörg Uwe Albig, Das inszenierte Paradies, – Leske, Nicola, Vorläufer der Europäischen Union, Hamburg 1999

Gerdau, Kurt, Hansestadt im Seewind: Bielefeld, Leopoldshöhe 1997

Gimpel, Jean, Die industrielle Revolution des Mittelalters, Zürich und München, 1986

Gregor von Nazianz, Reden. Über den Frieden. Über die Liebe zu den Armen, München 1983

Gruhl, Herbert, Glücklich werden die sein … Zeugnisse ökologischer Weltsicht aus vier Jahrtausenden, Düsseldorf 1984

Herder Staatslexikon, Freiburg/Brsg. 1913, Bd. I-V

Herm, Gerhard, Der Aufstieg des Hauses Habsburg, Düsseldorf, Wien, New York, 1988

Henze, Anton, Westfälische Kunstgeschichte, Recklinghausen 1957

Hieronymus, Briefe. Über die christliche Lebensführung, München 1983

Huizinga, Johan, Herbst des Mittelalters, Studien über Lebens- und Geistesformen des 14. und 15. Jahrhunderts in Frankreich und den Niederlanden, Hrsg. Kurt Köster, Stutgart 1987

Jantzen, Hans, Die Kunst der Gotik (Neuausgabe), Berlin 1987

Jones, E.L., and E.E. Mingay, The European Miracle, Cambridge 1981

Jostmann, Renate, (Hrsg.) Kleine Geschichte Westfalens, Stuttgart 1988

Kamphausen, Alfred, Backsteingotik, München 1978

Kalckhoff, Andreas, Karl der Große, München 1990

Kennedy, Paul, Aufstieg und Fall der großen Mächte, ökonomischer Wandel und militärischer Konflikt von 1500 bis 2000, Frankfurt 1989

Kergall, Hervé, Gotische Kathedralen und Kunstschätze in Frankreich, Eltville am Rhein, 1990

Konrad, Robert, Reformation und Gegenreformation, Würzburg 1974

Le Goff, Jacques, Le Intellectuels au Moyen Age, Paris 1957

Leo, Peter, Minden, Formen und Leistungen seiner tausendjährigen Kultur, Minden 1955

Lobbedey, Uwe, Der Dom zu Paderborn, In: Westfälische Kunststätten, 6. Auflage, Münster 1997

Lottmann, Herbert R., Camus. Eine Biografie, Hamburg 1986

Maschke, Erich, Das Berufsbewußtsein des mittelalterlichen Fernkaufmanns; In: Beiträge zum Berufsbewußtsein des mittelalterlichen Menschen, Berlin 1964,

Meuß, Paul Gerhard, Das Geheimnis der Münsterkiche zu Herford, In: Lebendiges Zeugnis, Herford, 1989

Milger, Peter, Die Kreuzzüge. Krieg im Namen Gottes. 2. Auflage, München 1988

Minne-Séve, Viviane, Romanische Kathedralen und Kunstschätze in Frankreich, Eltville am Rhein, 1991

Obermeyer, Erhard, Herford als Hansestadt, In: Herforder Jahrbuch 1969 Bd. X, Herford 1969

Obermeier, Siegfried, Richard Löwenherz, Hamburg 1992

Ohler, Norbert, Reisen im Mittelalter, München 1986

Paetow, Karl, Wesersagen an der Märchenstraße von Kassel bis Bremen, 5. Aufl., Hameln 1989

Pagel, Karl, Die Hanse, Braunschweig 1983

Pape, Rainer, Sancta Herfordia, Herford 1979

Pernoud, Régine, Heloise und Abaelard. Ein Frauenschicksal im Mittelalter, München 1991

Rabe, Horst, Reich und Glaubensspaltung. Deutschland von 1500-1600, München 1989

Rave, Wilhelm, Westfalens Kunststätten im Untergang und Wiederaufbau, Münster 1951

Riché, Pierre, Die Welt der Karolinger, Stuttgart 1981

Rolevinck, Werner, De laude veteris Saxoniae nunc Westfaliae Dictus libellus, ed. L. Tross, Köln 1865. Neuausgabe 1953

Savramis, Demosthenes, Zwischen Himmel und Erde. Die orthodoxe Kirche heute, Stuttgart 1982

Schäfer, Dietrich, Die Deutsche Hanse, Bielefeld und Leipzig, 1943

Schäfke, Monheim, von Götz, Mittelalterliche Backsteinarchitektur, Köln 1995

Schildhauser, Johannes, Die Hanse. Geschichte und Kultur, Stuttgart 1984

Schlei, Marie, Verdient die Nachtigal Lob, wenn sie singt? In: Frauen in der Politik – Die Sozialdemokratinnen, Stuttgart, Herford, 1984

Schnabel, Franz, Deutsche Geschichte im 19. Jahrhundert, 1. Band, Freiburg/Brsg. 1942

Schumacher, Johannes, Deutsche Klöster. Mit besonderer Berücksichtigung des Benediktiner – und Zisterzienserordens, Bonn 1928

Seibt, Ferdinand, Glanz und Elend des Mittelalters. Eine endliche Geschichte, Berlin 1999

Sennet, Richard, Civitas. Die Großstadt und die Kultur des Unterschieds, Frankfurt/Main 1991

Staercke, Martin, Bernhard II. (1140-1224). Edler Herr zur Lippe. In: Menschen vom Lippischen Boden, S. 17-19, Detmold 1936

Stark, Ewald, Rodin, Auguste, Kathedralen, Stuttgart 1987

Stein,Walther, Die Hansestädte. In: Hansische Geschichtsblätter, Köln, Graz 1914

Stern-Millenium, Heft 1-5, Hamburg 1999

Stiegemann, Christoph u. Wemhoff, Matthias, Kunst und Kultur der Karolinger, Ausstellungskatalog Bd. I, Paderborn 1999

Stoob, Heinz, Die Hanse, Graz, Wien, Köln 1995

Stürmer, Michael, Dissonanzen des Fortschritts. Essays über Geschichte und Kultur in Deutschland, München 1986

Swan, Wim, Die großen Kathedralen, Köln 1996

Teilhard de Chardin, Pierre, Der Mensch im Kosmos, München 1965

Teilhard de Chardin, Pierre, Tagebücher 3, Olten u. Freiburg/Brsg. 1997

Teske, Gunnar, Der Deißigjährige Krieg und der Westfälische Frieden in Westfalen, Münster 1998

Vogelsang, Reinhard, Geschichte der Stadt Bielefeld, Band 1, Bielefeld 1980

Vossen, Carl, Maria von Burgund. Des Hauses Habsburg Kronjuwel, Stuttgart-Degerloch 1982

Weber, Max, Die protestantische Ethik, hrsg. von Johann Winkelmann, 8. Aufl., Gütersloh 1991

Wagenführ, Horst, Handelsfürsten der Renaissance, Stuttgart 1957

Walter, Paul-Otto, Herfords historische Kirchen im Bild, Herford 1993

Westfälischer Hansebund, Hansische Stadtgeschichten des Westfälischen Hansebundes, hrsg. vom Westfälischen Hansebund 1997, Herford 1997

Winterfeld, Luise von, Das Westfälische Hansequartier. In: Der Raum Westfalen (Herausgeber Hermann Aubin u.a.) Band II, Teil 1, Münster 1955. S. 155-352

Wirth, Eugen, Fernhandel und Exportgewerbe im islamischen Orient, In: Markt und Macht in der Geschichte, hrsg. von Helga Breuninger und Peter Sieferle, Stuttgart 1995

Bildnachweis:

Danksagung

Im Mai 1996 war die Zahl der Mitgliedsstädte des Westfälischen Hansebundes von ursprünglich 20 im Jahre 1984 auf 35 Städte angewachsen. Herfords damaliger Bürgermeister, Dr. Gerhard Klippstein, übertrug mir damals die Aufgabe, zusammen mit ortskundigen Autoren eine Loseblattsammlung mit den Hansegeschichten der damals 35 westfälischen Kommunen zusammenzustellen. Aus der Einleitung, die ich zu dieser im Herbst 1977 veröffentlichten Publikation verfaßt habe, ist das vorliegende Buch entstanden. So danke ich als erstem Herrn Dr. Klippstein für das mir erwiesene Vertrauen und bezeichne ihn als den eigentlichen Vater dieses Werkes.

An seiner Seite danke ich dem damaligen Leiter des Bürgermeisterbüros, Herrn Siegfried Eckstein, und dem Geschäftsführer des Kontors des Westfälischen Hansebundes, Herrn Manfred Schürkamp, die die Idee zu diesem Buch entwickelt und seine Entstehung jederzeit freundschaftlich unterstützt haben. In gleicher Weise danke ich Frau Ute Blanke und Frau Dr. Lore Blanke aus dem Rat der Stadt Herford sowie Frau Britta Kurlbaum vom Verkehrsverein der Stadt Herford, die das Buchprojekt in schwierigen Situationen unterstützt und gefördert haben.

Erst im März dieses Jahres gelang es uns, im Wartberg Verlag in Gudensberg-Gleichen bei Kassel einen Partner zu finden, mit dem wir ein rasches Einvernehmen über die Herstellung und Veröffentlichung des Buches erzielen konnten. Für die Vermittlung dieser Zusammenarbeit danken wir dem Hamburger Unternehmensberater Dr. Kurt Kettembeil. Im Wartberg Verlag danken wir für die zügige Abwicklung des Gesamtprojekts dem Geschäftsführer Herrn Peter Wieden und dem Kaufmännischen Verlagsleiter Herrn Klaus Siemon, für die sorgfältige Betreuung der Texte und die Gestaltung der Seiten der Lektorin Frau Iris Kalvelage und dem Grafiker Gerd Kempken.

Da die Übernahme des Buchprojektes durch den Wartberg Verlag eine thematische Schwerpunktverlagerung von Ostwestfalen nach ganz Westfalen erforderte, geriet ich zu guter Letzt unter erheblichen Zeitdruck. Hier danke ich Frau Angela Steder bzw. Herrn Eberhard Sandmüller aus Herford für die Hilfe beim Umschreiben des Typoskripts bzw. bei der Auswahl und Druckvorbereitung der Illustrationen.

20. Juni 2000, abends in Rotterdam: Keiner wie einst Netzer oder Beckenbauer kam mehr aus der Tiefe des Raumes. Eine Mannschaft von allesamt mehrfachen Jungmillionären fand keinen Weg mehr zu einem aufopferungsvollen Miteinander. Der Fußball mit seiner faszinierenden Fähigkeit, gesamtgesellschaftliche Entwicklungen optisch eindrucksvoll ins Bild zu setzen, hatte den Abstieg der Deutschen nach drei Spielen, keinem Sieg und einem Tor vor aller Welt dokumentiert.

Dieses Buch trifft auf ein „Durchschnittsdeutschland", in dem der Alpdruck seines möglichen Niedergangs sensible Geister mehr denn je erfaßt, weil „hier, ausgerechnet hier, im nebligen Malochersumpf der Mittelgebirge, ein ganz unerwarteter Menschenschlag entstanden ist, der sich lieber listig durchwurstelt, als durchzustarten, der lieber labert, als die Ärmel hochkrempelt." (FAZ vom 21.6.2000, S. 40).

Umso wichtiger ist es, durch die Beschäftigung mit der Hanse die Wurzeln und Bedrängnisse deutschen Werdens zu erkennen und dabei etwas von der Hingabe- und Opferbereitschaft, von der Kühnheit und Zähigkeit früher deutscher Generationen zu erfahren, um so eine Neigung zu dem Haus zu entwickeln, in dem wir wohnen.

Aus diesem Grund danken wir all denen, die durch Förderung oder Verzicht die Festsetzung eines möglichst niedrigen Ladenpreises ermöglicht haben, der auch jüngeren Menschen den Erwerb des Buches ermöglichen soll.

Bernhard Gurk
Herford, Ende Juli 2000

Der Autor

Bernhard Gurk, geboren 1936 in Karlsruhe, war von 1973 bis 1977 Assistent und Redenschreiber von zwei Abgeordneten des Deutschen Bundestages in Bonn. Danach war er im Bonner AZ-Studio Lektor für die Buchserie „Bundestagsreden und Zeitdokumente" von Spitzenpolitikern aus CDU/CSU, SPD und FDP.

Von Sommer 1979 bis zum Frühjahr 1983 war er Cheflektor des Seewald Verlages in Stuttgart-Degerloch und daran anschließend bis zum Herbst 1994 im BusseSeewald Verlag in Herford.

Im Seewald Verlag betreute er u.a. die Soziologen Demosthenes Savramis und Helmut Schelsky und führte André Kostolany („Wunderland von Geld und Börse", 9 Auflagen; „Kostolanys Notizbuch", 6 Auflagen) zu seinen ersten großen Bucherfolgen in Deutschland.

Im BusseSeewald Verlag betreute er u.a. Karl Carstens („Wanderungen in Deutschland"), Daniel Goeudevert („Die Zukunft ruft") und verwirklichte die Buchidee „Frauen in der Politik", in drei Bänden die erste und bisher einzige Gesamtdarstellung des Beitrags christlich-demokratischer, sozialdemokratischer und liberaler Frauen zum Aufbau der Demokratie in Deutschland.